GEORG BRITTING
SÄMTLICHE WERKE
Herausgegeben von Walter Schmitz
Zweiter Band

Georg Britting · Gedichte 1930 bis 1940

Georg Britting
Gedichte

1930 bis 1940

Herausgegeben von Walter Schmitz

List Verlag
München · Leipzig

Der Abschnitt »Zu Werkgeschichte und Biographie (1930–1940)« des Anhangs wurde von Wilhelm Haefs und Walter Schmitz gemeinsam verfaßt.

ISBN 3-471-77179-4

© 1993 Paul List Verlag
in der Südwest Verlag GmbH und Co. KG., München
Alle Rechte vorbehalten. Printed in Germany
Schutzumschlagentwurf: Design Team, München
Gesetzt in der 10 auf 12 Punkt Bembo Antiqua
Satz: Typodata GmbH, München
Druck und Bindearbeit: Offizin Andersen Nexö, Leipzig

Inhaltsübersicht

Der irdische Tag 9

Aus der späteren Fassung von Der irdische Tag 125

Rabe, Roß und Hahn 133

Aus der späteren Fassung von Rabe, Roß und Hahn 199

Verstreut veröffentlichte Gedichte 209

Anhang 233

Verzeichnis der Gedichtanfänge und -überschriften 371

Inhaltsverzeichnis 377

Der irdische Tag

DER IRDISCHE TAG

Wessen der andre auch ist,
der ewige,
göttlich und engelumflügelt,
droben, der glänzende,
5 den das Herz nur zu ahnen vermag –
abgespiegelt hier unten
auch glänzt er, der unsre,
mit Bäumen und Wind und dem lärmenden Schlag
des unbehausten, flüchtigen Kuckucks,
10 der untre,
der irdische Tag.

Der Morgen

Der Morgen graut über die Dächer
Stumm herauf.
Er reißt den silbernen Fächer
Des Himmels auf.

5 Kühl durch die Windgemächer
Rinnt grün das junge Licht
In den Tag, der mit Schlag und Gelächter
Anbricht.

Das rote Dach

Das Dach glänzt brandrot aus den schwarzen Ästen,
Die es, wie Stricke einen Fuchs, fest binden,
Und wie mit Stricken, zähen, dicken, festen,
Muß es gebunden sein, sonst flög es mit den Winden

5 Auf und davon, ein Frühlingstier, zu räuberischen Fahrten.
Zum Steuer nähme es die rote Dachrinnrute –
Und ich, sein Herr, ich stünd im kahlen Garten,
Fluchend, voll Zorn, und gelben Neid im Blute.

Im Wind

Die Winde kommen alle von grünen, klaren Flüssen her
Und klatschen über die Dächer wie Schiffstaue schwer.
Vor ihrem nassen und fröstelnden Geruch
Wickeln sich die Frauen fester in ihr Schultertuch.
5 Die Sonne spritzt in die Gassen
Mageres Licht. Und wenn die kurzen Nachmittage
                                                    verblassen,
Rollt der Mond über den Himmel wie ein grüner, unreifer
                                                                Apfel und
Hinter jedem Lattenzaun bellt ein verliebter
                                                                Frühlingshund.

Hinterm Zaun

Die mageren Frühlingsbäume
Schütteln sich schnaubend im Wind,
Wie Esel ohne Zügel und Zäume,
Die kaum mehr zu halten sind.

5 Der Schnee beflaumt ihre Äste
Mit dünnem, krausen Haar,
So trappelt die benäßte,
Aufgeregte Eselschar.

Der Wind bewirft sie mit Körnern,
10 Wirft Hände voll Hagel auf sie.
Ihre Rinde, rauh und hörnern,
Knackt brechend um Fessel und Knie.

Die weißlichen Nüstern erhoben
Und die schlagenden Hufe pechbraun –
15 Sie wären davongestoben,
Wär nicht der Gartenzaun.

Verschneiter Frühling

Man sagts, ich sah es selber oft,
Der Wald im März sei grün, grün jeder Baum!
Da steh ich nun, betäubt und unverhofft,
Vorm weißen Wald am weißen Ackersaum.

5 Und nichts ist grün! Der krumme Vogel dort
Am schiefgesunknen, überschneiten Zaun
Ist schwarz, nicht grün, und krächzt, und fliegt dann fort –
Und nun ist nur ein großes Weißes mehr zu schaun.

Der Himmel zwar will farbig sein. Sein Blau
10 Wird aufgeschluckt vom ungeheuren Weiß.
Drum flog der Vogel fort, so schwarz wie schlau,
Der vielerfahrne, flügelschnelle Greis,

Drum flog er weg, ins Dorf, zu Tor und Mauern,
Wo Bauern schaun auf die verschneiten Wiesen:
15 Sein Rabenfederschwarz, es könnte dort nicht dauern,
Wo Himmel, Wald und Feld in eins, in Weiß, verfließen.

Er müßte, weiß vor Scham, in den gefrornen Furchen
                                                              kauern,
Und dem verlornen Schwarz, ein weißes, wunderliches
                                                              Wintervieh, nachtrauern.

Vorfrühling

In das große, graue Himmelstuch
Ist ein blauer Streif gerissen.
Aufgeschlagen wie ein Buch
Liegt der Acker. Die zu lesen wissen

5 Lesen: Frühling! in der groben Schollenschrift.
Ackerfurchen sind wie krumme Zeilen,
Pappeln Ausrufzeichen, und zuweilen
Setzen Tümpel, die ein Lichtstrahl trifft

Hinter einen Satz den Punkt.
10 Die Scheune mit dem grünen Dach,
Auf Bretterfüßen, morsch und schwach,
Ist von einem Lichterkranz umprunkt.

Drei Krähen, schwarz und in Talaren,
Hocken auf dem Heckenband.
15 Schlag in die Hand! In Federwindfanfaren
Schaukeln sie zum nächsten Ackerrand.

Ihre schwarzen Schatten schwanken
Spukhaft überm Wasserloch,
Wo sie krächzend niedersanken,
20 Sich schnell die Maus in ihren Höhlengang verkroch.

März

Über der Isar fliegen
Die Möwen im knatternden Wind.
Die Enten schnattern und liegen
Am Ufer dann still. Es sind

5 Die Wolken nie höher gestiegen
Als diese Stunde im März.
Die Möwen schreien und fliegen
Der taumelnden Sonne ans Herz.

Unruhiger Tag

Da: ein kalter Atemstoß
Wind fährt in die lauen Räume,
Durch die Bäume knospenlos.

Und die grünen Wiesensäume,
5 Schmale Bänder, Wald zu Wald,
Grün, das in der Sonne raucht,
Plötzlich eisig überhaucht
Frösteln kalt.

Wie gekommen, so verschwunden!
10 Wärme wallt zum Himmel auf.
Gierig stehn der Bäume Schrunden
So wie durstige Mäuler auf.

Frühlingslandschaft

Fußweg. Saatgrün wogt im Wind.
Pappeln, schwarz und steil gestellt,
Sind Zaunpfähle vor der Welt,
Die dahinter goldblau erst beginnt.

5 Krähe dort, mit Flügelschlagen,
Schwingt sich übers Feld,
Darf sich in das Goldne wagen,
So ein Vieh, das Flügel tragen –
Uns sperrt immer von der Welt
10 Schwarzer Zaun und Graben.

Gläserner März

Das ist ein anderes Licht als gestern noch,
Das ist als gestern noch ein anderes Blau!
Neben dem gelbverschlammten Wasserloch
Wackelt auf einmal eine Blume, schau!

5 Wackelt im Winde eine Blume, sieh!
Über den gelben Wasserspiegel läuft
Mit raschen Beinen, daß es nicht ersäuft,
Läuft da ein lederiges Spinnenvieh!

Rennt da ein warzenbraunes Tausendfüßlertier,
10 Das eilig flitzt
Und in den Spiegel blanke Linien ritzt
Wie ein Glasermeister schier.

Wohl auch ein Glasermeister hat
Den blauen Himmel blitzend aufgebaut –
15 Die Sonne auch, die durch die nackten Zweige schaut,
Ist wie aus Glitzerglas ein Rad.

Neue Lust

Die Häuser rücken die Dächer schief
Wie verliebte Schuljungen.
Der Brunnen, der den Winter verschlief,
Ist wieder silbern entsprungen.

5 Fensterblumen im leichten Wind
Zischeln mit grünen Zungen,
Wie Mädchen, die süß hinschwankend sind,
Zu Ranken und Ketten verschlungen,
Geschaukelt von Frühling und Wind.

Dicke, braune Tiere summen

Dicke, braune Tiere summen
Auf und ab, um jeden Baum,
Flügellos, glanzheiß, und brummen
Wie aus einem Käfertraum.

5 Biene? Hummel? Fühlertier,
Panzerhart behaust?
Brauner Knospen Frühlingsgier
Tiergleich um die Stämme braust.

Von einem Hügel aus

Frühlingshimmel
Spannt sich bläulich grün.
Nackte Pappeläste schlagen
Windgezaust die rosigen Schimmel,
5 Die den Wolkenwagen
Ziehn.

Viele solche, viele heiße
Pferde stürmen sausend hin!
Unten blitzt der Fluß, der weiße.

10 Schräg am Talhang, gelb besonnt,
Die jungen Wiesen, zittern sie nicht leis?
Wie betrunken schwankt der frühe Mond.

Am Gebirge, goldgerändert,
Purpurstreifig, lichtbebändert,
15 Glüht das Eis.

Schlüsselblumenland

Ach, die Wiesen! Seht die Wiesen!
Seht, die Wiesen werden wieder grün
Und die gelben Schlüsselblumen blühn!

Der Teich glänzt schwarz und unbewegt und klar.
5 Die Weide steht im Flatterhaar.
Am Himmel segelt, selig leise,
Schnelle Reise,
Eine weiße Wolkenschar.

Zwischen Knospen, in den Zweigen
10 Des Hollunders singt die Meise.
Wandelnd auf den feuchten Steigen
Junge Männer, mit dem Hute in der Hand,
Und durch Mädchenzöpfe flicht sich manch ein rot
                             und blaues Band.

Wolken gehen, und die Mädchenkleider wehen
15 Schattenwerfend übers Schlüsselblumenland.

Marsch der österlichen Wälder

In vielen Kolonnen, die grünen Wipfel wie Fahnen
Stürmisch geschwenkt, begannen
Die Wälder den Marsch.

Langsam und schwer, finster, mit dunkelm Tritt
5   Kamen die schwarzen Tannen und die bläulichen Fichten.
Heller gefleckt und rascher die Buchen in dichten
Reihen. Es glitt

Ein Fähnlein Jungholz singend vom Hügelkamm.
Von allen Höhen stiegen sie wiegend
10 Und rauschend. Die schmalen Stämme sich biegend,
Die festen ernsthaft und stramm.

Sie wanderten schattig und schoben sich, schwarze
                                                       Vierecke,
Über die Ebene weit und tief in den Himmel hinein.
Wie Hunde umsprangen sie Sträucher und Büsche. Die
                                                       Hecke
15 Mit raschelndem Schwanz hinterdrein.

Die Ebene schwankte. Es liefen
Die Wolken, und Schwärme von Bienen rauschten
Im taumelnden Flug.
Im Winde bauschten sie sich, und aus den Tiefen
20 Der Wälder erhob sich ein singender Vogelzug.

Kleine Stadt

Von den grünen Fensterläden
In dem gelbgestrichnen Haus
Schaukelten die Schlingpflanzfäden
Lustig in die Luft hinaus.

5   Und sie zitterten, als spähten,
Schwank die Schwänze, Ratt und Maus:
Auf dem heißen Pflasterplatze
Ziegelgrell die rote Katze
Schnurrte vor dem Frühlingshaus.

Wiese vorm Dorf

Das Gras
Hält mit fetten Fingern die Blumen am Stengel,
Kleine, pausbäckige Rosaengel.
Sie würden ins Blaue sonst steigen,
5   Auf die Zäune sich setzen an allen Wegen,
Hinter die Ohren der Mägde sich legen,
Auf die braunen Hälse sich neigen,
Sonntäglich verwegen –
Aber das Gras
10 Hält sie am Strick wie die Luftballons der speckige
                                            Bauernbengel.

Im Park

Leichtfüßig traben die Pferde,
Der grüne Wipfel schwirrt.
Eine Butterblumenherde
Rennt über die Wiese verwirrt.

5   Zwei Kinder stehn vor dem Gitter,
Das den Weg ins Grüne verwehrt,
Behorchen das Bienengewitter,
Das sausend über das Gras hinfährt.

Die alten Buchen

Die alten Buchen tragen,
Wie alte Frauen kühn,
Auf ihren mausgrauen Haaren
Den Sommerhut, das Grün.

5   Wie können sie es wagen?
Und wie sie sich bemühn
Zu tun, als seis Behagen,
In ihren Jahren noch einmal zu blühn!

Sie sehen auf die Jungen,
10 Die in der gelben Sonne glühn
Und sagen: es sind die selben
Blätter und das selbe Grün.

Überraschender Sommer

Der Kuckuck schreit schon wie verrückt,
Ists schon soweit im Jahr?
Die Wiesen, löwenzahngeschmückt,
Schütteln im Wind das Haar.

5 Den Frühling hab ich kaum geschmeckt.
Des Winters Bitternis
Spür ich im Herzen noch. Erschreckt
Mich drum der Wirbel, heiß und süß?

Die Sonne brennt. Der Kuckuck schreit,
10 Das dumme, sommertrunkne Tier.
Ich schmecke noch die Bitterkeit
Des Winters, und der ist nicht weit –
Jauchzt auch das Tier wie irr –
Ist vor und hinter mir!

Gras

Fettes Gras. Der Panzerkäfer klettert
Schillernd halmempor.
Beuge dich! Ganz tief das Ohr!
Hörst du, wie es klirrt und schmettert?

5 Wie sich die Eisenringe wetzen!
Gelbes Gold das Schuppenhemd.
Die gestielten Augen widersetzen
Sich den Menschenaugen fremd.

Blau der Stahlhelm. Und die Fühler
10 Tasten jeder Rispe Rand.
Weht ein Wind her. Kühler
Trifft er deine griffbereite Hand.
Flügel schwirrn. Er fliegt davon.
Fernhin in sein gräsern Käferland.

Neben einer Weide liegend

Es flimmert die silberne Weide,
Darunter der Raubhecht steht.
Von seinem Schuppenkleide
Glanz durch die Wellen weht.

5 Umstachelt von starren Stahlfäden
Des Blumentellers Brokat
Wiegt den Käfer mit krüpplig verdrehten
Füßen aus Golddraht.

Eine Goldmünze, glänzig, betäubend,
10 Die Sonne auf blauem Tuch,
Und aus den Wäldern, stäubend,
Beerengeruch.

Der Wald

Die Tannen, Ast in Ast gedrängt,
Werfen die Zapfen in das Moos,
Das lüstern wie ein Weiberschoß
Die prallen unhörbar empfängt.

5   Im Steinbruch kollert Sand und Kies.
Die Beere nickt im grünen Halmverlies
Und blickt durch Gras und Kraut dich an.

Ist lange her, daß hier ein Waldhorn blies.

Es schärft der Fuchs den Räuberzahn
10 Am Draht, zerbeißt die Schlinge nicht,
Die ihm den Fuß hellblutig sticht.

Der Marder schleicht, die Schnecke kriecht,
Das rote Licht
Vom Fliegenpilz schwelt giftig durch den Tann.

Süddeutsche Nacht

Das Schilf brummt einen tiefen Ton,
Berauscht vom Mond. Traumtrunken schwankt
                      der Weg davon.

Zierüberglänzte Schnur, der Strom,
Verrinnt ins Schwarz. Der Dom

5   Dreht hoch, in steilem Fechteradel,
     Wie einen Degen seines Turmes Nadel

Ins Sterngeklirr. Wie Feuer fällt,
Grell abgesprengt, ein Stern in diese Welt.

Tauben überm Ecknachtal

Wie die Wipfel sich im Winde wiegen –
Tälerwind, Wälderwind, kühl und stark!
Wie die Vögel unterm Himmel fliegen,
Taubenpaare prächtig, Rabenpaare karg!

5 Wie die Hügel auseinandgefaltet liegen –
Grüne Hügel, gelbe Hügel, sanft und kühn!
Wie die Kirchentürme, bauerndorfentstiegen,
An den Himmel anzustoßen fromm sich mühn!

Wie die Äcker in der Sonne rauchen –
10 Und die Büsche stehn an ihrem Rand in Brand,
Flammenfingrig! Und vom Talgrund hauchen
Kühle Dünste ins erwärmte Land.

Wie die Wege durcheinander schießen –
Weiße Straßen, krumme Pfade, Wiesenwege schmal!
15 Taubenschwärme, wie von einem Riesen
Von dem Vogelbaum gezupft, flattern, eine Handvoll
    Blätter, weit geworfen übers Ecknachtal.

Leeres Bachbett

Nur Geröll und grün bemooste
Steine zeigt das leere Bett,
Und ein Nagel, rot vom Roste,
Klüftet das zermorschte Brett.

5 Eine gelbe Butterblume
Hats gewagt
In der schwärzlichgrauen Krume
Einzuwurzeln. Und im Takt

Wiegt sie den runden
10 Kugelkopf im Abendwind.
Das Brett beginnt
Zu dunsten aus den Schrunden.

Aufgehellter Himmel

Das Pflaster glänzt: gesalbt, geölt, geteert.
Eine blaue Hand hat dem Regen gewehrt.
Nun läuft ein Wind, glashell, glasklar,
Und trocknet den Bäumen das nasse Haar.
5   Die Stadt ist aus Glas geschnitten.
Aus dem Himmel niederfährt
Silbern ein Blitz am Turm der Karmeliten.

Da hat der Wind die Bäume an den Haaren

Das ist die Zeit,
Da die Vögel aus den Nestern fallen.
Juli ist nicht weit.

Da findet man die federlosen Bälge im Gras
5 Unter den Bäumen: ein Kinderspiel oder ein Katzenfraß.
Sie sind etwas
Verängstigt, klappen die Augen aus Glas,
Und wie drollige Drachenklauen
Sind ihre winzigen, grauen
10 Krallen.

Da hat der Wind die Bäume an den Haaren,
Und die schneeweißen Wolken fahren
An dem blauen, reinlichen, klaren
Himmel dahin in stürmischen Scharen.

Die Stadt in allen Winden

Von allen Seiten gleiten die Winde in die Stadt,
Die Fenster und Türen selig offen hat.
Ob der Morgenwind den Duft von Wäldern und Wiesen bringt,
Der Mittagswind von der Hitze der reifenden Felder wie stählern klingt,
5 Der Abendwind die Fackel des Monds und die sternblauen Tücher schwingt:
Immer gehn alle Männer der Stadt, alle Jungfrauen und Frauen wie Segel und schief geneigt,
Weil der Atem der Wolken und Wälder auf ihnen wie silbernen Saiten geigt.

Im Gebirge

Das geschindelte Dach hängt
Übern kleinen Garten vor,
Das schwarze Wasser des Brunnens drängt
Im Trog wie Silber empor.

5   Der Berg erhebt sein Haupt,
Die Brennessel wallt feurig schwer,
Die Haselstaude, hell belaubt,
Zeigt ihre hartbeschalten Früchte her.

Des Tümpels schwarze Schande
10 Glänzt moorig her, ein Mückenbett.
Gelb an des Tümpels Rande
Der Hahnenfuß steht fett.

Krummfingrig greift ins Leere,
Entwurzelt, der gestürzte Stamm.
15 Er nährt an seiner Schwäre
Den silbergrünen Schwamm.
Die rote Vogelbeere
Erglüht in dunkler Scham.

Vorm Wald

Die Hitze blickt grünäugig aus dem Wald.
Riesenfichten, urgewachsen, alt,
Drehen ihre Äste rauchend. Kuckucksruf erschallt.
Rote Kerzen,
5 Blumen treiben übern Weg wie Kinderherzen.

Mittag

Busch und Baum in Grün und Gold,
Jedes Schattenschwarz ist fort.
Dampfend durch die Bläue rollt
Die Sonn zu ihrem Abendort.

5   Licht fließt über jeden Hang,
Silbern sirrt das heiße Gras.
Dunkler drunten schallt ein Sang,
Des Waldes kühlgeschwärzter Baß.

Tirol

Gelbe Hühner, braune Hühner,
Und ein weißes kratzt im Staub,
Und ein junger, flaschengrüner
Frosch hockt unter Gras und Laub.

5 An der Straße steht ein Stier.
Mit den weißen, faustegroßen,
Kugelrunden, regungslosen
Augen glotzt er her zu mir.

Der Zwölferkopf liegt wie ein Tier.
10 Und mit Augen milchglashellen,
Gletscherkühlen, eisesgrellen,
Glotzt er wie der Stier her schier.

Hühner, Kühe, Fichtenzapfen,
Und der Bergbach kocht.
15 Turmuhr sieben Schläge pocht.
In der Stube glühn die Krapfen
Braun beim abendlichen Docht.

In der Gärtnerei

Die großgezackten
Blätter an dem krummen Strauch,
Weiße Haare auf dem nackten,
Fetten, dunkelroten Bauch,

5 Sind wie Menschenfresserfratzen
Schaukelnd aufgehängt.
Schlägt der Wind mit groben Tatzen
Wirbel: Blatt an Blatt gedrängt,

Rasselt kriegerisch.
10 Wie ein dünner, roter Rauch
Blutes fliegt es um den Strauch,
Haarig glänzt der Blätter Bauch –
Dann ein Brummen, siegerisch!

Abgemähte Wiesen

Bräunlich dorrt die abgemähte Wiese,
Auf dem Strauche, statt der Blüte, sitzt der Schmetterling.
Fett vom Himmel tropft die Hitze, diese
Salbt ein jedes tote, jeds lebendig Ding.

5 Und de[r] Käfer, den ich fing
Mit dem Halm, den ich zur Schleife schließe,
Und den ich mit meinem Atemhauch verdrieße,
Wandert emsig um den grünen Ring.

Rennt und rennt,
10 Unaufhörlich, beingeschäftig, eine Reise, hat kein End –
Und der weiße, mittagsheiße Himmel dröhnt und brennt.

Raubritter

Zwischen Kraut und grünen Stangen
Jungen Schilfes steht der Hecht,
Mit Unholdsaugen im Kopf, dem langen,
Der Herr der Fische und Wasserschlangen,
5 Mit Kiefern, gewaltig wie Eisenzangen,
Gestachelt die Flossen: Raubtiergeschlecht.

Unbeweglich, uralt, aus Metall,
Grünspanig von tausend Jahren.
Ein Steinwurf! Wasserspritzen und Schwall:
10 Er ist blitzend davongefahren.

Butterblume, Sumpfdotterblume, feurig, gelblich rot,
Schaukelt auf den Wasserringen wie ein Seeräuberboot.

Regenlieder

Nach langem Regen

Seit Tagen regnet es, seit Wochen,
Jeder schwarze Stein ist blank gespült,
Regenwürmer haben sich emporgewühlt
Und die Blumen haben sich im Gras verkrochen.
5 Plötzlich hört der Regen auf zu pochen,
Einen spitzen Sonnenpfeil hab ich gefühlt.

Augen aufwärts! Ja, zerrissen
Sind die Wolken, eine Handvoll Himmel blaut,
Sonnenpünktchen, wie Hornissen,
10 Stechen meine lichtnichtmehrgewohnte Haut.

Mückenschwärme heben
Sich vom sumpfigen Grabenloch.
Aus allen Poren dampft das liebe Leben,
Und die Blumen, noch verkrochen eben,
15 Brennend richten sie sich wieder auf und schweben
Siegreich überm Grasgewoge doch.

Urgraue Verwandlung

Wie sich die Welt urgrau verdüstert,
Wenn der Regen mit den Blättern flüstert,
Wie der feuchte Rasen riecht!

Nicht nach Moder, Tod und Leichen –
5 Riesige Eidechsen schleichen,
Urgraswelt wird, zeitenlos.
Farnkraut fächert, baumig groß,

Durch die Furt dort trabt der Troß
Von Büffelstier und Steppenroß.

Schwarzer Regengesang

Ein schwarzer, singender Regen stürzt
Schrägher über das Haus.
Die Kammer duftet, apfelgewürzt,
Auf dem Speicher verbirgt sich die Maus.

5 Vom Küchenfenster das Handtuch hängt,
Wallt im Winde wie Engelsgewand.
Das Wasser in der Tonne drängt
Mit Schäumen übern Rand.

Der Engel seine Flügel hebt,
10 Wildflatternd, und fliegt nicht davon.
Über den nassen Dächern schwebt
Ein leiser Trommelton,

Ein zarter, dünner Posaunenschall,
Sanft dröhnende Musik,
15 Und Tropfenfall und Tropfenknall,
Das schweigt keinen Augenblick.

Die Maus hat es vernommen,
Sie spitzt im Nest das graue Ohr
Und lauscht beglückt und beklommen –
20 Es rauschte noch nie so zuvor –
Dem zauberisch brausenden Chor.

Das Blattgesicht

Wie an der zerfallenden Mauer,
Von wildem Wachstum behängt,
Unterm Regenschauer
Blatt plappernd an Blatt sich drängt!

5 Wie unter den silbernen Güssen
Das Astwerk sich windet und bäumt,
Das Wasser in strudelnden Güssen
Die moosigen Spalten durchschäumt!

Ein großes, schweflig gefärbtes,
10 Pockennarbig gegerbtes
Blatt peitschte der Regen vom Stamm:
Da liegt es und hebt sein verderbtes
Gesicht aus dem Straßenschlamm.

Die Regenmuhme

Wie schluckt das Gras den Regen!
Taktak klopft der Regen den Kies.
Von den schwarzen, schlüpfrig benäßten,
Geringelten Frühlingsbaumästen
5   Die Spinne ein Seil niederließ.

Sie wackelt und schaukelt, die Spinne,
Und webt an der Netzhängematte.
Gelb sprudelt die Dachregenrinne.
Die Krot hebt die Nase, die platte,

10 Und bläht sich, und glotzt, und spritzt Gift,
Das die Silbernetzblume,
Die Regenmuhme,
Die Graugespinstweberin nicht trifft.

Krötenlust

Regen träuft von allen Dächern,
Regen trommelt überall,
Bald mit stärkern, bald mit schwächern
Schlägen dröhnt der Tropfenfall.

5 Von dem grauen Himmel brechen
Wasserfluten, Schall um Schall.
Gelber strudelts in den Bächen
Und die großen Kröten zechen
Schwelgerisch in dem Überschwall.

10 Unstillbar lechzt nur das Moos.
Seine grünen Polster schwellen,
Triefend in den tiefsten Zellen
Giert es nach dem Tropfenstoß.

Fröhlicher Regen

Wie der Regen tropft, Regen tropft,
An die Scheiben klopft!
Jeder Strauch ist naß bezopft.

Wie der Regen springt!
5 In den Blättern singt
Eine Silberuhr.
Durch das Gras hinläuft,
Wie eine Schneckenspur,
Ein Streifen weiß beträuft.

10 Das stürmische Wasser schießt
In die Regentonne,
Daß die überfließt,
Und in breitem Schwall
Auf den Weg bekiest
15 Stürzt Fall um Fall.

Und der Regenriese,
Der Blauhimmelhasser,
Silbertropfenprasser,
Niesend faßt er in der Bäume Mähnen,
20 Lustvoll schnaubend in dem herrlich vielen Wasser.

Und er lacht mit fröhlich weißen Zähnen
Und mit kugelrunden, nassen Freudentränen.

Landregen

Jedes Blatt ist murmelnd naß,
Der See wie Silber so blaß.
Aus des Himmels gewaltig gewölbtem Faß
Rinnt Regen ohne Unterlaß.

5 Und die Wege, sumpfig getränkt,
Und die Grashalme, windgeschwenkt,
Und die Blumen, die Köpfe gesenkt,
Und die Sträucher, struppig verrenkt,
Und die Frösche, trommelnd im Baß,
10 Sind triefend und tropfend naß.

Die Sonnenblume

Über den Gartenzaun schob sie
Ihr gelbes Löwenhaupt,
Zwischen den Bohnen erhob sie
Sich, gold und gelb überstaubt.

5 Die Sonne kreist im Blauen
Nicht größer, als ihr gelbes Rad
Zwischen den grünen Stauden,
Den Bohnen und jungem Salat.

Weißer Morgen

Der Sommer lag schwer schnaufend,
Dickbrüstig wie ein Bäckerweib,
Mit fettem Schweiß sich taufend
Den nackten Wackelleib.

5 Das Rößlein zog den Karren
Den weißen Hügel hinauf,
Da klang das Räderknarren
Wie das wüste Weibsgeschnauf.

Ein Hase hob die Ohren,
10 Fuhr stracks in den Klee hinein.
Der schmeckte wie frisch gegoren
Ein spritziger Hügelwein.

Feuerwoge jeder Hügel

Feuerwoge jeder Hügel,
Grünes Feuer jeder Strauch,
Rührt der Wind die Flammenflügel,
Wölkt der Staub wie goldner Rauch.

5 Wie die Gräser züngelnd brennen!
Schreiend kocht die Weizensaat.
Feuerköpfige Blumen rennen
Knisternd übern Wiesenpfad.

Blüten schwelen an den Zweigen.
10 Rüttle dran! Die Funken steigen
Wirbelnd in den blauen Raum –
Feuerwerk ein jeder Baum!

Die Wolke

Die Sonne, eine gelbe Butterscheibe, schmolz
Am Himmel hin. Eine Föhre, hart, aus heißem Holz,
Rührte triefend in dem fetten Glanz,
Bis die Wolke kam und ihren schwarzen Schwanz
5 Fauchend in das Gelbe schlug.
Es erblindete die Föhre und ihr Nadelfirlefanz.
Die Wolke tanzte einen schweren Tanz.
Der Windriese kam und trug
Auf breiten Schultern den gewölbten Regenkrug.

Am offenen Fenster bei Hagelwetter

Himmlisches Eis
Sprang mir auf den Tisch,
Rund, silberweiß.
Schoß wie ein Fisch

5 Weg von der Hand,
Dies greifen wollt,
Schmolz und verschwand.
Blitzend wie Gold

Blieb auf dem Holz
10 Nur ein Tropfen dem Blick.
Mächtig die Sonne
Sog ihn zurück.

Waldweiher

Nicht nur Wasserrosen liegen
Auf der schwarzen Flut
Und die grüne Algenbrut –
Wolken, die am Himmel fliegen,
5 Spiegeln schäumend ihre Glut.

Bei der Weide, schorfergraut,
Moosig grün gefleckt,
Klagt der Frosch mit dunklem Laut,
Bläht er seine Warzenhaut,
10 Die Fraun und Kinder schreckt.

Lautlos durch die Binsen gleitet,
Grünbefloßt und sternenäugig,
Glanzbeschuppt,
Wie durch Gold der Wasserfisch.

15 Drüben auf der Wiese stehen
Blumen auf erhobnen Zehen,
Daß sie übers Gras hinsehen,
Schamlos ihre Neugier stillen
Bei dem Liebeslied der Grillen.

20 Der Wald rauscht wie zum Fürchten her,
Stämmemeer,
Tief im Sinnen,
Steingeklüftet, dämmerschwer,
Quellenköstlich.

25 Zaubrisch aus dem Walde drinnen,
Tröstlich,
Tönt das Lied der Beerensucherinnen.

Sommer

Hinter jener Scheunenwand,
Hinter jenem Holzstoß muß er sein!
In der Dämmerung,
Wenn das Dunkel in den Büschen schwillt,
5   Da geht er wieder fort.

Durstig ist er,
Die Flüsse trinkt er halb leer,
Und die Weiher im Wald
Macht er zu Sümpfen,
10 Daß der Schleier der Mücken wallt,
Wenn der Lustschrei der Frösche schallt.

Die Eidechsen kennen ihn
Und fürchten ihn nicht,
Und die Kinder hören ihn
15 Lachen am Hang.

Wenn er am hohen Tag
Hebt sein weißes Gesicht
Aus dem Himbeerschlag,

Rennt der Hahn, rotspornig und blaugeschwänzt,
20 In den Brunnenschatten und schreit.

Des Rotlippigen Auge glänzt
Zornig
Über die Zeit.

Die Stallmagd

Auf den prallen, festen Armen
Trägt sie Klee und Kraut.
Die braune Haut
Der Stirne glänzt vom Schweiß. Die warmen
5 Lippen zittern
Auf und ab bei jedem Schritt,
In ihren Röcken bringt sie noch den bittern
Tiergeruch des Stalles mit.

Sie drückt die Brust
10 Fest und verliebt gen Klee und Kraut,
Weil wie die Bauernabendlust,
Trompetengelb, tanzbodenlaut,
Der Mond durchs Netz der Ahornäste schaut.

Bayerischer Sonntag

Still die Kirche steht mit weißen Mauern,
Und vom Turm das Dach ist schwarz,
Schindelschuppig schwarz.
Vor der Kirche lärmen laut die Bauern,
5 Lachen, lümmeln, lauern –
Und das braune Holztor, knarrts?

Und hoch oben läuten jetzt die Glocken,
Grob die große und die kleine zart,
Maussilbrig zart.
10 Die schurzglänzend auf Geländerstangen hocken,
Stangen gelb und trocken,
Bäuerinnen rumpeln auf, daß das Holz hart knarrt.

Wie ein Schwarm von Vögeln, großen,
Vielen Vögeln, schwarz,
15 Rabenflügelschwarz,
Wackeln nun die Frauen, rauschen, stoßen,
Schieben sich die Männer mit den Adlerköpfen, jetzt
            hutlosen, bloßen,
Durch das Tor, das hinter ihnen zufällt.

Still die Kirche steht mit weißen Mauern,
20 Nur vom Turm das Dach ist schwarz,
Schindelschuppig schwarz.
Und vom Himmel – wer sah einen blauern? –
Hängt herab das Licht, haardicht,
Und schnarrts
25 Metallisch saitenklimprig nicht,
Als harfte sanft drauf Wind? Der bricht,
Der Waldtalwind, ins Dorf herein und riecht
Nach grünem Moos und Harz.

Bauerngarten

Ein Johanniskäfer, rot, mit weißen Tupfen
Schläft auf dem Brennesselblatt.
Heuschrecken, langschenklig, hupfen
Durch den Zaun auf den Salat.

5 Eine Hummel wackelt und rumpelt
Drohend durch die Gräserspitzen.
Der alte Bauer humpelt
Zur Bank, in der Sonne zu sitzen.

Zwei Lerchen und da noch eine!
10 Drei Punkte in blauer Luft –
Der Alte hebt witternd die Nase
In den braunen Roggenduft.

Die Lerchen steigen und fallen
Und fiedeln immerzu.
15 Der Hollunderbaum schlägt die Krallen
In die schwarze Bodenruh.

Bayerisches Alpenvorland

Die scharfgezackte, schwarze, wilde
Wolke in dem Abendblau
Kündet dem erschrocknen Volke
Hagel, wüst und körnerrauh.

5 Gähnend hockt das Kind des Bauern
Beim Gebüsch am braunen Zaun,
Und es sieht im Niederkauern
Durchs Gestrüpp den Käfer blaun.

Und es rührt mit frechem Nagel
10 An den krummen Käferflügel,
Aufschwirrt glänzend das Insekt –
Silbern über sieben Hügel
Weht der weiße Abendhagel,
Der die Flügel ihm zerschlägt.

Die Kapelle

Die Maria mit dem silbernen Kind
In der dunklen Kapelle
Ist die Königin. Die Heiligen alle sind
Ihr zu Diensten. Der Ritter Georg beugt sich zur
                                          kristallenen Quelle

Und schöpft den Helm voll von dem glänzenden Saft,
Für den Prinzen, daß er davon trinke.
Sebastian folgt dem gebietenden Winke,
Zieht sich die Pfeile aus dem Leib, legt sie Schaft an Schaft,

Gibt sie, daß er damit spiele, dem Knaben.
Der befleckt sich mit rotem Blut die silbernen Hände,
Und er will sie alle haben.
Ist er müd, wirft er sie klirrend gegen die Wände.

Sebastian sammelt sie, bohrt sie wieder in seine Wunden.
Tritt ein Beter in die Kapelle ein,
Stehen sie alle unbeweglich, aus Stein,
Fromm und feierlich, mit einem Heiligenschein.
Aber ein Mädchen hat einmal einen Pfeil zwischen den
                                          hölzernen Bänken gefunden.

Die kleine Welt in Bayern

Der Himmel ist hoch und weit über das Land gespannt,
Daß alles unter ihm Platz hat: die weiße Felswand,
Der Kirchturm, Zigeunerpferde mit farbigen Bändern
Im Schopf, Hirsche, Nachtigallen und Stare
5 Und der spiegelnde, blaue und klare
Waldsee mit den schilfigen Rändern.

Liegt ein Kerl im Moose,
Schlägt die Augen auf und im kleinen Stern
Sammelt er alles, den Kirchturm, die Felswand, den
                              Himmel und sein Begehrn
10 Geht darüber und über den Himmel hinaus ins Große und
                              Grenzenlose.

Gedichte vom Strom

Der Strom

Der große Strom kam breit hergeflossen
Wie ein großer, silberner Fisch. Wälder warn seine Flossen.
Mit dem hellen Schwanz hat er am Himmel angestoßen.

So schwamm er schnaubend in die Ebene hinein.
Licht wogte um ihn, dunstiger Schein.
Dann war nur mehr er, nur mehr er, der silberne, nur mehr
                                                  er allein.

Grüne Donauebene

Grün ist überall. Grün branden die Felder.
Nur die Straße ist ein weißer Strich
Quer durchs Grün. Aber herrlich,
Herrlich grün lodern die Wälder.

5 Die Lerche sirrt. Der Himmel ist blau,
Sonst überall ist nur Grün.
Ein kochendes Grün, ein erzgrünes Glühn –
Flirrend darin eine Bauernfrau

Mit weißem Kopftuch, und ihr rotes Gesicht
10 Trieft flammend vom unendlichen Licht.

Aufgehender Mond

Der Himmel ist rot, mit schwarzen Flecken besetzt,
Wie des Feuermolchs Haut.
Das Altwasser dunkelt in Schilf und Kraut.
Durch die Stille flackert laut
5   Der Ruf des Fußballspielers, der über den Rasen hetzt.

Dann erlöschen am Himmel die Brände,
Der Vater geht heim mit dem Sohn.
Der Fluß wallt spiegelnd davon.
Mit einem silbernen Ton
10 Bläst jetzt der Mond über die Himmelswände.

Donaunachmittag

Nackte Pfosten stehen schief im Sumpf,
Wie Jäger, die auf Vögel zielen.
Schwarzes Wasser schäumt durch Rillen.

Wie große Vögel ziehn die braunen Zillen.
5   Aus dem Sumpf aufsteigen
Wasservögel, und sie spielen
Um die Großen mit den vielen
Ruderflügeln. Und sie kreischen hell wie diese dumpf.

Früh am Fluß

Drehende Nebel trägt er auf dem Rücken.
Wir wandern ihm im Morgengrau entgegen.
Die Sonne will ihr breites Schwert schon zücken
Und mächtig auf die Berge legen.
5 Sie reißt es hoch. Wie Mücken
Umsausts ein Funkenschwarm und rinnt als goldner
                                              Regen.
Silbernes Entzücken
Strömt der Fluß dem Licht entgegen.

Abend an der Donau

Die langen Stangen schwanken überm Wasser.
Kein Fisch spielt um den Köder.
Der Himmel wird rot, röter,
Und überm Fluß schon blasser.

5   Die Kühle haucht aus Strauch und Rohr.
Die Angler gehn. Von ihren Schultern neigen
Die Gerten sich. Die ersten Nebel steigen.
Und als sichs rührt jetzt in den Weidenzweigen
Bricht raschelnd aus dem Busch ein scheues Liebespaar
                                      empor.

Geistliche Stadt

Eine funkelnde Bischofsmütze tanzte über den Wellen des
                                                             Stroms,
Tauben schwangen sich, goldene Vögel, um die mächtige
                                                         Kuppel des Doms.
Auf der Donau tanzte der Bischofshut,
Aus den Wolken stürzte die blaue Flut,
Die Fenster der Kirche brannten süß wie das Blut
Vom Herzen Mariens, das an Liebenden Wunder tut.

An der Donau

Der Damm ist schilfentblößt und blumenleer.
Spuren im Schlamm, zickzack, verstört, und hin und her,
Wie hundgehetzt,
Im Kreis gestolpert und zuletzt
5 Im Sumpf versunken und Morast.
Schief aus dem Schlamm, verkrallt und sturmzerfetzt,
Ein krummer Weidenast.

Herbst an der Donau

Groß am Berge liegt die Wälderfrau,
Sie bläst durchs Zitterblatt den klaren Ton.
Ihr seidnes Haar verhängt die kühle Schau.
Laub rollt wie Blut so braun aus ihrem Haupte grau
5 Ins Steinetal.

Sehr heißer Tag

Das dorrende Schilf und das trockene Gras
Summen einen Ton, wie auf einer Flöte von Glas.

Und der Himmel summt mit,
Und die Hummel summt mit, und vor meinem Tritt

5 Raschelt ein Vogel ins Flimmern des Lichts,
Ins weiße, tönende Nichts.

Am Steg

In den hellen Himmel, in den grünen Himmel, über den
                              schwarzen Bach hinweg
Springt der dichtberankte, zackblattüberschwankte
                              Stangensteg.

Die Feuerwarzenunken, tief im Schlamm versunken,
Blinzeln urgreisbös auf die Libellendschunken

Mit den surrenden Motoren.
Traumverloren

Steht die Weide, regt sich kaum,
Eingekleidet, eingeseidet in den spinnwebdünnen
                              Juliflaum.

Garten am See

Herkräht der Hahn
Vom Dorfe fern.
Im Gras der Löwenzahn
Zeigt seinen gelben Stern.

5   Der See wie blaues Eis,
Feuer der Hahnenschrei.
Am Kiesweg weiß
Die Schnecke schleppt ihr Haus herbei.

Die Malve trägt
10 Das Netz, das schlau die Spinne hing.
Den schwarzen Trauerwirbel schlägt
Die Fliege, die sich drin verfing.

Am Waldrand, wo er Bretter sägt,
Der Bach saust mit Gebrumm
15 Unwillig durch ein Rohr.
Gelbwolkig stäubt das Sägemehl
Empor.

Vom Wiesengrund,
Mit offnem goldnen Mund,
20 Starrt sprachlos her die Sonnenblum.

Im Tiroler Wirtshaus

Als erster kommt der Hahn.
Er kräht im Tau sein Frühsignal
Beim Röhrenbrunnenwasserfall –
Und nicht viel später dann

5 Orgelt die brumme Kuh
Ihr dröhnendbraunes, schallendes,
Von der Holzwand widerhallendes,
Wiesenblumes Muh.

Dann schlagen Türen auf und zu,
10 Dann spritzt der erste Tropfen Licht
Mir mitten ins Gesicht.

Ich fahr empor im Nu,
Tief aus der weiß und rot karierten Polsterruh,
Tief in die schwarzen Nagelschuh.

In der Schenke

Wenn der fliederblaue Himmel einstürzt
Und die Pflastersteine
Rot sich spiegeln in dem Scheine
Früher Radfahrerlaternen, würzt
5   Der dottergelbe Wein
Den Abend. Der die Stunden kürzt,
Der Rausch, tritt schwankend und bekränzt zu uns herein,
Der die tollen und die vollen Köpfe und die hohlen Flaschen
stürzt.

Einem Wirtshausgarten gegenüber

Einer Mandoline Zittern
Winselt, wispert, brummt
Hinter grünen Blumengittern
Und verstummt.

5 Nur der Fluß tönt ohne Rast.
Lockert sich ein Stein am Dache,
Zirpt. Stirbt das schwache
Gläserklirrn vom letzten Gast.

Frech der rote Wirtshauskater
10 Tatzt nach meinem Schatten, scharf,
Den ich, weißer Nachthemdpater,
Schwarz vor seine Krallen warf.

Federn

Hier hat man Hühner gerupft –
Federn, weiß und braun,
Liegen wie hingetupft
Neben dem schwarzen Zaun.

5 Blühen wie Blumen im Gras,
Zartbeflaumt und hold,
Ist eine vom Blute noch naß,
Schimmert die andre wie Gold.

Hebt sich ein Wind und bläst,
10 Fahren die Federn empor,
Und eine, vom Blute durchnäßt,
Tut es den andern zuvor,

Schwebt und schaukelt und fliegt
Grellrot und so hoch wie noch nie,
15 Als sie noch war engangeschmiegt,
Dem gackernden, scharrenden,
Am Boden beharrenden
Graukralligen Glasaugenvieh.

Ziegelfuhren

Die Straße daher kommen drei Wagen geknarrt,
Mit Ziegeln, Ziegeln, ochsenblutroten Ziegelsteinen geht
die Fahrt.

Den vordersten Wagen zieht ein rahmgelber Schimmel.
Der Fuhrmann schimpft mit der Peitsche. Wüst steht die
Peitsche zum blauen Himmel.

Den zweiten Wagen zieht ein pechfarbener Rappe.
Der Fuhrmann schläft. Tief hängt die Schlafnase, die
schlappe.

Den hintersten Wagen zieht ein brandroter Fuchs,
Eine samtbraune Hummel darüber, brummelnden Flugs.

Der blaue Himmel schweigt herab auf das Hummel- und
Räderknarren,
Auf die Hitze herab, durch die Ziegel, Ziegel leuchten und
fahren.

Der Ziegelstein

Der zernarbte Ziegelstein
Auf der weißen Gartenstiege
Glüht im prallen Sonnenschein,
Wie eine dicke Feuerfliege.

5 Und am Abend ist er blutrot
Noch, von Fleisch, und bebend,
Und verströmt die Glut wie lebend:
Erst erkaltend wird das Tontier tot.

Der Kamin

Schwarz in das Blau stieg der Kamin
Und stand den ganzen Nachmittag
Bei Vogelruf und Zimmermannsschlag
Kohlschwarz getuscht. Doch wenn um ihn

5 Die Abendröte sanft erblühte,
Der Hammerruf, der Vogelschlag
Sich müde klang wie jeden Tag,
Dann glühte

Ein Stern wild ob dem schwarzen Strich,
10 Der wehend nunmehr einer ranken,
Zartgekrausten, schwanken
Rebe glich.

Flußfahrt

Steinbilder stehn den Fluß entlang,
Der aus den blauen Bergen rollt,
Aus Sandstein, Marmor, aus Basalt, aus Gold,
Wie Riesen groß, wie Zwerge klein, so reihn sie sich
                                    am kahlen Hang,
5   Mit Köpfen rund, mit Köpfen lang,

Verhüllt und nackt, die Männer und die Frauen,
Urgreise, deren Bart erstarrt,
Kinder mit Augen weiß und hart
Unter den wilden Brauen.

10   Ein Segel rauscht, ein Ruder knarrt,
Ein Lebender befährt den Fluß. Er singt.
Erbebte lauschend jetzt die Schar? Kein Schrei entringt
Sich ihrer Brust, der Antwort bringt, der tröstlich klingt
Dem Mann im Boot auf seiner Fabelfahrt.

Rabenschrei verhallt

Rabenschrei verhallt,
Schwarz und grün der Wald,
Schwarz und grün am Bach der Strauch,
Golden der Forellenbauch.

5   Gold dreht sich die Mückensäule,
Gold die Sonne, gelb und rund,
Gold des Sumpflochs grüne Fäule,
Blasig auf dem Grund.

Krumm der Baum im Feld
10 Und der Wind wie Hefe herb,
Und das Sumpfloch schreit Verderb
In die Welt.

Binsen, Schilf und solches Volk
Wackelt schief, gerade.
15 Fern im Dunst, im Weißgewolk,
Blaß und naß und fade:
Des Regentags Ungnade.

Drachen

Die Drachen steigen wieder
Und schwanken mit den Schwänzen
Und brummen stumme Lieder
Zu ihren Geistertänzen.

5 Von wo der knallende Wind herweht?
Von Bauerngärten schwer!
Jeder Garten prallfäustig voll Blumen steht,
Die Felder sind lustig leer.

Der hohe Himmel ist ausgeräumt,
10 Wasserblau, ohne Regenunmut.
Eine einzige weiße Wolke schäumt,
Goldhufig, wie ein Roß gebäumt,
Glanzstrudlig durch die Luftflut.

Im goldenen Blättersturm

Im goldenen Blättersturm
Der Birken und Platanen
Polternd übers Feld hinschnurrn
Schwerflüglig die Fasanen.

5 Am Himmel flattern, ohne Laut,
Die weißen Wolkenfahnen.
Am Bachrand wächst das Knabenkraut,
Und drüben, wo das Dorf herschaut,
Stehn schwarz und spitz die Tannen.

10 Der Kastanie grüne, gestachelte Frucht
Treibt auf der schwarzen Flut,
Von Wirbeln umwallt.
In der Schattenbucht birgt sich, windzitternd und kalt,
Mit ängstlichen Wurzeln im Moorgrund verkrallt,
15 Blauglockig der Fingerhut.

Oktoberlied bei Solln

Weil fern wo eine Peitsche knallt
Und Räder auf der Straße knarrn,
Will auch der grüne Wald
In Schweigen nicht verharrn.

5 Der Wind biegt einen Wipfel krumm,
Hell schnarrt das Föhrenholz,
Und dornenstolz, glotzaugendumm
Rauscht jeder Brombeerstrauch ringsum.

Der Wind ist fort, der Ast gestreckt,
10 Und zittert noch.
Im Brombeerstrauch, verdeckt, versteckt,
Regt sichs, eidechsenflink, erschreckt, vorm Loch.

Weil fern wo eine Peitsche haut
Mit scharfem Schlag durchs Räderrolln,
15 Duckt sich das Vieh in Moos und Kraut
Im Brombeerstrauch bei Solln.

Abend

Wenn der Dämmerung schwarzes Licht
In der Stube liegt,
Der Ledersessel, schief vor Gicht,
Dreimal schnattert, fliegt
5 Der Abendvogel bald, ein stummer
Geier, Kahlhals, Federflaumgespenst, herein.
Schweigend hockt er, schnabelruhig, schwarz wie
                                              Kummer
Auf dem Schranke, daß der Ofenspalt, ein krummer,
Lippenschwerer, roter, dummer
10 Feuermund aus Kohlenstein,
Fängt an zu schrein,
Fängt wie besessen an zu schrein.

Der Talgrund glänzt

Gelb im gelben Oktoberlicht
Die Birne am Birnbaum hängt,
Der Winzer die Traube vom Rebstock bricht,
Der Wein den Zecher tränkt.

5 Im Bach, der über die Kiesel hingeht,
Eisblau sein Wasser und kalt,
Ohne Regung die Forelle steht,
Wie aus Glas und rötlich bemalt.

Der schwarze Krähenflügel
10 Ist schwärzer nicht als die Beere am Zweig,
Wie eine Schlange über den Hügel
Windet sich weiß der Steig.

Wie liegt die Welt klar, unverhängt!
Der Talgrund glänzt, als wär er naß:
15 So üppig ist vom Licht getränkt
Das kurze, grüne Gras.

Laubfall

Falln die Blätter immerzu
Von den schwarzen Bäumen,
Daß sie unter meinem Schuh
Wie bittrer Wein aufschäumen.

5 Buchenblätter, Ahornblätter
Und das Laub der Linden –
Wirbelnd fällt das Laubgeschmetter
Bei den kühlen Winden.

Ist der Fuß grausame Kelter,
10 Ist der Rinnstein Weinbehälter,
Krümmt sich jedes Blatt vor Schmerz:

Steigt aus Schaum und Blasen
Der Geruch von diesem Saft,
Hat er sonderbare Kraft
15 Über unsre Nasen,
Über unser Herz.

Das unzufriedene Herz

Der Herbst müßte nicht traurig sein:
Rotblättrig stehn die Büsche,
In dicken Trauben hängt der Wein,
Im Wasser springen die Fische.

5 Der Wind, der weht noch frisch und rein
Und sommerlich vom Walde her,
Doch muß was mit dem Winde sein,
Auf dunklen Hörnern schallt er.

Das Licht, das von dem Himmel träuft,
10 Ist blau und weiß und goldgesäumt,
Vom Licht ist jedes Tal ersäuft.

So ists um diese Zeit. Die tut
Wie Sommer, brennt und schäumt.
Trunken auf üppigem Hügel ruht
15 Der Tag mit aufgeblasnem Mut,
Doch wenn er gleich von Segen überfließt,
Man ihn doch nicht mit reiner Lust genießt.

Ein jedes goldne Blatt hat seinen Schatten.
Zaubrisch der Abend, wenn im Mondenschein
20 Hinunter steigt die Treppe, Stein nach Stein,
Zum Fluß, der stäubend über Felsen schießt
Und silbrig wallend sich ins Tal ergießt,
Im Schilf am Ufer aber rühren sich die Ratten!

Was mags denn sein,
25 Was so das Herz, was so das ewig unzufriedne Herz
                                      verdrießt?

Rausch

Rausch, mein riesiger, bartumwallter
Bruder, tritt zu mir herein!
Sieh dies Glas! Das ist ein alter,
Mondscheingelber, feurigkühler, brennendkalter Wein.

5 Morgenroter, abendroter
Vetter: Saug am Ziegenschlauch,
Daß ein butterheller, fetter
Wein dir salbt den Bauch!

Neige dich, mein riesenhafter
10 Purpurbruder, über mich!
Torkelnd, ein erschlaffter
Knabe, dem das Wangenrot verblich,

Berg ich tief mich in den Falten
Deines Kleides. In den roten Klüften
15 Träume ich die alten
Träume, hingelagert an den Hügeln deiner Hüften.

Erste Italienfahrt

Und als der Zug übern Brenner fuhr,
Wurde der Himmel hell,
Die Wolken weniger, kleiner, und nur
Eine beharrliche flog mit uns schnell.

5 Bei Verona zerging auch sie,
Und der Himmel war blau und allein.
Bis zum Brenner sah man viel scheckiges Vieh,
Dann nicht mehr, dann nur mehr Wein.

Die Häuser sahen wie Würfel aus
10 Und hatten ein flaches Dach.
Und kein Wind ging. Der ging wohl in nordischen
                              Wäldern mit Braus,
Nur Weizen wogte hier schwach.

Florenz war schön und war alt wie Stein
Und hatte ein strenges Gesicht,
15 Der Arno war stumpf wie ein Sumpf und kein
Mondstrahl brachte ihm Licht.

Der Mond, der war wohl im Norden, rot
Und gelb über Wiesen und Rohr.
Hier in der Schenke bei Wein und Brot
20 Scholls fremd an unser Ohr.

Wir saßen verlorn wie im Käs der Wurm,
Der Arno dunkelte, schwieg,
Bis der Morgen kam, bis der steinerne Turm
In den grünen Himmel stieg.

25 Da trugen die Morgenhügel
Toskanas Zypressen schmal,
Und ein Raubvogel, ernst, ohne Flügel
Zu rühren, hing über dem Tal.

Die Galeere

Die Ruder stiegen und fielen.
Die Galeere rauschte hinaus aufs Meer.
Die Ruderer fühlten die Schwielen
Und den krummen Rücken nicht mehr.

5 Am Schnabel des Schiffes schwebte
Die goldene Göttin voran.
Ihr mächtiger Flügel bebte,
Sie sahen sie alle an.

Die Peitsche der Wächter zischte,
10 Sie dampften in Schweiß und Blut.
Wie Blut und Schweiß sich mischte
Und roch in der Mittagsglut!

Mit gläsernen Augen starrten
Sie auf das hölzerne Weib,
15 Die Ruderbänke knarrten,
Sie bogen den nassen Leib.

Die Göttin spannte die Flügel
Und hob die Arme steil
Und über die Wellenhügel
20 Schoß das Schiff wie ein Pfeil.

Die Ruder stiegen und fielen,
Die Ruderer sangen im Braus,
Es zog sie zu fernen Zielen
Die goldene Göttin hinaus.

25 Die Wärter senkten die Gabel
Und rührten die Ruderer nicht an.
Das goldene Weib am Schnabel
Durchpflügte mit ihnen den Ozean.

Salome

Salome tanzte vor ihrem Herrn und Gebieter.
Sie trug ein kleines, schwarzes Mieder,
Das hielt ihre hüpfende Brust kaum.
In ihrem Nacken glänzte der Haare Flaum.

5 Herodes rief: Tanze, mein Kind, tanze schneller!
Er beugte sich weit zu der Tanzenden vor,
Es rauschte das Blut in seinem Ohr,
Er warf von goldenem Teller

Ihr Früchte und Blumen zu.
10 Sie drehte sich wie der Wirbelwind,
Es saß betäubt das Hofgesind,
Und tanzend verlor sie den Schuh.

Tanze, mein Kind, tanz ohne Schuh,
Tanz, liebliche Judenbraut,
15 Ich schenke dir wieder andere Schuh,
Schuhe aus Menschenhaut!

Salome tanzte. Der Wirbel riß
Den König mit. Er streckte die Zehen.
Er entblößte sein gelbes Gebiß
20 Und erhob sich und konnte kaum stehen

Und schwenkte die Arme und stellte das Bein
Und drehte den fetten Leib.
Die Juden schrien: König, halt ein,
Setze dich wieder, und bleib!

25 Herodes saß auf dem goldenen Thron
Und keuchte und schnaufte laut.
Salome tanzte lächelnd davon,
Sie tanzte schon unter der Türe,
Da rief sie: Vergiß nicht die Schnüre
30 Zu den Schuhen aus Menschenhaut!

Die Juden schwiegen beklommen
Und tranken ohne Genuß.
Zu wem wird das Messer kommen?
Sie krümmten erschrocken den Fuß.

Der Bethlehemitische Kindermord

Die Soldaten des Herodes stiegen herab von den Bergen,
Sie trugen Schwerter vor sich her.
Viele schämten sich ihres Amtes, schalten sich selber
                                         Schergen.
Andre grinsten. Sie liebten die Arbeit sehr.

5 Die war nicht schwer.
Sie schlugen den Kindern die Köpfe ab. Mit einem Streich
Oft. Manchmal trafen sie nicht gleich,
Brauchten zwei und drei Hiebe und mehr.

Und sagten zur Mutter, wenn sie entsetzlich schrie:
10 »Na, was! Kannst wieder andre gebären!«
Und hörte das Weib nicht auf zu plärren:
»Schieb ab, du Vieh!

Was willst du? Er wills, Herodes, der Herr!«
Die Mütter fragten: »Wie sieht er aus?«
15 »Er wohnt in einem goldenen Haus,
Hat Augen aus Glas, einen Bart wie ein Bock,
Einen roten Rock und Hände von Ringen schwer.«

»In unseren Tränen soll er ersaufen!
Sie solln ihm versalzen sein Brot!«
20 Sie konnten vor Lachen nicht schnaufen.
»Herodes, der Herr, nur Rebhühner frißt.«
Sie warfen die Leichen mit Schwung auf den Mist
Und zogen in lärmenden Haufen
Weiter und schlugen die Kinder tot.

25 Er hatte Krüge voll Rotwein stehn,
Herodes, betrank sich und lag.
Einen Bart wie ein Bock, die Schenkel fett,
So lag er auf seinem seidenen Bett
Und schnarchte bis tief in den Tag.

Der verlorene Sohn

Bei den Schweinen saß der verlorene Sohn.
Die weißen mit den rosigen Rüsseln
Fraßen aus den ledernen Schüsseln,
Die schwarzen und borstigen schmatzten aus Trögen
                      von Holz und Ton.

5 Er saß auf einem trockenen Stein,
Zwischen seinen Zehen wuchs Gras,
Seine Haare warn steif und gedörrt, wie aus Glas,
Eine Schwäre befraß sein Bein.

Eine Hirtenflöte hielt er am Mund.
10 Er blies ein Lied, das war dünn und klar.
Es schwirrte der Wind in seinem gläsernen Haar.
Das Lied wurde glänzend und rund

Und stieg von der Flöte empor,
Eine Seifenblase, schillernd und bunt.
15 Eine zweite und dritte taumelten nach,
Die Kugeln stiegen und bauten ein Dach.
Er hielt nicht ein mit dem Blasen, bevor

Er nicht ganz und gar inmitten der schwebenden
                      Kugeln war,
Wie in Bernstein gefangen ein Götterbild.
20 Die schwarzen Fliegen umbrummten ihn wild
Und ein Käfer mit funkelndem Rückenschild
Fuhr klirrend vor ihm durch das Gras.

Chinesische Generäle
(Wie im Puppenspiel)

I.

Das Gesicht des Generals Wupeifu
Ist gelb wie das Wasser der Flüsse,
Seine gelben Seidenschuh
Scheun Schlamm und Regengüsse.

5 In einer riesigen Sänfte
Schwankt Tschangsolin heran,
Rote Trommeln, gedämpfte,
Begleiten den stolzen Mann.

Goldene Drachen glotzen
10 Verwegen von jedem Dach,
Die geringelten Leiber strotzen
Gewaltig auf Füßen schwach.

II.

Tausend Rosse traben
Über Steppe und Hang,
15 Die Pferdemäuler laben
Sich kühl im Jangtsekiang.

Krummnäsige Dschunken fahren
Die Ströme hinauf und hinab,
Die Segel singen und schnarren
20 Und schnattern: papperlapapp.

Gedämpfte Trommeln, rote,
Tschangsolin in der Sänftenruh,
Gelbe Trompetenschlote
Schmettern um Wupeifu.

III.

25 Das große, blaue Trommelfell
Des Himmels zittert kaum,
Wolken, weiß und wieselschnell,
Zergehen zu Flaum.

Die große Trommel des trägen,
30 Glasblauen Himmelplans
Schlagen mit schnellen Schlägen
Trommelschlegel aus Glanz.

In dem süßen Konzert
Aus gelbem und blauem Licht
35 Ist das singende Schwert
Ein Mückenmaul an Gewicht.

Zwei Libellen, behaarte,
Grün und mit goldenem Bauch,
Kämpften die wilde und zarte
40 Schlacht im Gräserrauch.

Maschinengewehre knistern,
Raketen sind farbenfroh,
Granateinschläge flüstern
Wie weiße Mäuse im Stroh.

IV.

45 Die Himmelstrommel, die große,
Hängt am verborgenen Strang.
Die nackte, die blaue, die bloße
Summt einen süßen Gesang.

Generäle im Seidenrocke,
50 Bemalt, und auf zierlichem Pferd
Reiten unter der Glocke,
Gezückt das puppige Schwert.

Glassoldaten, mutig,
Stürmen Wall und Wald,
55 Mit Rosenhändchen, blutig,
Aneinandergekrallt.

Blauhimmlisch erdröhnt da ein Gongschlag,
Sie kippen und kollern im Nu:
Wie Spielzeugfiguren aus Glas und Lack
60 Liegt goldgelenkig, im Marschallsfrack,
Tschangsolin neben Wupeifu.

V.

Ein dreckzehiges Kulikind
Kichert über die Steppe,
Kreischt und trägt im Abendwind
65 Über die Hühnertreppe

Zwei Hampelmänner in Gelb und Rot –
Die funkeln grell,
Die wackeln schnell
Mit ihm durch Schlaf und Traum der Hütte
70 Bis zum morgendlichen Brot.

Die heiligen drei Könige

Der heilige Sankt Kaspar spornt den glänzenden Rappen.
Er bebt im Sattel, rauscht mit brokatnen Gewändern:
Er kommt aus palmenüberblühten Ländern,
Fiebernder Pfeil, wie der springende Leopard in seinem
                                                                             Wappen.

Der heilige Sankt Melchior auf weißem Elefanten
Verließ den Palast mit den schönsten Frauen
Und den hängenden Gärten. Er runzelt die Brauen,
Weil bisher die Tage und Nächte des Suchens so
                                schmerzlich umsonst verbrannten.

Der heilige Sankt Balthasar auf gelbem Dromedar
Lehnt wie eine sehnsüchtige Fahne aus dem
                                      geschwungenen Sessel.
Ihn peitscht die Begierde wie eine brennende Nessel,
Er ist der ungeduldigste der lodernden Schar.

Es werfen die Drei die Hände wie brennende Fackeln voran.
Über Berge und Wälder treibt sie ihr Blut.
Wie eine Wolke umwölkt sie die eigene Glut.
Gott zieht mit den ewigen Wandrern als feuriger Schwan,
Mit seinen gespreiteten Flügeln stößt er an Himmel und
                                                                  Erde an.

Drei am Kreuz

Das Kind in der hölzernen Krippe,
Mit den weißen Fingern, den goldenen Zehn,
Trug auf der geschwungenen Lippe
Ein Lachen ungesehn.

5 Die Mutter neigte sich, froh war ihr Herz,
Und sah das Lachen nicht.
Josef war blind, und beim Kerzenlicht
Glänzte sein Bart von Erz.

Die Könige sahen es alle drei nicht,
10 Kaspar, Melchior, Balthasar,
Mit dem gelben, dem weißen, dem schwarzen Gesicht
Unterm Zopf und gescheiteltem Haar.

Ein Schafbock, mit Krauswoll, mit krummer,
Ein Esel mit grauem Schwanz
15 Stampften durch seinen Schlummer,
Das dröhnte wie Sternentanz.

Das Lachen sah keiner. Und es verging
Das dreiunddreißigste Jahr.
Es kam, daß er krumm am Kreuze hing
20 Unter dem Himmel klar.

Landstreicher zur Linken, Strauchritter zur Rechten,
Sie fuhren zu dritt in den Tod.
Die Strolche, die bösen, die schlechten,
Sie soffen sein Lachen wie echten
25 Taufwein und fraßens wie Hostienbrot.

Mit dem weißen, dem gelben, dem Negergesicht,
Die drei Könige ritten heran.
Sie sahen die Drei tot und hochaufgericht,
Und Kaspar, Melchior, Balthasar spricht:
30 Warum lacht der mittlere Mann?

Unterwegs

Es hatte sich einer der heiligen drei Könige verlaufen,
War abgekommen vom Trupp und irrte nun hinter ihm
                                        drein,
Silbernen Bart
Wallend vom erhitzten Gesicht.
Sein Mantel, gelbfarben wie Wein,
Schleifte im Staub, und in der Rechten
Trug er das Räuchergefäß:
Das sollte sein Königsgeschenk sein
Dem Angekündigten.

So kam er allein in einen finsteren Wald,
Wo die Tannen standen wie bärtige Riesen
Und das Strauchwerk zu ihren Füßen wuchs wild.
Kalt war es im Wald, und den Himmel sah man nicht,
Und eine große Kröte saß mitten im Hohlweg,
Dickbäuchig und sprungbereit.

Er traute sich nicht weiter zu gehen,
Der König, und blieb vor der Kröte stehen,
Die war mit Warzen besät
Und wie ein Drache anzusehen
Auf krummen Beinen gebläht.

Da barg im Mantel der alte Mann
Erschrocken das Räuchergerät.
Er sah an sich herab, er war waffenlos.
Der Hohlweg war schmal,
So konnte er dem Untier auch nicht ausweichen,
Beiseite gehn und sich von dannen schleichen.
Fahl
Hing an den Wänden das Moos.

Da schrie ein Vogel und schwang sich vom Ast,
Schwarzglänzende Rabengestalt,

Und packte die Kröte und trug sie fort,
Weit fort in den düstersten Schattenort,
Und schrie noch einmal.
Zorniges Echo schallte der Wald.

35 Aus einem Loch im Boden pfiff es heraus
Wie eine fröhliche Flöte,
Das war eine Maus in ihrem Haus,
Die Nachbarin der Kröte.

Da lachte der Weißbart und ging seinen Weg,
40 Über den Bach, auf hölzernem Steg,
Und da, wo der Wald sich lichtete,
War es, daß er die vorausgegangenen Gefährten sichtete.
Denn da war ein großes, unruhiges Blitzen
Und Schimmern von Seidengewändern, im Winde
                                         schlagenden,
45 Und auf gestürzten Baumstämmen sitzen
Sah er, auf ihn wartend, die Kronentragenden.

Könige und Hirten

Im finstern Stall,
Auf Stroh, das welk,
Unterm Wagen
Schläft das Kind.

5 Stimmen singen im Gebälk
Mit süßem Schall.
So süßen Schall singt nicht der Wind.

Kühe mit den
Schwänzen schlagen,
10 Muhen brusttief lind.

Eilig reiten,
Lang schon ritten,
Feine Leute,
Ungeduldig, heilig zornig,
15 Mit Gesinde
Hinter sich und
Goldbehängten
Sattels, silberspornig,
Im gedrängten
20 Truppe zu dem Kind.

Hirten gingen
Nicht von ihrem Platze vorn
Beim bleichen Klingen
Von dem Silbersporn.

25 Und die Feinen
Leiden es,
Daß die Gemeinen
Schulterbreit vor ihnen sind.

Heben sich nur auf den Zehen,
30 Sagen ein Bescheidenes,

> Daß ihre Gastgeschenke gehen
> Still von Hand zu Hand nach vorn,
> Zu dem Kind,
> Das sie nicht sehen.

35 So die dunklen Hirten hoben
> Königsgold und fremd Gewürz,
> Gelber Schalen Lichtgestürz
> Vor den weißen Schläfer hin.

> Einstimmig loben
40 Ritter und
> Gesind
> Und Hirtenmund
> Das Kind.

> Süß singts mit vom Balken oben.

Will der Winter kommen

Will der Winter kommen,
Jetzt zur Weihnachtszeit –
Komm nur her!
Kommen die Flocken geschwommen,
5   Von hoch überm Dächermeer,
Silbergeflügeltes Heer.

Will der Mond kommen,
Jetzt im Abendwind,
Komm nur, leucht!
10   Durch die halboffne Kirchentüre rinnt
Dunkel das Gebet der Frommen,
Leis die Orgel keucht.

Hat der Winter gewonnen,
Ist alles Frost
15   Und kalt.
Kommen die schwarzen Nonnen
Getrost gewallt
Zur schneeweißen Heilandsgestalt.

Lob der Kälte

Der braune Bretterzaun
Ist weiß von Reif,
Konnt gestern kaum mehr stehn, war greisenhaft
                und wacklig anzuschaun,
Und ist nun jung und steif.

5   Das Viereck Wiese gestern war ein Moor,
Sumpfbraun und pfützenüberstreut:
Da sie die kalte Nacht steinfest gefror,
Wie tanzplatzlustig ist sie heut!

Wie war der Himmel gestern fad
10 Und stumpf und grau –
Heut tropft das Licht vom Sonnenrad
Wie Gold durchs weiße Blau!

Alles, was trübe war
Und feucht verflossen,
15 Ist hart und klar
Und zum Kristall zusammgeschossen.

Die Kälte trabt einher, die lange, lange Schar,
Silbern der Huf, das Mähnenhaar,
Je Hengst und Stute, Paar nach Paar
20 Von weißen Zauberrossen.

Mitten im Föhrenwald

Der Schnee fiel nicht mehr, aber die Wolken hingen
Über den Wald.
Der Fuchs umschlich witternd die heimtückisch
                          treuherzigen Schlingen,
Der Rabe saß auf dem Föhrenast, blinzelnd, großväteralt.

Das Eichhörnchen lockte es, über den gefrorenen
                          Weiher zu springen,
Die Luft war silbern und kalt.
Die blaue Eisdecke fing an zu singen,
Und der Mond sah gelb aus dem Wolkenspalt.

Vorm Tor der Scheune, im wollnen, geringen
Janker stand Josef und hatte die Fäuste geballt,
Und seine Ohren, die geschärften, wachsamen, empfingen
Jeden Laut, und plötzlich hat er breit und befreit übers
                          bärtige Antlitz gestrahlt.

Das Eichhörnchen rief er an, den Raben, den Fuchs, und
                          vor allen Dingen
Das gelbe Gesicht, das über der Waldlichtung hing, den
                          Mond, kreisrund von Gestalt.
Und er hob die Arme, als wolle er sie alle umschlingen,
Denn er hatte einen seligen Seufzer vernommen,
Und er schrie: Freut euch mit mir, ihr Tiere, ihr frommen,
Maria ist niedergekommen
Mitten im Föhrenwald!

Und das Eichhörnchen stellte schräg den brennroten
                          Schwanz,
Und der Fuchs nieste höflich und kam Josef sehr nah.
Der Rabe wackelte am Ast einen steifen Tanz,
Und eine Sternschnuppe fiel und sang zwitschernd:
                          Halleluja!

Der Mond ging so tief herab, daß er Josef gelbäugig ins
                                                          Auge sah,
25 Und Josef im Janker lachte und in der Scheune ganz
Leis lachte Maria.

Zwei Krähen vorm roten Himmel

Das hungerschwarze, flügellahme
Kummerweibchen schwankt am Ast.
Schnee fällt auf der dunklen Dame
Abendrast.

5 Nicht die Schnauze einer Schneemaus
Und kein blauer Regenwurm!
Nur der Schneesturm
Kämmt der Müden höflich schwarze Federn aus.

Die tuschgefärbte, aasgenährte
10 Vogeldame neigt
Den kleinen Kopf, bleibt auf dem Ast, duckt sich und
schweigt,
Wie nun der nasse Frackgefährte,
Mutvoll krächzend, Hohngebärde,
(Unten liegst du, weiße Erde!)
15 Schwarz zum roten Himmel steigt.

Der Hase

Zwischen den Türmen, an Läufen,
Erstarrten, hängt der Hase am Fensterbrett.
Der Schneewind pfeift, der Dachwind weht,
Und von Dachziegeln träufen

5 Dicke, schwarze Wassertropfen,
Die zerknallend auf dem Blech
Wie rasche Flintenschüsse klopfen.
Rührt es nicht, halb scheu, halb frech,

Das Wiesentier, die Ohren?
10 Hier ist kein Feld, kein Dämmerwald,
Nur der dicke Tropfen knallt
Feucht und unverfroren.

Von der Straße, schrill und wüst,
Viele Pfiffe stürmen.
15 Mit geknicktem Knochengerüst
Schwankt der Hase zwischen den Türmen.

Wintermorgen im Gebirge

Über den Alpenwall,
Mausnackt, schneeblaß, eisgrau
Und dann kühldämmernd blau
Erhob sich aus schwarzem Tal

5 Die Sonne. Es lief die Gipfelschnur
Auf und ab durchs rote Gestirn,
Umriß wie mit kohlschwarzem Zwirn
Fleischblutig die Herzfigur.

Das Herz schwebte schimmernd und dröhnte
10 Vor dem bleichen Hintergrund,
Stieg siegreich dann auf ins ersehnte
Blaue, nun goldstückrund.

Die silberne Alpenkette
Schaukelte auf und ab.
15 Aus befiedertem Wolkenbette
Warf lichtjubelnd die fette
Goldfaust nun Stab um Stab.

Krähen und Enten

Weil der Schnee seit Stunden fällt
Über diese weiße Welt,
Über Dächer schräggestellt,
Will die Krähe, Schwarzgemäld,
5 Der das Wirbeln nicht gefällt,
Auf dem Zaun vorm Garten
Das End vom Schnee erwarten.

Ach, der weiße Flockentanz
Hört wohl nimmer auf!
10 Auf dem schwarzen Krähenschwanz
Türmt sich der Schnee zu Hauf.

Krähe sitzt mit krummem Mund,
Bös, ein stummer Hasser.
Doch die Enten schnattern bunt,
15 Fliegen durch den Flockenfall
Langgehalst und brustkorbprall –
Auch der Schnee ist Wasser!

Krähentanz

Vögel gibts im Winter auch,
Raben, Krähen, solch Getier,
Schwarz von Farbe, krumm geschnäbelt,
Und den Bauch voll Freßbegier.

5 Auf den weißen Feldern hocken
Vor bereiften Büscheln Grases,
Vor den Mäuselöchern sie,
Kämpfen wild um jeden Brocken
Faulen Aases.

10 Und die Sieger fliegen
Schweren Fluges und verwegnen
Schreiens auf das Hüttendach.
Die gerupften Unterlegnen
Äugen ihnen nach.

15 Zupfen schamvoll am Gefieder,
Und die Schmach
Empfangner Prügel,
Die der Federn sie beraubt,
Bergen sie im Auf und Nieder
20 Eines tollen Wackeltanzes,
Daß der Schnee staubt
Bei den Schlägen ihrer Flügel,
Ihres Schwanzes.

Winterliches Landhaus

Es ist der Wald, der steifgefrorne Wald:
Doch hat man um ihn einen Zaun gelegt,
Sind Wege drin, gerade, blank gefegt,
Und an der Türe steht: Kein Eintritt! Halt!

Schief auf den Fichten, moosbebartet, alt,
Hockt nur ein Rabe, der die Flügel schlägt.
Längst ist das Reh entschlüpft. Kein Specht, der sägt.
Der Maulwurf schläft. Dem Maulwurf ists zu kalt.

Da knallt vom Berg ein Schuß, ein zweiter und ein dritter.
Dort bricht der Hirsch wie Donner durch die Schlucht,
Die Gemse pfeift, quer durchs Geröll die Flucht –

Da draußen sind die Jäger und die Ritter,
Im braunen Knie die Freiheit und die Kraft:
Hier ist der Park, das Haus, die Fett-, die
                Bettgefangenschaft!

Schneefall

Der Schnee fällt,
Der Wind weht,
Der Hund bellt,
Weil wer im Dämmern vorübergeht.

5 Über das weiße, weite Feld
Stiebt das Silbergeflügel,
Die Vogelscheuche am Waldrand hält
In der Hand einen krummen Prügel.

Auf der Spitze des Prügels hockt
10 Eine Krähe und schreit.
Der weiße Schnee flaumt und flockt
Lautlos, unabsehbar weit,
Als ob einer oben wo säße, der brockt
Weißes Zeug die ganze Zeit.

15 Der Mond kommt, rötlich und kalt.
Die Uhr acht Schläge schallt.
Sind die Schläge verhallt,
Stumm in der Stille tanzen die Flocken zum Wald.

Aus der
späteren Fassung von

Der irdische Tag

Die Ehebrecherin

Wie die ungetreue Frau
Durch die Felder rennt!
Und zu ihren Füßen brennt
Rot vom Klee die grüne Au,
5   Rot wie ihre Sünde!

Weiß stürzt durch die schwarze Schlucht
Der ungestüme Wasserfall.
Wo er um den Felsen sprüht,
Frech am Strauch die Beere glüht,
10 Fett und prall,
Rot wie ihre Sünde!

Wie sie aus der Waldschlucht flieht,
Geisterhaft vom Specht durchhämmert,
Liegt vor ihr der Wiesengrund,
15 Drauf der erste Nebel dämmert.
Will schon finster werden und
Am Himmel fährt des Mondes Boot
Silbern hin durchs fahle Rot,
Abendrot,
20 Rot wie ihre Sünde!

Auf dem Turm die Zwiebelhaube,
Droben dort, blühweiß am Hang,
Eine kleine Kirche hockt,
Die zur Reu die Sünder lockt.
25 Vor der Türe eine Taube,
Ängstlich fliegt sie gleich davon
Vorm wilden Ton vom roten Rock
Der ungetreuen Frau.

Schrecklich durch das kühle Dunkel,
30 Rötlich überm Goldgefunkel

Glüht des ewigen Lichtes Schimmer
Wie ein lüstern Aug sie an.

Beten will sie, doch sie kann
Es nimmer:
35 Allzu zärtlich
Glänzen ihr die schönen Engel
Mit den weißen Knabenhüften,
Dran die Hemdlein unkeusch flattern.
Offen sind der Hölle Schlünde
40 Und wie ausgespien aus Klüften,
Züngelnd, eine Schar von Nattern,
Bricht wild über sie herein
Roter, roter Flammenschein,
Rot wie ihre Sünde!

Im Lechtal

Braune Frau, an deinen roten Haaren
Häng ich am Galgen dieser Tage!
Wolken wehen hin und her in Scharen
Und vom Schlage
5   Des Kuckucks dröhnt das Lechtal.
Strampelnd wie ein aufgeregter
Hampelmann, ein windbewegter
Deli[n]quent am Galgenpfahl,
Hör ich noch des Kuckucks Schrei.

10 Hier ist der Steg, wo die Forellen waren.
Wer kann sein Herz vor Liebesschmach bewahren?

Und während, wie Ameisenscharen,
Mir gemeinen Henkertodes
Schauer durch die Knie fahren,
15 Brumm ich wackelnd mit des Leches Melodei.

Der Minnesänger

Warum soll ich dein rotes Haar besingen
Und zimperlich von andern Dingen schweigen?
Ich könnte sagen, daß wie Falterschwingen
Deine Wimpern auf und nieder steigen.

5 Von deinem Knie, von deinem Fuße
Könnt ich vertraulich sprechen,
Von dem Verborgnen unter deiner Bluse –
Doch eher will ich mir die Zung abbrechen,

Als lang zu schwätzen von Banalem.
10 Kurz: deine Brust ist weiß und rund,
Auch hast du einen schön geschwungnen Mund –
Ich einen Nachgeschmack von Schalem
Und ein Lachen tief im Schlund.

Als Minnesänger geb ich davon Kund.

Rumpelstilzchen

Ja, das ist er, grau wie Schiefer,
Winterhimmel, der sich biegt!
Auf den Wiesen, vor der Vorstadt,
Liegts wie Rauch. Die alte Kiefer

5 Stöhnt im Wind. Sein Ungeziefer
Jagt der Hirtenhund und bellt.
Wie Wellen gehn der Schafe Rücken,
Nur der Schwarm der schwarzen Mücken,
Der sonst über ihnen tanzte, fehlt.

10 Wie der Bach rennt! Losgerissen flattern
Algen auf den Wassern fort,
Und mit weißern Steinen, glattern
Als im Sommer tauschen sie ihr Wort.

In der Grube, im Gebiet der
15 Braun versumpften Regenpfützen,
Scherben und verbeulten Büchsen,
Hüpft das Männchen, rot die Mütze,
Zauberhähnchen,
Zirpt den Vers und kräht das Lied,

20 Kies, der kollert, übertönt es:
Ich bin froh, daß niemand weiß –
Und so flötet es und flennt es,
Zwerg und Flachsbartwackelgreis,
Daß ich Rumpelstilzchen heiß!

25 Pfeift der Wind. Das Männchen kräht.
Still die Schafe grasen.
Auf der Straße, abendspät,
Durch die grellen Nasen
Schnelle Autos blasen.

Junger Schnee

Fällt der Schnee vom Baum,
Den der Wind geschüttelt,
Fällt der Schnee mir weißkalt ins Gesicht:
Wars ein Vogeltraum,
5   Fiel, vom Flügelschlag gerüttelt,
Diese Locke licht?

Läuft die Spur im Schnee –
Wo birgt sich das Reh,
Das hier eben noch den Atem stieß?
10 Atemwolke, blaß,
Zart und bläulich naß,
Schwebt sanft schimmernd noch über der Wies,
Wie eine Seifenblas,
Die der junge Schneegott schnaubend blies.

15 Langen Eichen zum
Himmel, greifen Weiden krumm,
Zur Baches Mitt.
Bienenschwärme, stumm,
Hummeln, ohn Gebrumm,
20 Umsilbern plötzlich aufgestöbert meinen Schritt.

Rabe, Roß und Hahn

Frühling

Schlagt im Kalender nach!
Wo bleibt der Frühling nur?
Wie schlafend liegt die Flur.
Schwarz glänzt das Kirchendach,
5 Wie Gold die Uhr.

Sitzt er in den Hecken
Faul und säumend drin?
Jagt aus den Verstecken
Wie ein Hasenjäger ihn!

10 Seht ihn springen!
Wie sein Nacken glänzt!
Silbern seine Sohlen singen.
Seht den Stab ihn schwingen,
Laubbekränzt!

15 Er ist nicht zu fassen.
Jagt zum Schilf ihn hin!
Mit einem Sprung im Nassen
Ist er drin.

Mit den Fischen
20 Schwimmt er fort.
Nur ein Duft von frischen
Wasserrosen bleibt am Ort.

Schwarz glänzt vom Turm das Dach,
Wie Feuer und Gold der Bach
25 Dem weißen Schwimmer nach
In Wirbeln rollt.

Überschwemmte Wiesen

Als hätten süß betrunkene Engel
Beim Frühgalopp auf rotbeschweiften Rossen
Sekt und Wein
Aus den blauen Himmelskellerein
5 Über die Wiesen ausgegossen,
Sind alle Tümpel silberschaumumflossen,
Vom Frühlingswinde aus dem Schlaf geweckt.

Der Frosch am Grashang dort,
Der frech ins Brausen hupft, ein grüner Sprung und Schwung,
10 Gewaltig schleckt, voll Gier, genießerisch und jung,
Der taumelt schier und glänzt. Dann taucht er weg, von meinem Tritt erschreckt.

Der Weide Wort am Rain
Geht immerfort und immerfort.
Die Tümpel blitzen weit und weiß im Sonnenschein.

Abstieg vom Berg

Nicht droben, wo die Gipfel schweigen
In dem grünen Licht,
Hier unten, unter den Weidenzweigen,
Die sich, blätterlos noch, neigen
5   Zum Bach hin, der mit Moosmund spricht,
Will sich die Veränderung zeigen.

Auf den nassen Wiesensteigen
Bleibt die Spur von deinem Schuh
Eingedrückt.
10 Geh nur weiter, geh nur zu!
Vor dem Ast, der niederbricht,
Schütz mit den Händen dein Gesicht,
Geh gebückt,
Mach dich quer durchs Stangenholz davon!

15 Und im Ton,
Der unter deinem Schuh entsteht,
Wenn es schwappend so durchs Moor hingeht,
Ist der ganze, frühe Frühling schon.

Wetterwendischer Tag

Wolken sind herangeglitten
Und ein Regen ist gestürzt.
Wolken sind davon geritten
Und das Feld dampft frisch gewürzt.

5 Zwar, das dauert nur ein Weilchen,
Doch die Veilchen, naß und tropfend,
Drehn die Zartgesichter schon,
Und die Amsel probt den Ton.

Wieder kommt es her geritten,
10 Wolkenpferd an Wolkenpferd,
Schwarze Regenmähnen schwingend,
Schnee und weißen Hagel bringend,
Der jetzt stäubend niederfährt.

Ach, die Amsel hört man nimmer,
15 Schnell verscheuchtes Frauenzimmer,
Das der Schneehieb gleich vertrieb.
Doch ein süßer, blauer Schimmer

Noch das rauhe Weiß durchsprüht:
Der kommt von dem Veilchenvolke,
20 Das auf seinem Platze blieb
Und zu glänzen sich bemüht.

Oben eine rosa Wolke
Wie zerschmelzend glüht.

Schnee ins Grüne

Schnee fällt in die Wipfel nieder,
Emsig flügelnd, voller Fleiß,
Wirbelnd wie die Bienenschar.
Rückgedreht ist, scheints, das Jahr,
5   Winter ist es, Januar,
Und was grün war,
Ist nun wieder
Silberschäumend weiß.

Doch nicht lang. Der laue Wind
10 Ist ein gieriger Bienenfresser,
Und die Sonne kanns noch besser,
Feuerkind im gelben Haar.
Bald tropft alles, naß und nässer,
Hunderttausend Tropfen sprühn,
15 Und was weiß war,
Wieder
Funkelts gold und pfauengrün.

Alles, alles, Baum und Strauch,
Und die Fliederhecke auch,
20 Triefend hörts nicht auf zu blühn.

Frühmorgens

Der Rauch der dämmernden Frühe
Steht über dem taunassen Feld.
Still auf die weidenden Kühe
Weiß strömend das Licht niederfällt.

5 Wie Gold hat der Tag sich erhellt.
Tief atmend erblickt sich die Welt.

Es rühren die Wälder die Flügel,
Es blitzt der Fluß durch die Au.
Die Felder steigen, die Hügel,
10 Wie Treppen hinauf in das himmlische Blau.

Am Fluß

Schwarz hängt die Wolke
Am Himmel, am blauen.
Du darfst dem Volke
Der Mücken nicht trauen –
5   Zornig dreinhauen
Ist immer besser.

Die Weiden am Fluß
Verneigen sich artig.
Ders verlor, hat Verdruß:
10 Vor deinem Fuß liegt,
Rostig und schartig,
Ein Knabenmesser.

Schwer schleppt die Schnecke
Ihr Haus übern Pfad.
15 In dem Verstecke
Der dornigen Hecke
Raschelt Wind grad,
Als knarre die Kette
Am Brunnenrad.

20 Es wühlt sich der fette
Wurm blutrot empor
Aus schlammfeuchtem Bette.

Schwarz wie ein Mohr
Steht ein Fisch in der Flut.
25 Wirf einen Stein auf ihn,
Aber ziel gut!
Als sei er aus Perlmutt,
Blitzend, wie Silber tut,
Zieht er dahin,
30 Der mohrenschwarz schien.

Hoher Sommer

Ja, den Sommer will ich loben,
Grünes Laub und weißen Wind,
Und die weißen Wolken oben,
Und die Flüsse, grün geschwind,
5   Und den Mond, der jetzt in wilder Pracht
Wie eine Pechpfann überm Walde hängt,
Schweflig qualmend durch die heiße Nacht –
Bis bald, noch eh der Hahn erwacht,
Empor aufs neu die Sonne drängt,
10 Höher als Falk und Habicht steigt,
Das Feuerhaupt auf Morgenwolken wiegt,
Aus vollem, weißen Halse schreit
Über die Ebene hin, die naß vom Tau noch liegt
Und zitternd schweigt
15 Beim Ruf des Goldgesichts.

Bis dann die erste kühne Grille geigt.

Das Windlicht

Im Garten,
Zur schwarzen Mitternacht,
Unter den Sternen,
Wenn es raschelt im Strauch –
5 Zünde das Windlicht an!

Die Fledermaus taumelt vorbei
Und der bläuliche Falter,
Und der Igel,
Starrend von Stacheln,
10 Geht über den Weg,
Und die goldäugige Kröte.

Es ist die Nacht nur
Der schwarze Bruder des Tags,
Und bis der dir wieder erscheint –
15 Es brennt ja das Windlicht.

Leere den Weinkrug!
Schau der Flamme goldnes Gesicht!
Weißt du es nicht?
Kein Bild ist Betrug.

20 Hör, was das Windlicht spricht:
Unter der Sterne Gang –
Falterflug, Adlerflug,
Kurz oder lang:
Genug.

Kloster am Inn

Im Garten der goldenen Bienen
Tönende Schar
Bläst wie auf göttlichem Horn.
In der Kirche die weißen
5   Dominikanerinnen
Heben
Goldball und Rittersporn
Und das Grünkraut der Au
Zur blaugewandeten Jungfrau
10 Hoch am Altar.

Draußen,
Zwischen den Wiesen,
Wälzt sich blitzend der Inn.
An der Fähre die Pappelriesen
15 Stehn wie zu Beginn
Der Welt,
Im Sausen des Windes,
Der aus der Waldschlucht her fällt.

Nun schallt
20 Die Glock im Gestühl,
Die den Mittag verspricht.
Neben dem Fußpfad,
Im grünen Gewühl,
Verbirgt sich das Blütengesicht.
25 Die Brennesselstaude
Am hölzernen Zaun
Badet die Blätter im Licht.

Die Brombeerenschlucht

So eine Brombeerenschlucht hat noch niemand gesehn!
Wie das verwirrte Haar einer Waldfrau
Hing es nieder,
Und als hätten Bienen und Hummeln sich drin verirrt,
Und säßen gefangen, und kämen nicht mehr heraus,
So wie schwirrend tat mancher Strauß,
Der im Wind um sich schlug,
Als wollt er sich heben im Flug.

Manche Beeren waren noch rot, rot von verschiedener
Farb,
Aber die meisten, die reifen, waren schwarz, kohlschwarz,
Andere bläulich, und manche verdarb
Schon, und war nun wie faulig
Am Strauch, wie zerquetscht, so zerrann sie,
Oder die Sonne fraß sie, giermaulig,
Oder ein Vogel,
Und die Spinne, wann sie
Ihr Netz spann,
Überspann sie grauschimmernd.

Diese Fülle von Beeren! Wie Trauben fast, Dutzende,
hundert,
Schwarzäugig, schwer hängend, wie tropfend –
Ungläubig verwundert siehst dus herzklopfend!
Aus dem löcherigen Stein
Quelln sie hervor, unaufhörlich, prächtig,
Immer neue, immer mehr, ganz unerschöpflich
Muß die trächtige
Felsschlucht sein.

Wenn die Kinder kommen vom Dorf,
Mit Schüsseln, mit Krügen, mit einem Hut,
Und zu ernten beginnen,

30 Die erklimmen die bröckelnden Wände
   Und stehn auf den Zinnen,
   Zwischen Felsnasen gepreßt,
   Und stemmen sich fest,
   Und greifen wie blind in Frucht und Dorn,
35 Wie in Zorn, wie in Wut,
   Und zeigen einander die Hände,
   Die sind
   Zerrissen und rot genäßt
   Vom Safte der Beeren und dem eigenen Blut.

Im Schwabenland

Und die Bäume, die sind mit Stangen gestützt,
Sonst knickten sie unter der Last,
Und bei manchen hat auch das nichts genützt,
Von der Fülle brach dann der Ast,
5 Und der Riß lag weißlich und ungeschützt,
An dem Saft hat der Käfer gepraßt.

Die Hänge rauchten im grauen Duft,
Und der Wein stieg kletternd hinan,
Bis oben, wo rauher das Strauchwerk begann,
10 Und die Felsenkluft
Sich öffnete schwarz in den Tann.

Und der Fluß floß unten und dampfte hinauf,
Sein Silber war glänzend wie nie.
Wo der Berg schob vorwärts sein Knie,
15 Da standen die Nußbäum beinander zuhauf,
Im Wind leis rührten sie
Der Blätter behaglich Geschnauf.

Auf den Höhen, da war Gemäuer und Turm,
Uralt, zerbröckelnder Stein.
20 Und die Ebene, kochend im Sonnensturm,
Trieb Feuer hinein in den Wein,
Und noch im Apfel der weiße Wurm
Sog die Hitze wollüstig ein.

Aus Stroh warn die Dächer, steinhart gepreßt,
25 Ein Schafhirt schwang grüßend den Stab.
Und die Blumen wallten das Fenster herab,
Herzrot, wie ein glühendes Nest,
Und noch bei der Kirch das verfallene Grab,
In der Ecke verächtlich allein,
30 Das blühte und schwoll, als wär es ein Fest,
In Schwaben begraben zu sein.

Im Grase liegend

Wie grün ist das Gras hier, wie üppig es ist,
Wo der goldene Käfer im Kampf sich mißt
Mit dem schwarzen, der ihn mit Zangen umschließt,
Und ein Funkeln von ihren Waffen fließt!

5 Nun liege und träume! Wie weht der Wind kühn!
In meinen Augen braust noch das Glühn
Des Himmels, und ich seh ihn doch nicht,
Und nicht sein blaues, platzendes Licht.

Fern kräht ein unsichtbarer Hahn,
10 Die Gräser rauschen dann und wann.
Ich träume, mich trüge sanft schaukelnd ein Kahn,
Unter Sträuchern und Weiden hin nimmt er die Bahn,
Und die Wasser rühren ihn plätschernd an.
So geht die Fahrt eine Weile,
15 Einschläfernd, es hat keine Eile.

Aber da weckt mich ein Sonnenstrahl,
Im Kahn nicht lieg ich: im Wiesental
Auf dem grünen Hügel. Ein Fußweg schmal
Führt zu ihm, wo das Gras wallend steht,
20 So üppig fast wie ein Helmbusch weht,
Und der schwarze Ritter jetzt Sieger ist
Und panzerklirrend den goldenen frißt.

Bei der Haselstaude

Am Waldrand,
Unter der Haselstaude,
Im süßen Kraut
Die Natter schau, die graue, geringe,
5 Aber wie glänzt ihre silberne Haut!

Am Strauch hängt weiß der Zikadenschaum,
Und das Sonnenlicht tropft,
Und der Regen fällt,
Und der Wind harft im Baum,
10 Und die Natter hat züngelnd sich aufgestellt,
Still liegen die Matten –

Bewußtloser Traum
Im goldenen Schatten
Der ewigen Dinge
15 Der Welt.

Erntezeit

Vom Wagen noch her, der eben,
Beladen mit Garben, den gelben,
Knarrend ins Dorf fährt –
Es scheuchten die Rosse mit peitschendem Schwanz
5 Die schwarzen Fliegen hinweg –
Hängen, wie Haar weht,
Büschel von Halmen, zerzausten, geraubten,
In den Ästen des Apfelbaums,
Der mit weiß angestaubten
10 Blättern – lang hats nicht geregnet –
Neben dem Weg steht,
Schwer mit der Fülle rotbäckiger Früchte gesegnet:
In denen der Wurm nagt,
Sind minder nicht strahlend im Glanz.

15 Es brach sich die Magd
Hoch auf den Garben, von ganz
Plötzlicher Eßlust geplagt,
Mit schnellem Gelenk
Und vorgebeugt weit,
20 Daß ihr die Brust sich rührte im Kleid,
Den schönsten der Äpfel als Gegengeschenk.

Sommer ist es und Erntezeit.

Erwachen in der Nacht

Nacht weht wie ein schwarzes
Tuch vorm Fenster,
Nacht der Eulen und Gespenster,
Im Gebälk tönt Geisterhauch und Fluch.
5 Mäuse knistern so, als krallten
Sie die Blätter um in einem alten
Schauerlichen Traum- und Zauberbuch.

Nacht der Erinnerung

Wer kann die erleuchteten Fenster sehn,
Im Vorübergehn, und bleibt nicht stehn?
Wer hat nicht in des Windes Wehn –
Wie weht er mit Macht! –
5   Einen Klang gehört,
Der ihn aufgestört,
Der sein Herz betört,
Wie immer in dieser Nacht?

Und wer voll Freud ist in dieser Nacht,
10 Und weintrinkend wacht,
Wie Schatten steigt es um ihn herauf,
Beim Prasseln des Ofens, beim süßen Geschnauf
Der Kerzen, wie sie es immer gemacht –
Und da kommen sie sacht
15 In dem gelben Licht, Gesicht bei Gesicht,
Eines, das weint, und eines, das lacht:
Die Bilder der Kindheit sind immer sein,
Sie können ihm nimmer verloren sein
Und blicken ihn an aus der Nacht.

20 Und wer es erlebte in dieser Nacht,
Der sieht sich im Graben, im Unterstand,
Das Wasser rinnt von der hölzernen Wand,
Und er hört auf das Zwitschern im Drahtverhau,
Das zwitschert wie Vögel, genau so, genau.

25 Ein Bäumchen brennt rosig im finsteren Schacht,
Und so oft eine schwere Granate her haut,
Wanken die Balken mit sterbendem Laut,
Und immer erlöschen die Kerzen dann,
Und er zündet sie immer aufs neue wieder an –
30 So trieb er es stundenlang diese Nacht
Bis zum Morgen.

Und wer traurig ist diese Nacht,
Stützt den Kopf in die Hand
Und sitzt und sinnt,
35 Daß Träume nur blieben, was sie eben sind,
Eben nur Träume, zu mehr nicht gemacht,
Und den Kerzen lauscht,
Und dem Wind, der rauscht
Voll Trauer wie er –
40 Der hat es wohl schwer,
Aber schwerer nicht, als viele im Land,
Die stützen wohl auch den Kopf in die Hand
Diese Nacht.

Und die Sterne in dieser Nacht,
45 Und der tröstliche Mond,
Der seinen ewigen Gang sich nicht nehmen läßt –
Halt sein Herz der nur fest,
Der hinauf schaut hoch in die himmlische Pracht,

Und feiere das Fest,
50 Denn eh ers bedacht,
Mit Mond und Sternen und Kerzen die Nacht
Zu rasch nur ist sie zu Ende gebracht
Wie jede andere Nacht.

Wo der Waldweg lief

Wo der Waldweg lief, durch schwarze Fichten,
Und vom Himmel oben war fast nichts zu sehn,
Saß im Strauchwerk, im verfilzten, dichten,
Hingeduckt der Hase, den

5 Der Fuchs gejagt,
Und der Atem ging ihm stoßweis ein und aus,
Daß er fauchte, wie der Blasbalg von der Schmiedefaust
geplagt –

Auf dem Waldweg kamen, oftmals stolpernd,
Müd ein Mann und eine Frau daher,
10 Und der Mann war alt,
Und die Frau war jung und sagte:
Josef, Mann, ich kann nicht mehr!

Und sie setzten sich die beiden,
In den Schnee hin, wie der Hase es getan,
15 Und der Atem ging bei beiden schier
Stoßweis ein und aus wie bei dem Tier.

Doch auf einmal stand ein Mann, der Flügel trug,
Vor den beiden, und die Flügel regte er jetzt nicht,
Und er sagte: Was denn säumt ihr hier?
20 Vorwärts! Vorwärts! Weit ists noch zum Stall!
Und er hatte ein fast finsteres Gesicht,
Als er so befahl.

Und die Frau stand wieder auf und ging,
Und es folgte Josef ihr, der Mann,
25 Und der Schnee zu ihren Füßen sang,
Und der Hase hing sich hoppelnd hinten an,
Ohrenspielend, diesen beiden.

Und der Mann, der Flügel trug, der fing
Die Flügel an zu rühren und er schwang
30 Sich auf.
Und es sausten und es schallten seine Flügelschläge,
Und sie rauschten donnernd überm Wald.

Und den Bäumen wars unangenehm
Sich zu beugen vor der Windgewalt
35 Der Riesenfittiche,
Und sie stöhnten träge.
Und vom Zugwind, den die Flügel machten überall,
Wehten zornig Haselbusch und Weiden,
Mochten das Geflattere nicht leiden –
40 Und vom Windesschwall
Sprang mit einemmal,
Sprang mit goldnem Knall die Türe auf zum Stall
Von Bethlehem.

Der unverständige Hirt

Der Hirte, krausgelockt und dick,
Der am Feuer sich das Lammstück briet,
Sahs mit einem Blick voll Glück,
Wie ihm die Kruste glänzend braun geriet.

5 Viele Feuer waren in der Runde,
Warfen rotes Flackern auf die Erde,
Und es bellten treu die Schäferhunde,
Wenn sich jemand näherte der Herde.

Der beim Mahle saß, der dicke Hirt,
10 Unruhig werden sah er die Gefährten,
Sah sie wie schwankend aufstehn und verwirrt,
Und er sah, wie sich die Feuer leerten.

Männer sah er gehen da und dort,
Alle strebten sie zum gleichen Ort.
15 Wer vorbeikam, winkte mit der Hand,
Sagte etwas, was er nicht verstand,
Ehe er im Dunkeln wieder schwand.
Nur er blieb beim Mahl am Feuerschein,
Alle andern Feuer brannten still für sich allein.

20 Da stand er auch auf und ging ihnen nach,
Und aß im Gehen noch die letzten Bissen.
Wollte wissen, was die da wohl trieben,
Warum vor einem Stalle stehenblieben,
Ihre runden Schäferhüte schwenkten,
25 Die Hirtenstäbe in die Erde senkten,
An die Stäbe vorgeneigt sich lehnten,
Und die Hälse vor Verlangen dehnten?

Und da sah er auch das Sternbild überm Dach,
Und der Balken nackte Rippen,
30 Und das Kind im goldnen Haar.

Und wenn er auch nicht wußte, wer das war,
So schämte er sich, das zu zeigen.
Und vom Himmel hörte ers jetzt geigen,
Sah die Engel niedersteigen
35 Flügelgroß vor blauem Grund,
Hörte sie viel Gnädiges sagen,
Und er wagte nichts zu fragen,
Leckte sich die fetten Lippen,
Staunte nur mit offnem Mund.

40 Und die Hirten fielen auf die Knie,
Schwenkten ihre Hüt wie nie,
Er allein nur stand – und schwenkte
Traurig seinen Hut wie sie.

Die Könige im seidenen Gewand

Das goldene Himmelskind
Schläft in dem Stalle hier,
Und beim Kerzenschein
Schläft auch jedes Tier,
5   Ziegenbock und Stier,
Das im Stall ist diese heilige Nacht,
Alle haben sie die Augen zugemacht.

Und ein Mäuschen nagt
Hinten in dem Stroh,
10 Und ein Käuzchen klagt,
Draußen irgendwo,
Und der Josef sagt:
Jetzt gleich geh ich in das Tal um Milch und Brot,
Und sie werdens mir nicht weigern, Sackerlot!

15 Josef, fluche nicht!
Sagte Maria zart,
Blas aus das Kerzenlicht,
Gib acht auf deinen Bart!
Wart, bis der Tag anbricht,
20 Dann mach dich auf den Bettelweg,
Du fällst im Finstern sonst mir bloß vom Steg!

Josef blies aus das Licht
Und schlief dann ein,
Und ihm zu Häupten hing
25 Sein Zimmermannsbeil.

Sehr lange schlief er nicht,
Dann, wie ein Pfeil,
Traf ihn ins Angesicht,
Quer durch ein Astloch klein
30 Ein goldner Schein.

Gleich fuhr er blinzelnd hoch,
Rieb sich die Augen noch:
Das wird der Tag schon sein!
Mit Silberstimme sang Maria: Nein.

35 Die Tür stieß Josef auf,
Traute den Augen nicht,
Drauß stand ein goldner Hauf,
Glänzend wie Morgenlicht,
Gegürtelt schön mit Wehrgehenk und Band,
40 Die Könige im seidenen Gewand,
Geschenke funkelnd in der heiligen Hand.

Und so sehr blitzten sie
In Prunk und Pracht,
Daß sie die dunkle Früh
45 Zum Tag gemacht.
Sie fielen auf die Knie
Und beteten das Neugeborene feurig an,
Und die Sonn war nicht so hell wie sie,
Als erst viel später dann
50 Sie ihren Tageslauf schamrot begann.

Der Himmelsschütze

So war die Nacht zu einem neuen Jahr:
Es sah der Mond mit silbernem Gesicht
Herab auf Turm und Haus.

Es ging ein Wind,
5   Ein sanfter Sturm, wohl Föhn,
Der war wie Atem lau
Von einem neugebornen Kind.

Und Wolken trieben hin,
Leichter Geschwader Fahrt durchs helle Blau,
10 Das sich nach Süden dehnte
Im Sternenlicht.

Im Norden doch sah man die Sterne nicht,
Dort sah es wild und anders aus,
Dort lag es schwarz und ohne Licht.

15 Draus brach es her,
Unruhig, schwefelfarben,
Wie Feuergarben
Von weitem abgeschossen, unablässig, unverdrossen
Strahl um Strahl,
20 Die sich zum Feuernetze schlossen manchesmal.

Kein Donner folgte, kein Gedröhn und Murren.
Ohne Laut und Lärm,
Geheimnisvoll, in tiefer Stille ganz und gar
Schleuderte der Himmelsschütze
25 Seine Blitze in das neue Jahr.

Der italienische Kuckuck

Wenn in Italien der Kuckuck schreit,
Früher als bei uns, im März schon, im April,
Weiß weht der Staub,
Weingärten weit und breit,
5   Und Grillen zirpen schrill,
Kein Baum zu sehn, daß man sich wundern mag,
Wo denn im Laub
Der Vogel steckt,
Der diesen heißen Tag
10 Mit seinem Schrei erschreckt – –

O unsere Buchenwälder, kühl und naß,
Und würzig dampfend, hölzern Faß,
Drin Licht wie Wein in goldenen Strömen rinnt!

Wenn dort des Unbehausten Baß erschallt,
15 Sommer beginnt, der Fluß hin wallt,
Dem Roß vorm Wagen blitzt der blanke Huf,
Der Wanderer sitzt im Moos am Uferstein
Und schaut in Ruh den Silberfischen zu,
Die springen tropfend hoch im Abendschein –
20 O Deutschland mein beim Kuckucksruf!

Am Tiber

Wolken tanzen an dem blauen
Himmel, und mit leichtem Fuß
Tanzt der alte Tiberfluß
Spiegelnd hin durch Busch und Auen.

5 Augenblendend anzuschauen,
Feuerfunkelnd,
Sind des Klosters weiße Wände,
Nur das Tor ist blattverhangen,
Schattendunkelnd.

10 Von des Vogeljägers Schuß,
Hallend über das Gelände,
Fallen, die im Blau sich schwangen,
Gestern überm Fluß noch sangen,
In den stillen Nestern wohnten,
15 Unterm Hausdach, bei den Nonnen,
In der Kirche, wo die frommen
Klosterfrauen,
Schwarzverhüllt ihr Leben endend,
Im Gebete sich erbauen,
20 Singend gleich den unbelohnten
Vögeln droben.

Blitz und Silberpfeil versendend
Drunten drängt der Fluß zum Meer.
Seinen wilden, kriegerischen,
25 Rotbefloßten Räuberfischen
Ist er Spielgesell und Herr.

Überdruß des Südens

Voll Unmut, wie ein Waldkauz blinzelnd,
Äug ich von meinem Schattennest
Auf den Glanz hin, der die Meerflut
Blau erzittern läßt.

5 Weiß die Stadt auf weißem Fels,
Weißeres gibt es nicht,
Und des würflichen Gerölls
Schluchtsturz kracht im Licht.

Es spült das Meer Gold ans Gestad,
10 Vom Himmel tropft es blau.
Es schlägt die Bucht ein funkelnd Rad,
Frech prahlend wie ein Pfau.

Mich finstern Vogel, Uhu, Nachtgetier,
Mich ärgert dieses Farbenfest.
15 Hätt ich den Goldpfau jetzt zu meinen Füßen hier,
Ich rupfte ihm die Federn voller Gier,
Und stieß ihn nackt und stoppelig aus meinem
                              schwarzen Nest.

Verwilderter Bauplatz

Aus der Baustelle ist fast ein Garten geworden,
So siegreich erweist sich das Grün.
Braun modern die Bretter, im Feuchten, im Norden,
Im Schatten der Mauer, aber sie glühn,
5 Wo die Sonne hin kann, und die Ameisenhorden
Unablässig schwarzwimmelnd sich mühn.

Die Brennesseln wogen so dicht heran,
Ein züngelnder, wilder Strauch,
Dem niemand gefahrlos sich nähern kann.
10 Über ihnen glänzt es wie Rauch,
Und wenn ein Luftzug geht dann und wann,
So zeigen die Blätter den Bauch.

Die Winde hat keinen festen Halt,
Muß sich an anderen stützen,
15 Und wo nur Buschzeug wächst und wallt,
Das muß sie mit Schläue benützen,
Noch hoch an der Bretterwand festgekrallt,
Weiß schwenkt sie die flattrigen Mützen.

Die Katzen schleichen lautlos herbei,
20 Sie sind hier als Herren zu Haus.
Und Schüsseln warten mit Milch und Brei,
Die brachte man ihnen zum Schmaus.
So speisen die Katzen vielerlei,
Aber am besten schmeckt ihnen die Maus.

25 Der Holzstoß riecht, es riecht nach Teer,
Es riecht nach Kalk und nach Kies.
Im blechernen Kübel, er dient niemand mehr,
Schimmert Wasser aus dunklem Verlies:
Das stammt vom letzten Regen noch her,
30 Der es faulend hier hinterließ.

Die Wegwarte will getreten sein
Und bietet dem Fuß sich dar.
Daneben aus dem bröckelnden Stein
Erhebt sich hochmütig die Schar
35 Der Disteln und schaut königlich drein,
Mit der Kron aus starrendem Haar.

Die Fliegen taumeln in schwarzer Gier
Über der Pfütze neben den Brettern.
Das sumpfige Loch hier ist ihr Revier,
40 Und vorbei mit flügelndem Schmettern
Saust schwer schnaufend das Hummeltier,
Verachtend die kleineren Vettern.

Von schmierigen Lumpen ein ganzer Pack
Deckt die Ziegeltrümmer fast zu.
45 Klaffend zersprungenes Leder, das Wrack
Von einem genagelten Schuh,
Liegt gähnend bei dem durchlöcherten Sack
Neben der Mörteltruh.

Der schwarzrindige Faulbaum steht
50 Auf dem Hügel von Schutt und Sand.
Auf dem sich selbst überlassenen Beet,
Entkommen der ordnenden Hand,
Da wuchert es wild und schwellend und weht
Den Samen geil in das Land.

55 Die Sonne scheint, und der Regen fällt,
Und der Dampf wölkt überm Gemäuer.
Auf der morschen Bank, die kaum mehr hält,
Siedelt der Schwamm, rot wie Feuer.
Davor hat tief atmend sich aufgestellt,
60 Starrblickend, das Froschungeheuer.

Wild über Bruch und Schutt und Zerfall,
Begann ein grünes Gedeihen.
Mit wehenden Fahnen brandet der Schwall
Der Gräser und Büsche, als seien
65 Sie stürmend in unwiderstehlichem Prall,
Im unaufhaltsamen Siegen,
Auf die stürzenden Mauern gestiegen.

Die Teller lichtfressend nach oben gedreht,
Den Fuß zwischen Büchsen und Scherben,
70 Ein Wäldchen von Sonnenblumen steht
Auf Müll und strotzendem Sterben.

Der Stoff, aus dem ihre Häupter gemacht,
Die ganze mächtig prunkende Pracht,
Sie mußten sie saugend erwerben,
75 Den Unrat verwandelnd in goldene Fracht,
Des Modernden lodernde Erben.

Die Schlangenkönigin

Wo im Schilf die wilden Enten wohnen
Und der Storch die roten Beine hebt,
Schwimmt ein Nest voll schwarzer Schlangen, lebt
Die Schlangenkönigin, vor der das ganze dumpfe
                            Dickicht bebt.

5 Wenn der Wind zur Abendstunde
    Binsenstangen rasselnd rührt,
    Weil er Menschen aufgespürt,
    Trommelnd bringt er schnelle Kunde
    In das königliche Haus:
10 Denn die weißen Menschenhäute,
    Denn die weiße Menschenbeute
    Bat sie sich von jeher aus –
    Die Herrscherin, als Königsrecht
    Für ihr adliges Geschlecht.

15 Und sie fährt, ein blaues Leuchten,
    Sausend hin durch Halm und Kraut,
    Daß die grünen, abendfeuchten
    Gräser peitschen ihre Haut.

    Jeder goldne Panzerkäfer
20 Hat ihr glotzend nachgeschaut,
    Und der Maulwurf, Siebenschläfer,
    Guter Bursche, weiß, warum ihm graut.

    Auch der Mond ob schwarzem Tann,
    Vielerfahren, nie erschreckt,
25 Hat die Züngelnde entdeckt jetzt,
    Und zu alt, daß er sich gräme,
    Sieht ers still, mit Gleichmut an,
    Wie sie, Feuerstoß und Blitz,
    Niederwirft den Mann,

30 Der dann, riesig ausgestreckt,
    Hingemäht wie reifes Korn,
    Das Gesicht im Farn versteckt,
    Als ob er des Tods sich schäme
    Zwischen Erdbeerblüt und Dorn.

35 Schief das Krönlein auf dem Kopfe,
    Singend wie die Schilfrohrflöte,
    Tanzt dann ihren alten, eitlen
    Schlangentanz die Königin.
    Ihre Muhme, eine Kröte,
40 Bläst dazu das Jägerhorn,
    Daß der Specht, der fest schon schlief,
    Tief im Traum »Erbarmen!« rief.

    Sorgsam an dem Tröpflein Blut,
    Daß den Toten er nicht weckt,
45 Schon ein blauer Falter schleckt,
    Flügelschlagend, und es schmeckt
    Ihm gut.

    Fliegenpilz im roten Hut
    Hat sich neidisch aufgereckt
50 Und erglüht voll Wut.

    Und die Jägerin kehrt zurück ins Nest,
    Und den Hals gebläht
    Zischt sie stolz den dunklen Brüdern
    Ihren Sieg zu, und in dünnen Liedern
55 Singen sie und feiern frech das Fest
    Bis zum Morgen spät.

    Und zur Königin im Schlangenhaus,
    Kommen Ratten, danken ihr,
    Jedes finstre Nagetier
60 Dankt demütig für den Leichenschmaus,
    Und der Mücken wilde Gier
    Erfüllt die Luft mit Braus.

Der Berg

Durch Wälder hinauf, durch die dunklen,
Die feuchten Wege hinan!
Es drohte der Tann
Aus der Kluft mit atmendem Blasen,
5   Es scheuchten die Tritte den Hasen
Hoppelnd davon.

Dann schob sich der Berg
Nacktbrüstig mit Felsen
Hoch über den Waldrand,
10 Achtlos nachschleppend
Die schwarzen Gewänder
Hinter sich her.

Jäh von der Steinwand
Hob sich ein Vogel
15 Mit kreischendem Schrei.
Die Gemse jagte
Übers Geröllfeld
Flüchtend vorbei.

Und schon durch die Wirrnis
20 Von Trümmern und Brocken,
Wie wütend geworfen von oben,
Im Aufprall zersplitternd,
Den Zutritt zu wehren,
Stieg nun der Pfad, wie zitternd,
25 In Schleifen und Kehren
Zum Gipfel.

Da sprang ein Wind aus den Weiten
Den Wanderer an,
Und im flatternden Mantel
30 Der Sturm sang, und knatternd gefiedelt
Bog sich die zwergige Föhre,

Kühn angesiedelt
Neben dem Steinturm.

Der Berg war allein und für sich, ganz ohne Verbindung
35 Zu andern, vereinsamt in furchtbarem Stolz.
Weit drüben nur rollte
Die feurige Kette
Der glühenden Häupter
Unter dem Himmel.

40 Vom Eisloch, neben dem Krummholz,
Blitzte es weiß her,
Für immer schimmernd
Und ohne Schwindung,
Weil auch der Sommer,
45 So heiß er es wollte,
Das Eis nimmer schmolz.

Der Himmel, groß ruhend im Schweigen,
Wie lichtlos, und ohne
Die Sonne zu zeigen,
50 Plötzlich, und während es ringsum geisterhaft still blieb,
Jagte er nieder, auf ihn zu,
Der schauend verweilte,
Wild einen Hagel stechender Nadeln,
Mit einem Fausthieb
55 Ihn zu vertreiben.

Und wie er sich duckte,
Dem Sturmstoß sich stemmte,
Stürzte wie Donner
Unsichtbar in Schluchten
60 Ein Schneebruch zu Tal.

Da klopfte dem Kühnen
Unter des Mantels

Steif klirrenden Falten,
Die krachend zerbrachen,
65 Wenn er sich rührte,
Erbangend das Herz.

Steigend zur Tiefe
War ihm, es blickten
Riesengesichter,
70 Aus eisigen Augen
Schrecklich verachtend,
Lange ihm nach.

Aus der gezackten, felsigen Nase
Schnob es wie dampfend,
75 Es schlugen die Äste
Der Latschen ihn peitschend,
Während der Eisbach
Die Füße ihm näßte,
Polternd hinab.

80 Wo mit zerbrochenen
Knochen der Baum silbern glänzte,
Bei der Steinklippe
Klaffend getürmt,
Lag das Gerippe
85 Des Auerhahns, federnlos, bloß.

Ein Stoß mit dem Schuh:
Da flog es im Bogen,
Wie es befiedert früher geflogen,
Rauschend dem Dornenstrauch zu.
90 Stachlig empfangen und schaukelnd gewogen
Kam es aufseufzend zur Ruh,
Hangend am Dornstrauch zur Ruh.

Es hatte die Hütte,
Naß hockend am Wegrand,

95 Umhaucht von den Dünsten
    Aufsteigend vom Sturzbach,
    Fenster vernagelt und Tür.

    Das klebrige Pech,
    Aus dem eisernen Tiegel
100 Am hölzernen Vorplatz
    Schwarz starrend geflossen
    Über die Stufen,
    War wie der Ödnis
    Hütendes Siegel.

105 Wie Geister schoben
    In flatternden Hemden
    Über die Wiese
    Die Nebel sich her.
    Es hoben die Disteln
110 Abweisende Spieße
    Auf gegen den Fremden.

    Doch als er sich wandte,
    Sah er durch Wipfel
    Das Dorf, das er kannte,
115 Tief unten, doch tröstlich schon nahe gerückt –
    Die Häuser in Gärten,
    Weiß leuchtende Giebel,
    Und funkelnd darüber die mächtige Zwiebel
    Des Kirchturms am See unter goldnem Gewölk.

120 Auch lief nun der Weg schon
    Gemächlich und breiter
    Durch lichtes Gehölz hin und Moor.
    Und heiter
    Traf das Geläute von weidenden Herden
125 Des Schreitenden Ohr.

Und ein bläulicher Falter,
Vom Boden aufschwebend,
Die Flügel sanft rührend,
Flog, wie ihn führend,
130 Am Weg ihm voran,
Hinunter zum Dorf ihm voran.

Rabe, Ross und Hahn

Der Rabe

Nestausplünderer, schwarzen Schwätzer
Schilt man ihn, den Mäusehetzer
Auf den Wiesen frisch gemäht,
Der das Aas auch nicht verschmäht.

5 Käfer, Engerlinge, Würmer,
Ja, das grüne Rübenblatt,
Eins schmeckt gut, das andre besser,
Schont er nicht, der Allesfresser,
Und er jagt den jungen Hasen,
10 Der mit angsterfülltem Blasen
Stirbt unter dem Schnabelmesser,
Das der schnelle Mörder hat.

Schwanzbeweglich, auf und nieder
Hüpfend, ist er nimmer faul,
15 Hier ein Reisigbüschel lüpfend,
Hinter einen Strauch dann schlüpfend,
Lästernd mit dem Lügenmaul.

Aber er ist auch ein anderer,
Dieser Ackerfurchenwanderer,
20 Dieser listige Vogelmann,
Der Verborgenes sehen kann.
Zukunftwissend, zaubermächtig,
Dunkles raunend, weisheitträchtig
Spricht er dann, der uralt Alte,
25 Daß die Hände furchtsam falte
Und im Herzen es behalte,
Wer es hörte irgendwann.

       Schnalzt ein kalter, wüster Schauer
       Durch die Bäume, herbstentlaubt,
30   Hockend auf der Friedhofsmauer
       Legt er schräg das Haupt.
       Klappernd gehn die Eisentürn,
       Aber er bleibt auf der Lauer,
       Weiser Rabe, Rabe schlauer,
35   Und er reget nicht die Flügel,
       Äugt er zu dem Schollenhügel
       Aufgetürmt beim offnen Grab,
       Drin die Würmer,
       Die vom Fleisch der Toten speisten,
40   Diese roten, diese feisten
       Ohne Ruh sich rührn.

       Hingeneigt dem fetten Mahl,
       Bis die Sonne blutrot sinkt
       Und der Mond heraufsteigt leichenfahl,
45   Schwankt sein Schatten, schwarz und blind,
       Schrecket Fledermäusin und Gemahl.

Das Roß

Witternd hebt es auf das Haupt,
Stolz den Hals gedreht,
Und mit nassen Nüstern schnaubt es,
Mit entblößtem Zahne,
5   Daß im Wind die Mähne weht,
Flatternde Haarfahne.

Bäumend, ragend aufgerichtet,
Schenkelmächtig, riesengroß –
Wiehert es: Trompetenstoß!
10 Als ob es den Feind gesichtet!

Seine Stärke zu erweisen
Schlägt es mit den Vordereisen
Einen Trommelwirbel wild –
Und die Brust glänzt wie ein Schild
15 Jetzt dem Höllenungeheuer.
Bei dem wüsten Erdgestampf,
Bei dem fabelhaften Kampf,
Ist es nicht, als fahre Dampf
Aus seinem Maul und Feuer?

20 Wüchs ihm jetzt ein Flügelpaar,
Wie es in der Vorzeit war,
Gewaltig an der Hüfte,
Stiegs, vom Gotte angerührt,
Der in ihm das Feuer schürt,
25 Fittichschlagend,
Seinen Harfenreiter tragend,
Glänzend in die Lüfte.

Der Hahn

Zornkamm, Gockel, Körnerschlinger,
Federnschwinger, roter Ritter,
Blaugeschwänzter Sporenträger,
Eitles, prunkendes Gewitter
5 Steht er funkelnd auf dem Mist,
Der erfahrne Würmerjäger,
Sausend schneller Schnabelschläger,
Der er ist,
Der mit Lust die roten Ringelleiber frißt.

10 Und nun spannt er seine Kehle,
Schwellt die Brust im Zorn:
Schallend tönt das Räuberhorn.
Daß er keinen Ton verfehle,
Übt er noch einmal von vorn.

15 Hühnervolk, das ihn umwandelt,
Wenn er es auch schlecht behandelt,
Lauscht verzaubert seinem Wort.
Wenn sein Feuerblick rot blendet,
Keines wendet sich dann fort,
20 Denn er ist der Herr und Mann,
Der an ihnen sich verschwendet
Und die Lust vergeben kann.

Und, sie habens oft erfahren,
Die um ihn versammelt waren:
25 Goldner Brust, der Liedersinger,
Ist der mächtige Morgenbringer,
Der selbst dem Gestirn befiehlt.
Wenn er seine Mähne schüttelt
Und schreit seinen Schrei hinaus,
30 Der am Nachtgewölbe rüttelt,
Steigt die Sonne übers Haus.

Alle drei

Erzgegossen, münzgeprägt:
Der Hahn, der mit den Flügeln schlägt,
Der Rabe, der den Sinn erwägt,
Das Roß, das seinen Reiter trägt
5   Gehorsam auf dem Rücken,
Auf Gold- und Silberstücken.

Die Tiere, und sie schmücken
Aus Eisen, Stein und Holz,
Die Schlösser und die Dome,
10 Die Türme und die Brücken
Gewaltig überm Strome,
Als Wappenbilder stolz.

Auf Fahnentüchern prächtig
Frech brüstet sich der Petrushahn,
15 Der Rabe, schwarz und nächtig,
Blickt dich auf manchem Siegel an.
Hoch an der Kirchenwand,
In Farben blau und grün und rot,
Das Richtschwert in erhobner Hand,
20 Der König reitet übers Land,
Vor dem das Volk im Staube liegt.
In seinem goldnen Troß
Zuletzt und als Gerippe,
Mit mondenweißer Hippe,
25 Auf klapperdürrem, fahlen Roß,
Dem kalt im Wind die Mähne fliegt,
Der Tod.

Und vor dem Huf, dem stampfenden,
Des Rosses, das den Boden schlägt,
30 Vor diesem Ruf erbebt die Erd,
Und alles was sie trägt.

★ ★ ★

Der alte Mond

Mondnacht

Nun kommt der Mond herauf.

Fürchte ihn nicht,
Wenn er auch
Wie eine Feuerkugel
5   Glut um sich spritzt,
Die Wipfel der Bäume in Brand setzt,
Daß bald der Wald
Dort am Hang
Auflodert in seinem Licht.

10 Sieh, er beruhigt sich jetzt,
Und brennt gelassen dann
Hoch in der Nacht,
Die ewige Lampe, die tröstlich
Jeglichem leuchtet
15 In die Stube hinein,
Der schlagenden Herzens allein,
Mit bestaubtem Gewand,
Am Herd sitzt,
Und dem Fuchs noch,
20 Der im Röhricht am See
Das klagende Reh jagt –
Unhörbar dem weidenden Vieh,
Herläutend vom Waldrand
Und der tiefträumenden Magd.

Mondnacht im Gebirge

Nebel, zauberzart Gebild,
Aus den schwarzen Büschen quillt.

Am Himmel hängt der Mond als Horn.
Weiß vor Zorn
5   Schäumt das Wasser durch den Stein.

Wie Totenbein
Glänzt die Wand. Ein krummer Spalt,
Drachenmäulig, urweltalt,
Birgt im Schoß
10 Das rote Gold.
Dem gehört es, der es holt!

Wie es sprüht!
Greif hinein!
Es ist bloß
15 Der Mondenschein,
Der so glüht.

Dort hängt schon der Mond

Dort hängt schon der Mond
Zwischen den Dächern,
Mit schwächerm
Licht, als wir es von ihm gewohnt.

5   Das kommt, weil die Sonne noch da ist.
Wenn du ihrem Licht nah bist,
Scheint dir das seine gering.

Aber jegliches Ding
Zeigt ganz
10 Den ihm eigenen Glanz
Nur allein.

Wenn es erst Nacht ist
Über dem Main,
Alles Tagwerk vollbracht ist,
15 In Schatten gesunken Weizen und Wein,
Keine Sense im Feld und Stille im Tann –
Schau den Mond, wie sein Schein dann
Tränkt die dürstende Welt.

Mondnacht auf dem Turm

In den Bäumen geht der Wind leis
Und das Horn des Mondes funkelt blaß.
Aus dem Garten, heiß vom Tage,
Auf zum Turme steigt der Duft vom Gras.

5   Dunkel schattet das Geäst
Und der Bach rauscht laut, wie ers gewohnt.
Die Brüstung glänzt, vom Abendtau genäßt.
Aus dem Kornfeld tritt das Reh und äst.
Eine Wolke haucht der See zum Mond.

10 Das Grillenvolk mit Silbernadeln näht,
Die schwarzen Bäume atmen mit Gebraus.
Morgen wird das erste Gras gemäht.

Die Nacht rückt vor, es ist schon spät,
Und das fromme Horn des Mondes steht,
15 Lautlos blasend, wie ein Wächter über Turm und Haus.

Der Mond über der Stadt

Der Mond lockt vom Himmel, groß und rot.
Alle Straßen mühen sich, zu ihm hinan zu springen,
Alle Dächer funkeln und wollen zu ihm sich schwingen:
Hoch hängt er im Blau, hoch überm höchsten Schlot.

Alle Türme heben die Lanzen zu ihm,
Alle Fenster brennen, zu prahlen wie er,
Alle Häuser tanzen auf Füßen schwer
Und streben hinan zu ihm.

Der Mond lockt vom Himmel. Groß und schwer
Und rund kreist die Stadt, voll Begehr
Zu liegen an seinem feurigen Mund.
Keiner brennt so rot wie er.

Mondnacht auf dem Lande

Dort steht der erste Stern.
Es hört zu schneien auf.
Der Mond kommt auch herauf.
Wir sehn ihn gern,

5   Den goldnen Mann,
Der uns gefällt.
Als Wächter ist er uns bestellt.
Still geht er seine Bahn.
Die Nacht fängt an.

10 Die dauert lang.
Nun dreht die Uhr im Schneckengang
Die Zeiger um das Zifferblatt.
Mit dunklem Klang
Sagt jede volle Stund sich an.

15 Die Eul fliegt aus auf Mäusefang.
Wer liebt, hat seinen Platz gefunden.
Gesegnet, wer gut schlafen kann!

O Uhrenschlag,
O Frag und Klag
20 Durch viele schwarze Stunden
Bis zum weißen Tag.

Der Mond

Auch wenn er,
Immer zu seiner Frist,
Rund und voll ist, der Mond,
Und das nimmt er genau,
5   So genau, daß man die Zeit danach mißt,
Ist er nicht immer gleich groß.

Wenn ein dunstiger Tag sich senkt, da,
Über die Waldschlucht, steigt er herauf,
Riesig und nah,
10 Rötlich dämmernd, und deckt
Das halbe Himmelsgewölb.
Und der Hirsch, der im Tann sich versteckt
Hielt, tritt hervor, friedlich beglänzt,
Und neigt
15 Äsend das Haupt.

Aber wenn er im kalten Winter sich zeigt,
Ist er klein und weiß,
Wie eine Lampe aus Eis
Hoch in die frierende Bläue gestellt.
20 Furchtlos durchwandert sein Licht
Die fremden Bereiche
Der oberen Welt.

Und ist doch immer der gleiche,
Der unsere Nächte erhellt,
25 Und uns und unseren Vätern
Seit tausend Jahren gefällt.
Das tut er wohl auch noch den Spätern.

★ ★ ★

Bergkrähen

Die Krähen auf den Buckelhängen,
Schwarze Flecken auf der grünen Haut
Der magern, viehzertretnen Wiesen,
Heben plötzlich sich mit krächzenden Gesängen.

5 Unerklärlich ists, warum sie laut
Sich grad um den fast kahlen Baum wild streitend drängen,
Einen blitzzerspaltenen Riesen,
Der mit blinden Augen um sich schaut.

Auf seinem Wipfel hocken sie sich nieder,
10 Ast an Ast, und rührn sich nicht.
Wie Eisen glänzt ihr schwärzliches Gefieder,
In der Kehle bergen sie die Krähenlieder.

Wolken, die sich schleppend näher schoben,
Nehmen nun dem Tal das letzte Licht.

15 Nur die Berge haben noch davon, dort oben,
Wo der Eiswind, sausend,
Mit den Wassern, von der Felswand brausend,
Sich bespricht.

In den Wäldern am Hirschberg

Schwarz ist der Wald,
Der wild und kalt
Geheimes birgt im Schoß.

Grünfeucht glänzt Stein und Moos.
5 Im Dämmern ragt die Ungestalt
Des Strunkes riesengroß.

Der Dornenstrauch steht blätterlos
In Schand und Schmach,
Zerrauft, voll Wut allein.

10 Im Schatten dort der Fliegenpilz,
Rot angemalt, getupft das Kleid,
Ist jederzeit
Zu Mord und Tod bereit.

Da rauscht ein Vogel auf und schreit.

15 Hell steigt der Ton
Durchs Wipfeldach
Ins unsichtbare Blaue weit
Und läutet schnell davon.

Herbst

Vor der Scheuer,
Auf den Wiesen,
Hupfen wieder, schwarz wie Raben,
Knaben um das Feuer,
5　Um den roten Flackerzungenstrauch.

Wallend steigt der Rauch.

Drückt der Wind ihn nieder auf den Bauch,
Plötzlich sind es rote Riesen,
Wilde Teufelsungeheuer,
10　Hand in Hand
Tanzend um den Höllenbrand.

Und die Schatten tanzen am Gemäuer.
Und im Qualm versinkt das Land.

Anfang und Ende

Der November ist wie der Februar –
Wie möchte es der unterscheiden,
Der den Berg erklimmt,
Und im Blauen schwimmt
5 Die Wolk über ihm,
Ob der Schnee auf den Weiden
Und das Eis im Grabenloch,
Das so kühl her roch,
Im Kommen ist oder vergehen will?

10 Wenn die Buchen still
Am Schneehang dort
Her glänzen mit weißgrauen Rinden,
Und die Krähenschar,
Die am Eisbach war,
15 Mit heiserem Wort
Sich aufheben und sich forttragen läßt,
Schwarz schwebend auf feuchtwarmen Winden,
Wie will er es denn, der schweißbenäßt
Den Geröllweg hinauf sich muß schinden –
20 Wie wills auseinander der finden,
Ob November es ist oder Februar?

In der Kiesgrube sitzt,
Von der Sonne beblitzt
Der Hase und wärmt sich den Balg.

25 Und der so langsam den Anstieg gewinnt,
Wenn das Wasser ihm rinnt
In die Schuh hinein
Und platschend drin lärmt,
Und überall fließt
30 Es vom tropfenden Stein
Und naß aus eiskalten Spalten –

Wie wills auseinander der halten,
Ob ein Anfang das ist,
Ob das erst beginnt,
35 Oder ob es ein Ende soll sein?

Aufziehende Schneewolke

Am Himmel ist ein grün Geviert,
Das ist mit Rot und Gelb gesäumt:
Das Schwarz daneben wird es sein,
Das bald den Schnee her schäumt.

5   Das Grün ist, als obs gläsern wär,
Durchsichtig, bis zur Tiefe klar.
Das Schwarze aber ist ein Bär,
Mit Zähn und Klaun, mit Zottelhaar
Ums bärische Gesicht.

10 Es stellt sich auf und schnaubt, das Vieh,
Schwarz bäumend, wilder Graus:
Und Flocken fliegen, wie noch nie
So weiß und dicht,
O schwebeleichtes Flaumgewicht,
15 Im zarten Braus
Herab auf Park und Gartenhaus.

Schneesturm

Erst kamen sie spärlich geflittert von oben,
Wenige nur,
Als wollten sie ängstlich die Tragkraft erproben
Der Lüfte für ihre silberne Spur.
5 Dann wurden es viele und mehr,
Die sich drängten und drehten und schoben
Über die Dächer her.

Erst waren es kleine, zierliche Dinger,
Dann wurden sie breiter, fingerbreit, größer noch,
10 Und war in der Leere
Des Himmels Gehetz und Gehatz,
Und jagten einander, als wäre
Dann unten nicht reichlich für alle Platz.

Wenn ein Wind stieß dazwischen, wild blasend,
15 So schäumten in weißlichen Strudeln sie auf,
Und stiegen wie rasend, und bäumten
Hinan zu dem Turmknauf,
Und man konnte glauben, daß Tauben
Sich schwängen hinauf.

20 Aber sie konnten natürlich da oben verweilend
                                   nicht bleiben,
Nur einmal herum in der Runde gelang es
Den Kühnsten nur knapp.
Dann zwang es
Sie abwärts zu fahren,
25 Und ließen sich treiben in Scharen
Flügelgelähmten Geflatters hinab
In die Tiefe, wo die andern Gestürzten schon waren.
Ein Vorhang wehte dann nur mehr, weiß wallend,
Gewoben vom Himmel zur Erd, ohn Anfang
30 Und Ende, sich immer erneuernd. Schwer hallend

Schwang da die Glocke im Turm:
Und strahlend
Fuhr aufwärts der Töne
Heilig Gedröhne
35 Im silbernen Schneesturm.

Wintermorgen am Fluß

Weit über den Fluß hin,
Der in der Kälte weißwolkig rauchte,
Waren die Scharen der Vögel verstreut.

Die Enten,
5   In des Strauchzeugs am Ufer froststarrendem Dickicht,
Vorm knirschenden Tritt
Schwammen sie, wellenaufwerfend, aufgeregt schnatternd,
Weiter hinaus.
Erst bei der Tonne, bauchig und rot,
10 Die an der Kette tauchte und tanzte,
Blieben sie liegen,
Glänzend im Licht.

Manchmal
Hob sich ein Schwarm mit Geschrei,
15 Und flügelnd in Schnelle
Und flatternd
Dicht überm Wasser,
Fiel er, rasch beruhigt,
Dann wieder ein.

20 Auf der Kiesbank,
Schimmernd vom Reif,
Umspült von den Wellen,
Hockten die Krähen,
Stumm, schwarz und steif,
25 Mißvergnügte, hagere Gesellen,
Und brüteten Pläne
Krummschnäbliger Bosheit und Plünderei.

Zwei Schwäne,
Auf langsamer Fahrt,
30 Schnabeleintunkend,
Langhalsig schmachtend,

Zogen vorbei,
Verachtend
Das niedere Volk der geschwätzigen Enten
35 Bei der tanzenden Tonne.

Die Sonne
Stand hoch überm Fluß
Im dunstigen Blau.
Die Pappeln am Ufer
40 Trugen die Bärte
Lang hängenden Eises.
Der zerfallende Schlot,
Mit geborstenem Mund
Ein stummer Rufer
45 Über die freche, wuchernde Wildnis,
Aufrecht inmitten stürzender Hütten,
War, als ob er sich schämte, so rot.

Nah bei der Brücke,
Wo die Wellen sich brachen
50 Mit schwarzem Geräusch,
Lagen wie Stücke
Schimmernden Leinens,
Schaukelnd getragen,
Schneeweiß und keusch
55 Die Möven auf dem still ziehenden Fluß.

Friedlich war es, und alles war gut,
Paradiesisch Behagen
Und sicher vertrauender Übermut
Der spielenden Tiere.
60 Fromm ragten, als seien es Lilienstengel
Im göttlichen Garten,
Die Hälse der Schwäne weiß über die Flut.

Da, so kommen wohl stampfende Stiere
Durch splitternden Wald

65 Und erschüttern das Ohr,
    Traten wie zornig glänzende Engel
    Drüben am Damm, aus dem Jungholz der Tannen
    Soldaten hervor.
    Sie schoben geschwind
70 Vom Strande das Boot und begannen
    Beim Schall der Befehle
    Die vögelverscheuchende Überfahrt.

    Wie im Meerwind
    Die Segel knattern,
75 Von solchem Ton nun
    Erbebte die Landschaft
    Am Strom.

    Kreischend hoben die Möven sich auf.
    Silbern erblitzten und sausend die Flügel,
80 Ein Schneesturm erfüllte
    Brausend die Luft.

    Das Entenvolk schwang sich
    Tropfend empor und jagte flußabwärts.
    Ärgerlich klagte, in dreister Empörung,
85 Über die Störung
    Das feiste, gefiederte Pack.

    Die Krähen verließen
    Schreiend die Kiesbank,
    Es hatte der Ort ihnen gleich nicht behagt.
90 Das Strömen und Fließen,
    Das Rätselzeichen
    Im zuckenden Blitz der Fische, der bleichen,
    Sie hattens beschaut nur, von Neugier geplagt,
    Aber drüben im Wald
95 War bessere Jagd
    Für ihresgleichen.

Durch das Getümmel
Der schimpfenden Vögel,
Ihrer nicht achtend,
100 Flogen mit mächtigen Flügelschlägen
Die riesigen Schwäne
Rauschend davon.
Von ihrer gewölbten Brust
Sprang ein weißer, sprühender Glanz
105 Ihnen voraus.
Dampf und Braus umhüllte sie dicht,
So erfüllte die hütende Pflicht
Der silberne Nebel,
Bis sie dann ganz
110 Verschwanden im bergenden Licht.

Der Fluß war nun leer.
Das spinnenbeinige Ruderboot bloß,
Aus Holz, wie die Tonne, und flügellos,
Zu schwer
115 Sich zu heben zu schwebendem Spiel,
Schwankte und stampfte mit gischtendem Kiel
Quer über die Strömung daher.

Wie glühende Ringe
Lags um den feurigen
120 Herzkern der Sonne:

Die innersten Dinge
Verbergen sich fern.
Aus den rötlichen Rändern
Tropfte es schmelzend
125 Auf dunstender Schwinge
Zum Flusse hinab.

Die innersten Dinge
Verbergen sich fern.
Aus den rötlichen Rändern
Tropfte es schmelzend
125 Auf dunstender Schwinge
Zum Flusse hinab.

Aus der
späteren Fassung von

Rabe, Roß und Hahn

Fahrt auf der Donau

Im kühligen Garten saßen wir,
Tranken das schwarze Klosterbier,
Die Kastanien blühten, weiß und auch rot,
Jetzt trägt uns stromabwärts das Boot.

5 Die Felsen wandern am Ufer entlang,
Ausschreitend im gewaltigen Gang –
Riesen, und ihre riesigen Frauen,
Mit wölbigen Brüsten, gestrüppigen Brauen.

Das Wasser ist grün, grün wie das Licht,
10 Das aus den Wäldern nieder bricht.
Wipfelhoch droben ein goldener Blitz:
Wer mag ihn werfen vom laubigen Sitz?

Ein schwarzer Strudel dreht sich empor,
Und dreht sich hinunter, und glatt wie zuvor
15 Liegt alles Wasser. Ein Wallfahrerchor
Mit wehenden Fahnen zieht fromm dahin:
Er hat die Gnadenkapelle im Sinn!

Hellsilbern springt ein Fisch aus der Flut,
Vielleicht nicht aus Lust, und aus Übermut,
20 Vielleicht will ein Hecht ihn als Beute!

Tief knurrt die Bank, und es riecht nach Teer,
Die Ruder seufzen, sie haben es schwer.
Da kommt ein Glockengeläute:
Das ist für die Wallfahrerleute!

25 Am knochigen Felsen, zerklüftet und wild,
Malt sich der Tod in das friedliche Bild:
Denn der dort klettert am hanfenen Strick,
Wagt den Sonntag, wagt das Genick
Für einen freien Raubvogelblick –
30 Ganz wolkenlos blau ist es heute!

Der alte Pfad

Das ist mein alter Kinderpfad,
Oft bin ich ihn gegangen.
Die Sonnenblume dreht ihr Rad
Zwischen den Bohnenstangen.

5 Das Wasser liegt im schwarzen Faß,
Vom grünen Schlamm bedeckt.
Die Natter züngelt, ohne Haß,
Und hat mich doch erschreckt
Als Kind.

10 Vorm Wirtshaus, an der Eisenstang,
Da hängt das weiße Lamm,
Vom roten Rost zernagt.

War unter dem Gesind
Die junge Magd,
15 Und oft in meinem Arm
Im Traum.

Blas ab vom Krug den schönen Schaum!
Da fliegt er hin im Wind!
Und seinen Schatten gibt der Baum
20 Dem Trinker wie dem Kind!

Nach dem Hochwasser

Das Wasser hat vom Weg abgebissen
Ein tüchtiges Stück. Jetzt starren zerrissen
Die steinigen Trümmer,
Entwurzelte Büsche verdorren.

5 Das sanfte Ufer ist sperrig verwildert,
Es haben sich Weiher und Sümpfe gebildet,
Wo früher die freien Wellen erbrausten.
Für Frösche und Schlangen ist das ein Glück,
Denn sie mögen es schlammig-verworren.

10 Die Vögel flattern durchs nasse Gestrüpp,
Sie haben die Brut und die Nester verloren,
Aber die weißen, die unbehausten
Fische blitzen wie Silber im Strom.

Der Sommer ist fürchterlich

Der Sommer ist fürchterlich:
Seht ihn nur toben!
Wie kann man ihn loben,
Der seine Lanzen wirft,
5 Uns zu erstechen –
Und daß sie aus Gold sind
Und nicht aus Eisen
Wie sonst die Messer,
Macht es nicht besser!

10 Wie kann man ihn preisen,
Den blauen Himmel
Mit seinen weißen
Wolken im Freudentanz?
Er tut den Augen weh,
15 All dieser Glanz!

Die wilden Blumen sind
Wie Feuerräder
Über dem Gras im Wind.
Später, am Abend, glüht
20 Wie sie der Mond.

Es blitzen die Schlangen
Durch Dorn und Gesträuche,
Und die Kreuzotter
Im spiegelnden glatten
25 Kleid darfst du erschlagen –
Grün surren die Fliegen dann
Über dem Aas bald!

Hätt er nicht den schwarzen
   Schatten, der Wald,
30 Und die Quelle froschkalt,
   Wär nicht zu ertragen
   Die hitzige Zeit.

Verlorene Freunde

Wenn dich die Freunde verlassen
Müssen, und müssen dich hassen
Und schlagen mit feindlichem Wort –
Merkst du es endlich und bänglich?
5   Ach, ist doch alles vergänglich,
Wendet sich ab und geht fort!

Geht fort: und es bleibt nur: erinnern!
Die Bilder, du hast sie im Innern,
Dort leuchten sie feierlich fort!
10   Dort stehn sie gelassen, vertraulich
Ausharrend, und sind dir beschaulich
Am unveränderten Ort.

Zweimal der Mond

Der Mond ist nicht gelb, wie viele sagen –
Der Mond ist rot!
Geh mit mir, und hör den Schnee unter den Schuhen
                                singen und klagen:
Alles Singende sonst ist tot.

Dort siehst du ihn schon in den Bäumen hängen,
Im rötlichen Schein,
Und zwischen den Ästen sich aufwärts zwängen –
Bald ist er im Blauen allein!

Am frierenden Himmel steigt er hoch,
Und ist dunkel, wie Blut.
Im Bache schwankt er ein zweitesmal noch
Still auf der Flut.

Die Ente, die lautlos die Strömung her schwimmt,
Hackt mit dem Schnabel nach dem Trugbild und streicht
Unwillig ab und nimmt
Den Flug nach ihm selber, dem roten, hoch droben, den
                                  sie doch nie erreicht.

Allein in der Hütte

Das Licht in der dunklen Stube:
Ein weißer Strich im roten Kreis,
Ein funkelnder Kreis von Fliegengeschmeiß
Über dem Aas in der Grube!

5 Das Dunkel verbrennt an dem zischenden Wachs,
Es knattert und knallt, als ob Stoff, als ob Flachs,
Ein Faden die Flamme durchquere,
Ein Haar die magre ernähre.

In der Ecke dunstets, ein fauler Geruch
10 Steigt aus den morschen Brettern.
In dem alten Bibelbuch
Tanzen die krummen Lettern.

Verstreut veröffentlichte Gedichte

Der mitleidige Posaunenengel

Alle Kerzen sind entzündet,
Watte glänzt und schöner Schaum,
Und der Engel, der verkündet,
An dem Mund die Goldposaun,
5   Feurig bläst er hoch vom Baum.

Strahlender! Mit Flügelspreiten
Scheint er stets bereit, zu fliehn:
Offne Räume, blaue Weiten,
Himmlisch süße Seligkeiten
10 Locken übermächtig ihn.

Bleibt er dennoch in dem Zimmer,
Bleibt uns blasend nah,
Ist es, weil er durch den Schimmer
Schaut, wie uns geschah,
15 Unser dunkles Herz voll Mitleid sah.

Dunstiger Abend

Weißes schickt der Fluß herauf,
Dampfig haucht sein feuchter Atem.
Wallend dreht sich das Gewölk
Empor.

5 Dunkel glühend schwelt das Rund
Des Monds wie Feuersbrunst,
Wie Rauch stößt er aus gelbem Mund
Rötlichen Dunst.

Dann überm Nebelziehen schwebt er leuchtend,
10 Das Blaugewölb der Nacht mit Silber feuchtend.

Winter vor der Stadt

Der Schnee fällt,
Der Wind weht,
Der Hund bellt,
Wenn jemand im Dämmern vorübergeht.

5 Über das weiße, weite Feld
Stiebt das Silbergeflügel,
Die Vogelscheuche am Waldrand hält
In der Hand einen krummen Prügel.

Auf der Spitze des Prügels hockt
10 Eine Krähe und schreit.
Der weiße Schnee flaumt und flockt.
Lautlos, unabsehbar weit,
Als ob einer oben wo säße, der brockt
Weißes Zeug die ganze Zeit.

15 Der Mond kommt, rötlich und kalt.
Die Kirchturmuhr acht Schläge schallt.
Sind die acht Schläge verhallt,
Stumm in der Stille tanzen die Flocken zum Wald.

Christmette

Schwankt die schwere Türe auf:
Über den stillen, schneeverwehten
Domplatz dringt ein Orgelschnauf.

Fromm erblitzt das gelbe Gold,
5   Flackern Kerzen, bienenschwärmend,
Und ein weißes Sprühen rollt
In das Dunkel, lichterlärmend.

Jetzt: ein süßer Silberton
Steigt aus Knabenkehlen an,
10 Taubenbrünstig, schwingt davon,
Flügelnd in die Sternenbahn.

Dem Finstren, der vorm Tore steht,
Schneebeschüttet, windumweht,
Pocht an das verschloßne Ohr,
15 Mächtiger schwillt an der Chor,
Kindheitswort, das Macht verlor.
Ihm quillt unter der ergrauten Braue
Eine Träne, Knabengold,
Die der Wind holt, daß sie niemand schaue.

Vorfrühling

Der Himmel ist wie Glas und blau
Und silberfrostig klar.
Der Jungbaum winkt gebieterisch
Der Sträucherschar, die um ihn kniet, mit Händen
5 rissigrauh.

Und abends kommt der volle Mond
Grün über Turm und Dach,
Ist zart und blaß, und rötlichblond
Ein Schein um ihn glänzt regennaß,
10 Und frühlingssüß und frühlingsschwach.

Doch wie der Mond nun höher schwirrt –
O stiert
Da nicht einäugig her das Kältetier,
Der Winterstier,
15 Pflaumblau, nackt, ohne Haar?

Genesender

Nun klingt die Straßenbahnglocke
Zu mir mit silbernem Laut,
Der ich am Ofen hocke
Mit bleicher Stubenhaut.

5 Nun ist das Viereck Bläue,
Das ich durchs Fenster seh,
Eine erschütternde, neue
Farbe und tut mir weh.

Nun ist der schwarze Ast,
10 Der heftig die Bläue durchquert,
Ein tanzender, schwankender Mast
Auf einem Schiff, das fährt.

Nun sind meine Fingernägel,
Zupfend am Taschentuch,
15 Kleine, verschüchterte Vögel,
Die fürchten sich vor dem Flug.

Kalter Morgen im Wald

Schwarz ist der Wald.
Und schwarz und kalt
Rinnen durch ihn die Wege.

Grünfeucht glänzt Stein und Moos.
5 Ein Häher schreit:
Erschüttert schwankt die Einsamkeit.

Gläserne Kugel traf ein Schnabelstoß –
Davon ein Ton steigt klar, befreit,
Ins unsichtbare Blaue weit.

Am Fluß

Das Wasser plätschert am Uferstein.
Lausche nur drauf: das ist
als ob einer aus einer Flasche den Wein
in ein Kelchglas gießt.

5   Das Algenfloß schau!
Wie aus grünem Haar,
wie aus dem Haar einer Wasserfrau!
Und wie es zittert und bebt
von der Kühle, die tief auf dem Stromgrund war,
10 und nach oben strebt!

Unruhig verlangend, verwurzelt im Stein,
an den jede Welle schlägt,
ist es lüstern, zu reisen, doch kann es nicht sein,
weil keine flußabwärts ins Brausen trägt...
15 Jede Welle nur schüttelt und hebt
das Haar, grünwallend gewebt,
der Nymphe, die trauernd im Kühlen hier lebt.

Morgenritt

In der Morgenfrische steht der Gaul bereit,
Der Zügel hängt, die Bügel blitzen.
Mit einem Schwung im Sattel zu sitzen:
Wie ist die Welt weit,
5 Und blau von Licht und Seligkeit.

Die Wolken treiben langsam im Wind
Und spiegeln sich im Fluß,
Noch weißer fast als sie droben sind.
Ein Weiher am Wegrand dämmert blind,
10 Sein Wasser wie Feuer im Moor verrinnt.
Ein Graben. Hinüber! Im Schuß

Seh' ich drüben den Kirchturm blinken
Und im Grünen wieder versinken.
Im Wald, im rabenschwarzen Wald,
15 Wie dumpf jetzt der Galoppsprung hallt!
Nun Trab. Mit goldenen Zinken

Baut sich in den Himmel die Stadt.
Die Sonne hat sich mächtig hervorgetan,
Da kommt auf dem Fluß breitbäuchig ein Kahn,
20 Der Äpfel geladen hat.

Die gelben Kugeln leuchten
Und rote zwischendrin.
In den Büschen ein Stampfen und Glänzen:
Kentauren, die lange verscheuchten?
25 Die Freunde! Sie sind es, sie kränzen
Sich lustig die Mützen zum Tagbeginn,
Und die Pferde mit wehenden Schwänzen
Haben Rennen und Springen im Sinn
Und blähen die Nüstern, die feuchten,
30 Und schnauben voll Mut vor sich hin.

Dezemberabend

Trauriger Dezemberabend,
Wenn der Regen fließt.
An meines Nachbars Zimmerwand tönt's schabend,
Weil an der Wand den Nachbarn was verdrießt.

5 Traurige Dezembertrübe –
Er scharrt im Schritt, Galopp und Trab,
Als wühlte, schaufelte und grübe
Ein Eingesargter sich aus seinem Grab.

Traurige Dezemberfeuchte –
10 Alle sind wir eingesperrt.
Und nur der Glühbirn matte Leuchte
Ist uns als Lampe in der Gruft gewährt.

Weihnachtsabend in der Vorstadt

Die Nacht ist voll Musik.
Aus jedem dunklen Hause dröhnt es,
In zerzausten Büschen stöhnt es,
Zauberisch leuchtet die Fabrik.

5 Aus dem sternbesetzten blauen
Himmel neigen sich, wie Frauen
Glänzend, Flügelträger in die Nacht.
Blasen auf den roten Röhren,
Auf den Ziegelsteinposaunen,
10 Daß von Chören, süß betörend
Es in Lüften weint und lacht.

So posaunten und schalmeiten
In den blauen Himmelsweiten,
So schalmeiten und posaunten
15 Silberhell die licht gelaunten
Engel durch die ganze Nacht.

Haus an Haus, schwarz aufgestellt
Bebend lauscht die Stadt,
Weil Musik der oberen Welt,
20 Hergerauscht vom Sternenfeld,
Sie überwältigt hat.

Der Brunnen

Wo aus der Tiefe der triefende Eimer aufschwebt,
Ist der Erde weißes und kühles Blut:
Das ewige Wasser schweigt und ruht
Alterlos unten, in Klüften und Schächten,
In den spiegelnden Grotten der Tropfsteinhalle,
Bei Moosen und silbernen Flechten,
In der bläulichen Welt der Tropfen und Kristalle.

Und das Wasser steigt auf zu den Herren und Knechten.
Sie trinken's. Und wir trinken es alle.

Unser Blut wird hellrot, klar, geschwind
Wenn der Trunk wieder von uns rinnt,
Sinkt er und sickert zur Tiefe – ein Kind,
Das blind zurück den Weg zur Mutter findt.

Und ist mit der ewigen Kühle, vom Trüben des Fleisches
                                                  gereinigt.
Auf's neue vereinigt.

Abend im Frühling

Ein kurzer Regen flattert
Über Dach und Turm.
Das Fenster schnattert
Wild im Frühlingssturm.

5 Die Sträucher an der Mauer,
Die rauschen wie im Zorn herauf:
Verwünschter, nasser Schauer!
Doch der ist nicht von Dauer,
Fern tut ein lichtes Tor sich auf.

10 Draus kommt die Sonne noch einmal,
Mit Glanz, und warm,
Und überschüttet den Laternenpfahl,
Und auch die Sträucher werden noch ein wenig rot.

Dort, hinterm Schlot,
15 Der qualmig dampft, wie ein Kanonenboot,
Mit nacktem Arm
Greift übers Dach der Mond,
Mit einem Mädchenangesicht, rosabebändert, blond.

Was immer die Deutschen sich träumend ersehnten,
Wofür sie litten und fochten und fielen,
Die besten der Männer,
Die Sänger der Lieder;
5   Die Helden der Schlacht,
Und was sie verzagt dann schier nicht mehr zu hoffen gewagt:
In einem herrlichen Jahr
Ward es gewaltig vollbracht.

Die freiwilligen Knaben

Als unter dem fahlen, flandrischen Licht,
O, wie es mühsam den Nebel durchbricht!
Die ersten Granaten her rauschen,
Da heben die Knaben ihr bartloses Gesicht
5   Und staunen und lauschen.

Den zwischen die Freiwilligen warf die Pflicht,
Der jetzt mit ihnen durchs Rübenfeld kriecht,
Der alte, gediente Landwehrmann spricht:
»Wie lang seid ihr schon Soldaten?
10 Zehn Wochen?« Sie sagen: »Erraten!«

Sie sagen: »Wir sinds seit zehn Wochen.
Vor zehn Wochen ist der Krieg ausgebrochen,
Seit dem sind wir gesprungen und gekrochen
Über Äcker und Wiesen und Felder,
15 Daheim, im Vaterland.«

Sie sagen: »Nun sind wir in Flandern,
Mit dir und vielen andern.
Du hast zwei Jahr gedient, wir zehn Wochen,
Sonst ist da kein Unterschied.
20 Aber schau, wie der Nebel jetzt flieht!
Und hörst dus? Sie rufen: Wir stürmen!«

Und als sie dann sangen ihr großes Lied,
Durch die Rüben stolpernd,
Und fielen hin
25 Und sangen im Liegen weiter,
Sang der Landwehrmann mit.

Unterm fahlen, flandrischen Licht,
Als die Granaten rauschten,
Da war sonst kein Unterschied.

30 Das Lied hat man weithin gehört,
Hat viele heiß aufgestört,
Die warn um die Ruhe gebracht:
So sangen die Knaben.

Und viele hörens noch heut, in der Nacht,
35 Wenn der Mond durch die Nebel zieht,
Das Lied, es klang über alles,
Das unsterbliche Lied.

Hahnenschrei

Der Mai ist da –
Fast will's dich erschrecken!
Du siehst's an den Hecken,
Die sich begrünen,
5   Sichstrecken der Äste.
Du siehst's am Wasser,
Das schneller fließt,
Du spürst es am Wind,
Der zu wehen beginnt
10 Wie vorher nie,
Und selbst dem Fisch fuhr es neu ins Geblüt –
So schießt es vorbei!
Du siehst es am Kirchturm, der anders glüht,
Du siehst's an der Wolke, die weiß hinzieht,
15 Am Löwenzahn, der am Straßenrand blüht,
Und hörst du nicht einen züngelnden Schrei?
Sang es der Hahn, dies feurige Lied?
Oder sang es der Mai?

Soll ich dir sagen,
Daß ich der deine?
Oder scheint dir das recht überflüssig?
Soll ich dich fragen,
ob du der meine?
Wirst du der Frage jemals überdrüssig?

Ich bin dein,
Und du bist mein,
Ist ein uralter Reim.
Gilt er noch heut und jetzt?
Bis der Tod die Sense wetzt!

Und dann noch, daheim,
Bin ich dein
Und du mein –
Und wir singens in die himmlische Sprach übersetzt.

Kurze Antwort

Warum ich von Liebe nicht singe?
So hat mich mancher gefragt.
Ich finde die tiefsten Dinge
Bleiben besser ungesagt.

5 Ich red' von den Vogelschwingen,
Vom Blut am Himmel, wenn's tagt,
Und von dem Wild in den Schlingen,
Das jämmerlich klagt –
Und hab' ich da von den Dingen
10 Der Liebe nicht alles gesagt?

Verregnetes Jahr

Verregnet war der September.
Es gut zu machen,
Fällt dem Oktober nicht ein.

So gehen wir in den Winter hinein
5   Und hatten den Sommer nicht:
Denn auch Juni, Juli, August
Taten nicht ihre Pflicht
Mit prasselndem Licht und Wälderlust.
Und kein goldener Herbst nahm uns an die Brust.

10 So müssen aufs kommende Jahr wir hoffen.
Dieses ist uns davon geloffen
Wie Wassers Flut,
Und war nur für Kröten und Molche gut.
Und sei vor dem fremden Pilz auf der Hut,
15 Der arglos schaut,
Den Regen trinkt und Gift daraus braut.

Dumme Frage

Die Freundschaft zerbricht
Und die Liebe zerschellt –
Was denn auf der Welt
Bleibt ganz und bricht nicht?

5 »Die Sonne ist rund
Und ein goldenes Rad
Jahraus und jahrein!
Und genügt dir das nicht?«

Doch schon der Mond hat
10 An jeglichem Tag,
Ja, jede Stund
Ein andres Gesicht!
Muß das denn so sein?

»Das frage die Eulen
15 Schwarz in den Säulen
Geborstener Tempel –
Mich nicht!«

ANHANG

ZU DIESEM BAND

Der vorliegende Band bietet im Wortlaut der Erstdrucke die beiden in den dreißiger Jahren erschienenen Gedichtsammlungen B.s sowie die in jenem Jahrzehnt erstmals publizierten, jedoch von B. nie in Sammlungen aufgenommenen Gedichte:

Der irdische Tag. Gedichte. München: Albert Langen/Georg Müller 1935.

Rabe, Roß und Hahn. Gedichte. München: Albert Langen/Georg Müller 1939.

Die Neufassungen von *Der irdische Tag* und *Rabe, Roß und Hahn*, die B. für die Gesamtausgabe (G I) herstellte, werden ebenfalls dokumentiert; für die damals neu hinzugekommenen Gedichte folgt unser Text wiederum der Buchausgabe, also G I.

Die Quellenlage erwies sich für diesen Band – wie für unsere Ausgabe insgesamt – als äußerst schwierig. Handschriften von B.s Werken sind auf Grund seiner Arbeitsweise (vgl. Bd. I, S. 563) kaum überliefert. Hingegen existiert eine Vielzahl von bibliographisch nicht erfaßten Drucken – ein Befund, der die Notwendigkeiten der von B. konsequent verteidigten ›Dichter‹-Existenz spiegelt (vgl. unten S. 253). Da eine lückenlose Erfassung der nach Tausenden zählenden Drucke für die vorliegende Ausgabe nicht möglich war, müssen sich die entsprechenden Hinweise in unserem Band damit begnügen, einen ersten Eindruck der Textgeschichte zu vermitteln. Die Titel von Gedichten werden auch dann in die Abfolge der Nachweise aufgenommen, wenn keine weiteren Angaben zu ermitteln waren. Beigegeben werden auch Datierungshinweise, die B. Ende der fünfziger Jahre auf Verlangen von Dietrich Bode in vorbereitete Listen eingetragen hat. B. hat niemals die Entstehung seines Werkes mit gleichsam philologischer Aufmerksamkeit beobachtet und kommentiert. Auch seine erinnerten Datierungen wollen deshalb keinen Anspruch auf kalendarische Exaktheit erheben. Gelegentlich kollidieren sie mit dem Datum des frühesten nachweisbaren Druckes; häufig geben sie jedoch einen ersten Anhaltspunkt für die Annahme einer früheren Entstehung eines Gedichtes. Gewiß ist, daß B. nicht wenige seiner Gedichte geraume Zeit aufbewahrt hat, bis er sie zur Drucklegung anbot; in etlichen Fällen darf wohl auch ein früherer Erstdruck, als für diese Ausgabe nachweisbar war, angenommen werden (vgl. auch S. 309 u. S. 343).

Die Darbietungsform in den Drucknachweisen trägt der Einschätzung des sinnvoll zu Leistenden soweit Rechnung. Angegeben wird mit der Sigle E der früheste nachweisbare Druck. Weitere wichtige Drucke (mit Ausnahme der jeweiligen Druckvorlage unseres Bandes) schließen sich jeweils neu gezählt (D^{1-n}) in chronologischer Folge an. Dabei werden nur diejenigen Textpassagen ausgeführt, die sich vom edierten Text unterscheiden. Ist z.B. keine eigene Überschrift angegeben, so gilt die des edierten Textes. Die Verzeichnung der Varianten erfolgt ebenfalls strikt auf den edierten Text bezogen nach dem einfachen Prinzip der Lemmatisierung, ohne Rücksicht auf genetische Stufungen: Zunächst wird – nur mit der Verszahl oder im Wortlaut – die Stelle im edierten Text angegeben, auf die sich die folgende Variante bezieht; dann folgt nach der Kastenklammer] der abweichende Text aus dem in Frage stehenden Druck. Auch für die handschriftlich überlieferten Varianten wurde auf komplexere Darbietungsmodelle verzichtet; die Transkriptionen schwer lesbarer Stellen wurden vielmehr zumeist durch Faksimiles ergänzt, die dem Leser (und Benutzer) die Orientierung leicht machen.

Zitate aus Briefen und autobiographischen Aufzeichnungen werden in orthographisch behutsam vereinheitlichter Form gegeben. Für die Zitatnachweise wurden – soweit tunlich – Siglen oder Abkürzungen verwendet; bloße Nummern verweisen auf das Verzeichnis von B.s Bibliothek (S. 238–248). An größeren Beständen von Briefen B.s sind die von der Bayerischen Staatsbibliothek verwahrten Briefwechsel mit Alexander Wetzlar und Georg Jung zu nennen, die Briefe B.s an Bernt von Heiseler im DLA sowie diejenigen an Fritz Knöller in der Handschriftenabteilung der Stadtbibliothek München. Das Deutsche Literaturarchiv verwahrt auch die an Paul Alverdes gerichteten Briefe von Benno von Mechow wie von B. Weitere Dokumente aus dem Nachlaß Brittings, auf die gelegentlich verwiesen wird, gehören zum Bestand der Bayerischen Staatsbibliothek.

Gedankt sei den jeweiligen Rechteinhabern, die die ausführlichen Quellenzitate im Anhang gestattet haben.

Vor allem aber schulde ich Frau Ingeborg Schuldt-Britting meinen herzlichsten Dank; ohne ihre Sachkenntnis und nie versagende Hilfsbereitschaft hätte dieser Band nicht erscheinen können.

ZU WERKGESCHICHTE UND BIOGRAPHIE
(1930–1940)

1. Zur Werkentwicklung / Brittings geistige Welt im Spiegel seiner Bibliothek

Gegen Ende der zwanziger Jahre klärt sich B.s Selbstbild als ›Dichter‹; in seinem Schaffen zeichnen sich allmählich die Entwicklungslinien ab, die es fortan bestimmen werden. Die Konzentration auf – thematisch eng verwandte – Lyrik und erzählende Prosa, der Verzicht auf das Drama gehören dazu, aber auch die Sammlung und stilistische Angleichung früherer Arbeiten.

Anfang der dreißiger Jahre erscheinen die Werke B.s, die künftig das Bild des Autors und seinen Nachruhm bestimmen werden; 1930 die erste Sammlung *Gedichte*, die dann 1935 in die größere Sammlung *Der irdische Tag* eingehen wird, 1932 der *Hamlet*-Roman, 1933 *Die kleine Welt am Strom*, wiederum auf frühere Veröffentlichungen zurückgreifend.

Er gewinnt damit zugleich an Ansehen in der literarischen Öffentlichkeit. Erste Erfolge stellen sich ein, nicht zuletzt dank der festen, durch Paul Alverdes vermittelten Bindung an den Verlag Langen-Müller, der sich damals nachhaltig um die Kräftigung seines »Anspruch[s], der ›deutsche Dichterverlag‹ zu sein« (so nach Äußerungen des Verlagsleiters Pezold bei Meyer, S. 155), bemühte und diesen Anspruch noch mit der 1933 gegründeten Zeitschrift *Das Innere Reich* bekräftigte. Seit der sog. ›Machtergreifung‹ 1933 wurde zudem durch die Vertreibungspolitik der Nationalsozialisten die literarische Landschaft umgestaltet; dabei dominierte nicht das Parteischrifttum, sondern zunächst gewannen konservative, in ihrem Selbstverständnis unpolitische Dichter wie B. jetzt ein größeres Publikum. Neben Versuchen, eine Vorgeschichte des Nationalsozialismus als ›deutsche Tradition‹ zu konstruieren, konnte sich damit ein – auch international nicht isoliertes – konservatives Kulturbewußtsein behaupten; zu der nationalsozialistischen Zwangsorganisation der Künste treten Kreise und Gruppen hinzu, die sich im Bemühen um ›unpolitische Freiräume‹ in einer Gegenposition zu einem als ›kulturlos‹ beargwöhnten Regime wähnen.

B.s Wahrnehmung der dichterischen Tradition, wie sie nach 1945 in der Sammlung *Lyrik des Abendlands* (vgl. Bd. IV) dokumentiert ist, aber auch seine Kontakte zur ›konservativen Moderne‹ und seine Vorbildrolle für jüngere Autoren sind auch in seiner Büchersammlung dokumentiert. Die folgende Bestandsaufnahme von B.s Bibliothek schließt an den entsprechenden Abschnitt in Bd. I (S. 576–582) an; jetzt werden diejenigen Bücher verzeichnet, die seit 1930 in diese Sammlung gelangten, sowie ergänzend zu jenem ersten Verzeichnis einige wenige Bände, die vor 1930 angeschafft sein könnten, jedoch erst nach Erscheinen von Bd. I bei einer neuerlichen Sichtung des nicht öffentlich zugänglichen Bestandes auftauchten. Widmungen werden stets vermerkt; sofern sie über konventionelle Formeln hinausgehen, wird der volle Wortlaut angegeben.

Ältere Literatur

1] Blake, William. *Gedichte*. Übertragen und mit einem Nachwort versehen von Georg von der Vring. (= Insel-Bücherei Nr. 663) Wiesbaden: Insel-Verlag 1958. [Widmung].

2] Camoes, Luiz de. *Sonette*. Übers. v. Otto von Taube. (= Insel Bücherei 264). Wiesbaden: Insel 1959.

3] Dante. *Commedia*. Übertr. v. Hans Deinhardt. Starnberg: Bachmair 1936.

4] [Daumer] *Georg Friedrich Daumer: Leben und Gedicht*. Ausgewählt und mit einer Lebensdeutung verbunden von Georg Schneider. Erlangen: Fränkische Bibliophilengesellschaft 1962. (Jahresgabe der Fränkischen Bibliophilengesellschaft 1961/62).

5] *Deutsche Prosa*. Eine Auswahl von Luther bis zur Gegenwart. (= Slg. Dietrich 92). Wiesbaden: Dieterich 1949.

6] *Englische Dichter*. Deutsch von Rudolf Borchardt. Wien: Phaidon 1936.

7] *Die Fähre. Englische Lyrik aus fünf Jahrhunderten*. Übers. v. Richard Flatter. Wien: Reichner 1936.

8] Goethe, Johann Wolfgang von. *West-östlicher Diwan*. Leipzig: Insel 1923.

9] Gontscharow, Iwan A. *Oblomow*. Übers. v. Reinhold v. Walter, Nachw. v. Alfons Paquet. Leipzig: List 1925.

10] Gracian, Balthasar. *Handorakel und Kunst der Weltklugheit*. Deutsch v. Arthur Schopenhauer, Einl. v. Karl Vossler. (= Kröners Taschenausgabe 8) 52.–56. Tsd. Stuttgart: Kröner 1948.

11] Hebel, Johann Peter. *Alemannische Gedichte. Schatzkästlein des Rheinländischen Hausfreunds*. Ausgew. u. m. einem Nachwort versehen v. Paul Alverdes. München: Hanser 1949.

12] *Heinrich von Morungen*. [Werke mhd. und nhd.] Hg. v. Carl von Kraus. 2. Aufl. München: Hanser 1950.

13] Hehn, Viktor. *Gedanken über Goethe*. 5. Aufl. Berlin: Gebr. Borntrager 1902.

14] *Der Heliand*. Übertragen von Wilhelm Stapel. München: Hanser 1953.

15] Hennecke, Hans (Hg.). *Englische Gedichte von Shakespeare bis W. B. Yeats. Einführung, Urtext und Übertragungen*. Berlin: Kiepenheuer 1938.

16] Hesse, Eva (Hg.). *Meine dunklen Hände. Moderne Negerlyrik in Original und Nachdichtung.* München. Nymphenburger 1953.

17] Hölderlin. Vgl. Hübscher.

18] Homer. *Odyssee.* Übers. v. Johann Heinrich Voß, eingel. v. Otto Hauser. Berlin: Deutsche Bibliothek o.J.

19] Leopardi, Giacomo. *Ausgewählte Werke.* Übertragen v. Ludwig Wolde. Leipzig: Insel 1924.

20] Mallarmé, Stephane. *Gedichte und Der Nachmittag eines Fauns.* Übertr. v. Remigius Netzer. München: Piper 1946.

21] Jahn, Janheinz. *Rumba Macumba. Afrocubanische Lyrik.* München: Hanser 1957.

22] Jean Paul. *Vorschule der Ästhetik. Nebst einigen Vorlesungen in Leipzig über die Parteien der Zeit.* Hg. v. Josef Müller. Einf. Johannes Volkelt. (= Philosophische Bibliothek 105). Leipzig: Meiner 1923 [Geschenk von Max Unold »zu fleißigem Studium«].

23] Keats, *Gedichte.* (= Englische Dichter des 18. u. 19. Jhs., übertragen von Alexander von Bernus). München: Musarion 1911.

24] *Kullerwo. Ein finnisches Heldenlied aus der Kalewala.* Deutsch von Anton Schiefner. Bearbeitung von Heinz Flügel. (= Die Kunst des Wortes Bd. 12/13). Berlin: Die Rabenpresse 1939.

25] Laotse. *Menschen werden wesentlich, Sprüche.* Deutsch von Klabund. Berlin-Zehlendorf: Fritz Heyder 1920.

26] Nietzsche, Friedrich. *Werke in zwei Bänden.* Hg. v. August Messer. Leipzig: Kröner 1930.

27] Novalis. *Fragmente.* Erste vollständige, geordnete Ausgabe von Ernst Kamnitzer. Dresden: Jess 1929.

28] *Platons sämtliche Werke in zwei Bänden.* Wien: Phaidon 1925.

29] [Rilke] *Vom Alleinsein. Ein Brief.* Zweiter Druck der Trajanus-Presse. Hg. v. Gotthard de Beauclair. Frankfurt a.M. [nicht im Buchhandel] 1952.

30] Rimbaud, Jean Arthur. *Sämtliche Gedichte.* Franz. m. dt. Übertr. v. Walther Küchler. Heidelberg: Lambert Schneider 1946.

31] *Romanische Dichter.* Dt. v. Karl Vossler. Wien: Phaidon 1936.

32] Rückert, Friedrich. *Gedächtnis und Vermächtnis.* Hg. v. Georg Schneider. Jahresgabe der Fränkischen Bibliophilengesellschaft 1955.

33] Rüdiger, Horst. *Lateinische Gedichte im Urtext mit den schönsten Übertragungen deutscher Dichter.* München: Heimeran 1937.

34] – (Hg.). *Italienische Gedichte. Mit Übertragungen deutscher Dichter.* 2. Aufl. Dessau: Rauch 1942.

35] Sallust. *Das Jahrhundert der Revolutionen.* Übers. u. eingel. v. Heinrich Weinstock. (= Kröners Taschenausgabe 161). Stuttgart: Kröner 1943.

36] *Schri kunst schri. Ein almanach alter und neuer kunst.* Baden-Baden 1954.

37] Sophokles. *Die Tragödien.* Übers. u. eingel. v. Heinrich Weinstock.

(= Kröners Taschenausgabe 163). Stuttgart: Kröner 1941.

38] Stampa, Gaspara. *Liebessonette.* Nachdichtung von Leo Graf Lanckoroński. (= Beilage zu »Philobiblon«). [o.O.] 1953.

39] Stifter, Adalbert. *Gesammelte Werke.* 5 Bde. u. Erg.bd. *Aus dem alten Wien.* [In Bd. I Einleitung v. Johannes Schlaf]. Hg. v. Karl Kaderschafka, Leipzig: Insel 1923f.

40] Villon, François. *Balladen.* Übers. u. Nachw. v. K. L. Ammer. Berlin: Kiepenheuer 1930.

41] –. *Die Balladen und lasterhaften Lieder des Herrn François Villon in deutscher Nachdichtung von Paul Zech.* Weimar: E. Lichtenstein 1931.

42] Von der Vring, Georg. *Englisch Horn. Anthologie angelsächsischer Lyrik von den Anfängen bis zur Gegenwart.* [Widmung: »O Wind, / If Winter Comes, can Spring be far behind? (P. B. Shelley) Seinem lieben Georg Britting. Georg von der Vring. Nov. 53«].

43] Wilde, Oscar. *Lehren und Sprüche.* Übers. v. Franz Blei. (= Insel Bücherei Nr. 53). Leipzig: Insel 1913. [Kaufvermerk: 11. Februar 1921].

44] Zur Linde, Otto. *Charon. Auswahl aus seinen Gedichten.* Einführung: Hans Hennecke. München: Piper 1952.

Zeitgenössische Literatur

45] Alverdes, Paul. *Die feindlichen Brüder.* Berlin: Voggenreiter 1923. [Widmung, April 1930].

46] –. *Die Pfeiferstube.* München: Langen-Müller 1929. [Widmung vom 18. November 1932].

47] –. *Reinhold oder die Verwandelten.* München: Langen-Müller 1931. [Widmung].

48] –. *Kleine Reise. Aus einem Tagebuch.* München: Langen-Müller 1932. [Widmung].

49] –. *Das Zwiegesicht.* München: Langen-Müller 1937. [Widmung].

50] –. *Reinhold im Dienst.* München: Langen-Müller 1936. [Widmung].

51] –. *Vergeblicher Fischzug. Erlebnisse und Begegnungen.* München: Langen-Müller 1937. (= Die kleine Bücherei 84) [Widmung: »Georg Britting dem Meister des Fischfrevels von einem Fischfrevler. November 37«].

52] –. *Kilian.* München: Langen-Müller 1934. [Widmung].

53] –. *Das Winterlager.* München: Langen-Müller 1935. [Widmung].

54] –. *Die Flucht.* München: Langen-Müller 1935. [Widmung].

55] –. *Die Nördlichen.* 2. Aufl. München: Langen-Müller 1935. [Widm.].

56] –. *Die Verwandelten.* München: Langen-Müller 1938. [Widmung].

57] –. *Die Freiwilligen.* München: Langen-Müller 1940 [Widmung].

58] –. *Die Geleitsbriefe. Erlebnisse und Begegnungen.* Düsseldorf: Diederichs 1951 [Widmung: »Alte Geschichten im neuen Gewand für Georg Britting von Paul Alverdes. 1. November 51«].

59] –. *Grimbarts Haus*. Konstanz: Südverlag 1949. [Widmung].

60] –. *Vom Unzerstörbaren. Aufzeichnungen in Salzburg*. Stuttgart: Deutsche Verlags-Anstalt 1952. [Widmung].

61] –. *Legende vom Christ-Esel*. Hamburg: Dulk 1953. [Widmung].

62] Atabay, Cyrus. *An- und Abflüge. Gedichte*. München: Hanser 1958.

63] –. *Gegenüber der Sonne. Gedichte und kleine Prosa*. Hamburg: Claassen 1964.

64] Bach, Rudolf. *Bild und Gedanke. Gedichte und Prosa*. Bad Wörishofen: Drei-Säulen-Verlag 1947.

65] –. *Klage und Lob. Gedichte*. München: Hanser 1958.

66] Barth, Emil. *Tigermuschel. Gedichte*. Hamburg: Claasen 1956.

67] Barthel, Ludwig Friedrich. *Vom Eigentum der Seele*. 5.–9. Tsd. Jena: Diederichs 1943.

68] –. *Dom aller Deutschen. Gesänge*. Jena: Diederichs 1938 [Widmung].

69] –. *Die goldenen Spiele. Roman in Briefen*. Düsseldorf: Diederichs 1936. [Widmung].

70] –. *Komme o Tag. Gedichte*. Jena: Diederichs 1937.

71] –. *Inmitten. Gedichte*. Jena: Diederichs 1939. [Widmung].

72] Bender, Hans (Hg.). *Junge Lyrik. Eine Auslese*. München: Hanser 1956.

73] Benn, Gottfried. *Aprèslude. Gedichte*. Wiesbaden: Limes 1955. [Widmung: »teils-teils – das Ganze – S. 20/21 Herrn Georg Britting mit kollegialem Gruß. Gottfried Benn 9. XI. 55«].

74] Billinger, Richard. *Der Pfeil im Wappen. Gedichte*. München: Langen-Müller 1933.

75] Binding, Rudolf G. *Erlebtes Leben*. 46.–50. Tsd. Hamburg: Dulk 1949.

76] [Binding] *Dem Andenken Rudolf G. Bindings*. Potsdam: Rütten & Loening 1938.

77] [Binding] *Rudolf G. Binding zum Gedächtnis*. Markkleeberg: Rauch 1939.

78] Bischoff, Friedrich. *Sei uns Erde wohlgesinnt. Neue Gedichte mit den Liedern und Balladen der Kindheit und den ausgewählten Gedichten des schlesischen Psalters*. Tübingen: Schlichtenmayer 1955. [Widmung].

79] [Bischoff] *Linien eines Lebens. Friedrich Bischoff. Gestalt, Wesen und Werk*. Hg. v. Ernst Johann. Tübingen: Schlichtenmayer 1956.

80] Bleisch, Ernst Günther. *Frostfeuer*. München: Bergstadtverlag Korn 1960. [Widmung].

81] Brillat-Savarin. *Physiologie des Geschmacks oder Betrachtungen über transzendentale Gastronomie*. 2 Bde. München: Georg Müller 1913.

82] [Carossa] *Gruß der Insel an Hans Carossa*. Wiesbaden: Insel 1949.

83] Cocteau, *Ausgewählte Gedichte*. Wiesbaden: Limes 1959.

84] Doderer, Heimito von. *Ein Weg im Dunkeln. Gedichte und epigrammatische Verse*. München: Biederstein 1957.

85] Eich, Günter. *Abgelegene Gehöfte*. Frankfurt a.M.: Schauer 1948. [Widmung].
86] Fehse, Willi (Hg.). *Deutsche Lyrik der Gegenwart*. (= RUB 7884–86). Stuttgart: Reclam 1955.
87] Fischer, Hans W. *Mann und Mächte. Drei Gedicht-Kreise*. Leipzig: Horen 1937.
88] Fleißer, Marieluise. *Avantgarde. Erzählungen*. München: Hanser 1963. [Widmung: »Für Britting, der mich gespeist hat in den Jahren der Dürre«].
89] Fritz, Walter Helmut. *Veränderte Jahre. Gedichte*. Stuttgart: Deutsche Verlags-Anstalt 1963.
90] Gaiser, Gerd. *Zwischenland. Erzählungen*. München: Hanser 1949.
91] –. *Eine Stimme hebt an. Roman*. München: Hanser 1950.
92] –. *Die sterbende Jagd. Roman*. München: Hanser 1953.
93] –. *Schlußball. Aus den schönen Tagen der Stadt Neu-Spuhl*. München: Hanser 1955.
94] –. *Das Schiff im Berg. Aus dem Zettelkasten des Peter Hagmann*. München: Hanser 1956.
95] –. *Einmal und oft. Erzählungen*. München: Hanser 1956.
96] Hakel, Hermann. *Ein Totentanz. 1938–1945*. Wien: Willy Verkauf 1950.
97] –. *Hier und dort. Gedichte*. Wien u.a.: Desch 1955.
98] Höllerer, Walter. *Der andere Gast. Gedichte*. München: Hanser 1952. [Widmung].
99] Hohoff, Curt. *Komik und Humor bei Heinrich von Kleist. Ein Beitrag zur Klärung der geistigen Struktur eines Dichters*. Berlin: Ebering 1936. [Widmung 1936].
100] –. *Hochwasser. Erzählungen*. München: Nymphenburger 1948. [Widmung].
101] –. *Adalbert Stifter. Seine dichterischen Mittel und die Prosa des 19. Jahrhunderts*. Düsseldorf: Schwann 1949 [Gedruckte Widmung: »Für Georg Britting« – mit handschriftlicher Ergänzung vom Oktober 1949].
102] –. *Woina, Woina. Russisches Tagebuch*. Düsseldorf: Diederichs 1951. [Widmung].
103] –. *Geist und Ursprung. Zur modernen Literatur*. München: Ehrenwirth 1954.
104] –. *Paulus in Babylon*. Freiburg: Herder 1956. [Widmung 1956].
105] –. *Die verbotene Stadt. Erzählung*. München: Hanser 1958.
106] –. *Schnittpunkte. Gesammelte Aufsätze*. Stuttgart: Deutsche Verlags-Anstalt 1963.
107] – (Hg.). *Flügel der Zeit. Deutsche Gedichte 1910–1950*. Fischer Bücherei 123. Frankfurt a.M.: Fischer 1956.
108] Holthusen, Hans Egon. *Hier in der Zeit. Gedichte*. München: Piper 1949.

109] [Hübscher, Arthur]. *Hölderlins späte Hymnen. Deutung und Textgestaltung von A. H.* München: Piper 1942.

110] Jünger, Ernst. *Feuer und Blut. Ein kleiner Ausschnitt aus einer großen Schlacht.* 4. Aufl. Berlin: Frundsberg 1929.

111] – *Das abenteuerliche Herz. Aufzeichnungen bei Tag und Nacht.* Berlin: Frundsberg 1929.

112] – (Hg.). *Das Antlitz des Weltkriegs. Fronterlebnisse deutscher Soldaten.* Berlin: Neufeld & Henius 1930.

113] – (Hg.). *Das Antlitz des Weltkriegs. Schlußband: Hier spricht der Feind.* Hg. v. Richard Junior. Berlin: Neufeld & Henius 1931.

114] –. *Das abenteuerliche Herz. Figuren und Capriccios.* [Zweite Fassung]. 8. Aufl. Frontbuchhandelsausgabe für die Wehrmacht. Hamburg: Hanseatische Verlagsanstalt 1938.

115] – *Auf den Marmorklippen.* Hamburg: Hanseatische Verlagsanstalt 1939. [Widmung vom 14. Oktober 1939].

116] – *Gärten und Straßen. Aus den Tagebüchern von 1939 und 1940.* Berlin: Mittler 1942.

117] –. *Über die Linie.* Frankfurt: Klostermann 1950.

118] – *Das abenteuerliche Herz.* 7. Aufl. Frankfurt a.M.: Klostermann 1950. [Widmung vom 17. Februar 1956: »Für Georg Britting, mit herzlichen Wünschen zum 65. Geburtstag!«]

119] – *Am Kieselstrand.* [Gedruckt als Gabe des Autors an seine Freunde. Weihnachten 1951 – Neujahr 1952]. Frankfurt a.M.: Klostermann 1951. [Nicht im Buchhandel].

120] – *Der Waldgang.* 3. Aufl. Frankfurt a.M.: Klostermann 1952. [Widmung vom 31. März 1952: »Für Georg Britting, in Erinnerung an die Begegnung im Prinz-Carl-Palais«]

121] – *Der gordische Knoten.* 3. Aufl. Frankfurt a.M.: Klostermann 1953.

122] – *Capriccios. Eine Auswahl.* Hg. v. Armin Mohler. Stuttgart: Reclam [1953].

123] – *Die Schleife. Dokumente zum Weg von Ernst Jünger.* Zusammengestellt v. Armin Mohler. Zürich: Verlag der Arche 1955. [Widmung von Armin Mohler vom 28. 9. 1955: »Für Georg Britting in Vorfreude auf das Reclam-Nachwort!«].

124] –. *An Friedrich Georg zum 65. Geburtstag.* München/Frankfurt a.M.: Carl Hanser/Vittorio Klostermann 1963. [Widmung vom 1. September 1963: »Georg Britting mit herzlichem Gruß von Friedrich Georg Jünger«]. Vgl. Müller.

125] Jünger, Friedrich Georg. *Gedichte.* Berlin: Widerstandsverlag 1934.

126] –. *Der Taurus. Gedichte.* Hamburg: Hanseatische Verlagsanstalt 1937.

127] –. *Der Missouri. Gedichte.* Leipzig: Insel 1940.

128] −. *Wanderungen auf Rhodos*. Hamburg: Dulk 1943.
129] −. *Die Silberdistelklause*. Hamburg: Dulk 1947.
130] −. *Das Weinberghaus*. Hamburg: Dulk 1947.
131] −. *Die Perlenschnur*. Hamburg: Dulk 1947. [Kaufvermerk vom 30. Januar 1948].
132] −. *Orient und Okzident*. Hamburg: Dulk 1948.
133] −. *Gespräche*. 14. Aufl. Frankfurt a.M.: Klostermann 1948.
134] −. *Es pocht an der Tür*. Überlingen [Privatdruck] 1968.
135] −. *Die Pfauen*. München: Hanser 1952.
136] −. *Die Spiele. Ein Schlüssel zu ihrer Bedeutung*. Frankfurt a.M.: Klostermann 1953.
137] −. *Gedanken und Merkzeichen. Zweite Sammlung*. Frankfurt a.M.: Vittorio Klostermann 1954. [Widmung vom 22. Dezember 1953: »Ein glückliches Neues Jahr Ihnen und Ihrer Frau. Ihr F. G. Jünger«].
138] −. *Grüne Zweige*. München: Hanser 1954.
139] −. *Der erste Gang*. München: Hanser 1954.
140] − *Der weiße Hase. Erzählungen*. Mit einem Nachwort von Armin Mohler. (= RUB 7867). Stuttgart: Reclam 1955.
141] −. *Zwei Schwestern*. München: Hanser 1956.
142] −. *Spiegel der Jahre*. München: Hanser 1958.
143] −. *Kreuzwege. Erzählungen*. München: Hanser 1961.
144] −. *Wiederkehr. Erzählungen*. München: Hanser 1965.
145] *Friedrich Georg Jünger zum 60. Geburtstag*. Benno von Wiese, *Rede auf Friedrich Georg Jünger*. Armin Mohler, *Eine Bibliographie*. 1. September 1958. München / Frankfurt a.M.: Hanser / Klostermann 1958.
146] Kantorowicz, Ernst. *Kaiser Friedrich II.* 2. Nachdruck. Düsseldorf: Küpper 1964.
147] Keller, Paul Anton. *Der klingende Brunnen. Gedichte*. München: Langen-Müller 1938.
148] Kölwel, Gottfried. *Irdische Fülle. Gedichte*. Berlin: Propyläen 1937.
149] −. *Münchner Elegien und andere Gesänge*. Berlin: Nauck & Co. 1947.
150] −. *Wir Wehenden durch diese Welt. Gedichte*. München: Kösel 1959. [Widmung].
151] Lange, Horst. *Am Kimmerischen Strand. Erzählung*. München: Piper 1948. [Widmung von 1962].
152] Lehmann, Wilhelm. *Antwort des Schweigens*. Berlin: Widerstands-Verlag 1935.
153] −. *Meine Gedichtbücher*. Frankfurt a.M.: Suhrkamp 1957.
154] Lernet-Holenia, Alexander. *Die goldene Horde. Gedichte und Szenen*. Wien: Reichner 1935.
155] Lichnowsky, Mechtilde. *Zum Schauen bestellt*. Esslingen: Bechtle 1953.

156] –. *Kindheit.* 7.–11. Tsd. Frankfurt/M.: S. Fischer 1951.
157] Loerke, Oskar. *Die Abschiedshand. Letzte Gedichte.* Berlin: Suhrkamp 1949.
158] –. *Gedichte.* Ausgewählt von Günter Eich. Frankfurt a.M.: Suhrkamp 1963.
159] Lorenz, Emil. *Die Einweihung des Orpheus. Gedichte.* Berlin: Suhrkamp 1943.
160] Matheis, Max. *Bauernbrot. Gedichte aus dem Bayer- und Böhmerwald.* München: Buchner 1939.
161] Matthies, Kurt. *Summe des Wanderns.* München: Kösel 1959. [Unkorrigiertes Leseexemplar]
162] Mechow, Karl Benno von. *Das ländliche Jahr. Roman.* München: Langen 1930. [Widmung].
163] Meckel, Eberhard. *Flußfahrt. Gedichte.* Hamburg: Verlag der Blätter für die Dichtung 1936.
164] –. *Durch die Jahre. Gedicht.* Leipzig: Insel 1939.
165] Meier, Emerenz. *Gedichte. Mit dem Lebensbild der Dichterin.* Hg. v. Max Peinkofer. Passau: Neue Presse 1954.
166] Michl, Anton. *Verse eines Metzgergesellen.* Nürnberg: Heydolph 1930. [Widmung von 1935].
167] Mohler, Armin. *Die konservative Revolution in Deutschland 1918–1932.* Stuttgart: Vorwerk 1950. [Widmung: »›Trunkenheit ist in allem, was wiederkehrt‹ (S. 134) [Nietzsche] Für Georg Britting, dessen Verse mich seit vielen Jahren begleiten. April 1952«].
168] Müller, Wulf Dieter. *Ernst Jünger. Ein Leben im Umbruch der Zeit.* Berlin: Junker & Dünnhaupt 1934. [Widmung vom 20. November 1934: »Georg Britting als Dank und Gruß!«].
169] Nebel, Gerhard. *Von den Elementen. Essays.* Wuppertal: Marées 1947.
170] –. *Griechischer Ursprung.* I. Band. Wuppertal: Marées 1948.
171] Niebelschütz, Wolf von. *Mörike.* Bremen: J. Storm 1948.
172] Piontek, Heinz. *Die Furt. Gedichte.* Esslingen: Bechtle 1952. [Widmung].
173] –. *Die Rauchfahne. Gedichte.* Esslingen: Bechtle 1953. [Widmung].
174] –. *Die Rauchfahne.* 2. erw. Aufl. Esslingen: Bechtle 1956. [Widmung].
175] Podewils, Clemens von. *Savan. Gedichte.* Hamburg: Claassen & Goverts 1948.
176] Podszus, Friedrich. *Der Freund der Erde.* München: Alber 1946.
177] Polley, Otto Maria. *Sieben Tage Kärnten. Erzählung eines Landes.* Klagenfurt: Kaiser 1948. [Widmung].
178] Roth, Eugen. *Ein Mensch. Heitere Verse.* Weimar: Duncker 1935. [Widmung].

179] –. *Traum des Jahres. Gedichte.* Hannover: Nannen 1937 [Widmung].
180] –. *Der Wunderdoktor. Heitere Verse.* 1.–15. Tsd. Weimar: Duncker 1939.
181] –. *Der Weg übers Gebirg.* Weimar: Duncker 1942. [Widmung].
182] –. *Das Schweizerhäusl und andere Erzählungen.* München: Hanser 1950. [Widmung].
183] –. *Rose und Nessel. Gedichte.* München: Hanser 1951. [Widmung].
184] –. *Abenteuer in Banz und andere Erzählungen.* München: Hanser 1952. [Widmung].
185] –. *Unter Brüdern. Geschichten von meinen Söhnen.* 3. Aufl. München: Hanser 1959.
186] –. *Neue Rezepte vom Wunderdoktor. Heitere Verse.* München: Hanser 1959. [Widmung].
187] –. *Der Schrift- und Druckkunst Ehr und Macht von Eugen Roth in Reim gebracht.* Berlin-Charlottenburg u.a.: Linotype GmbH. 1959.
188] –. *Lebenslauf in Anekdoten.* München: Hanser 1962. [Widmung].
189] Rumohr, K. Freiherr von. *Geist der Kochkunst.* Hg. v. C. G. von Maaßen. München: Müller 1922.
190] Schaefer, Oda (Hg.). *Unter dem sapphischen Mond. Deutsche Frauenlyrik seit 1900.* München: Piper 1957.
191] Schirnding, Albert von. *Blüte und Verhängnis. Gedichte.* München: Hanser o.J. [1958].
192] Schneider, Georg. *Atem der Jahre. Gedichte.* München: Langen-Müller 1960.
193] –. *Die kleinen Lieder aus den zwölf Nächten.* [o.O.] [o.J.] [Geschrieben Januar/Mai 1947]. Vgl. Daumer, Rückert.
194] Schneider, Reinhold. *Winter in Wien. Aus meinen Notizbüchern 1957/58. Mit der Grabrede von Werner Bergengruen.* 8. Aufl. 31–32. Tsd. Freiburg, Basel, Wien: Herder 1965.
195] Schwedhelm, Karl. *Fährte der Fische. Gedichte.* Stuttgart: Koerner 1955. [Widmung].
196] Singer, Eric (Hg.). *Spiegel des Unvergänglichen. Eine Auswahl deutscher Lyrik seit 1910.* (= List Bücher 61). München: List 1955. [Notiz B.s, S. 150: »Jünger, Benn, Stahl, Holthusen, Krolow«].
197] Singer, Hans Wolfgang. *Michelangelo Buonarotti [...] mit Gedichten und mit Briefen des Künstlers.* München: Hugo Schmidt o.J. [1918]
198] Stahl, Hermann. *Überfahrt. Gedichte.* Jena: Diederichs 1940. [Widmung].
199] –. *Gras und Mohn. Gedichte.* Jena: Diederichs 1942. [Widmung].
200] –. *Wolkenspur. Gedichte.* Bremen: Schünemann 1954. [Widmung].
201] –. *Ewiges Echospiel. Erzählungen.* Bremen: Schünemann 1955. [Widmung].

202] –. *Genaue Uhrzeit erbeten. 12 stories und ein Nachwort.* München: Nymphenburger 1961.
203] Taube, Otto von. *Ausgewählte Werke.* 2. Aufl. Hamburg: Wittig 1959. [Widmung]. Vgl. Camoes.
204] Trakl, Georg. *Dichtungen.* 7. Aufl. Salzburg: O. Müller o. J.
205] –. *Gesamtausgabe.* 2 Bde. Hg. v. Wolfgang Schneditz. Salzburg: O. Müller 1959f.
206] –. *Aus goldenem Kelch. Die Jugenddichtungen.* 2. erw. Aufl. Hg. v. Wolfgang Schneditz. Salzburg: O. Müller 1951.
207] –. *Nachlaß und Biographie.* Hg. v. Wolfgang Schneditz. Salzburg: O. Müller 1949.
208] Tügel, Ludwig. *Pferdemusik. Roman.* München: Langen-Müller 1935
209] Tumler, Franz. *Das Tal von Lausa und Duron.* München: Langen-Müller 1935.
210] –. *Heimfahrt. Roman.* Salzburg u.a.: Pilgram 1950. [Widmung: »Georg Britting in herzlichem Gedenken gewidmet. November 1950«].
211] –. *Der Mantel. Erzählungen.* Frankfurt a.M.: Suhrkamp 1959.
212] Ungaretti, Giuseppe. *Gedichte.* Ausgewählt von Ingeborg Bachmann. Frankfurt a.M.: Suhrkamp 1963.
213] Urbanek, Walter (Hg.). *Deutsche Lyrik aus zwölf Jahrhunderten.* (= Ullstein Bücher Nr. 93). Frankfurt a.M.: Ullstein 1958. [Vermerk B.s zur »Nachbemerkung«, S. 230: »nicht: Kaschnitz, Schaefer, Lange, Kölwel, Bischoff, Billinger, Niebelschütz, Kramer, Lernet [...].
214] Vaerst, Baron Eugen von. *Gastrosophie.* 2 Bde. München: Georg Müller 1922.
215] Vegesack, Siegfried von. *Das fressende Haus.* Berlin: Universitas 1932. [Widmung].
216] –. *Aufruhr in der Quebrada. Eine Erzählung aus Argentinien.* Berlin: Herbig 1940. [Widmung: »Dem ›Eisläufer‹ Georg Britting etwas von der anderen Seite der Erdkugel mit guten Wünschen für 1954. Weissenstein, 31. Dezember 1953«].
217] –. *Im Lande der Pygmäen.* Tübingen: Wunderlich 1953.
218] –. *Das Weltgericht von Pisa. Eine Erzählung.* Heilbronn: Salzer 1962.
219] –. *Mein Bekenntnis.* Heilbronn: Salzer 1963.
220] Von der Vring, Georg. *Dumpfe Trommel, schlag an! Soldatenlieder.* Hamburg: Goverts 1939.
221] –. *Oktoberrose. Gedichte.* München: Piper 1942.]Widmung??].
222] –. *Verse für Minette.* München: Piper 1947. [Widmung].
223] –. *Abendfalter. Ausgewählte Gedichte.* München: Piper 1952. [Widmung].
224] –. *Der Diebstahl von Piantacon. Roman.* München: Piper 1952. [Widmung].

225] –. *Kleiner Faden blau. Gedichte.* Hamburg: Claasen 1954. [Widmung].
226] –. *Die Wege tausendundein.* Hamburg: Claasen 1955.
227] –. *Der Schwan. Lieder und Gedichte.* München: Langen-Müller 1961. [Widmung].
228] –. *Die Muschel. Gedichte.* Der Vier-Groschen-Bogen. Blätter für zeitgenössische Literatur und Graphik. Folge 27 (Mai 1963). Hg.: »Kreis der Freunde«, Dülmen/Westf. Verantw. f. d. Hrsg.: Wolfhart Eiders, Michael Groissmeier und Reiner Uthoff. München, Würzburg, Wien: Relief-Verlag Eiders [1963]. Vgl. Blake. [Antologie]
229] Vossler, Karl. *Leopardi.* München: Musarion 1923.
230] –. *Die romanischen Kulturen und der deutsche Geist.* München: Verlag der Bremer Presse 1926.
231] Wehner, Josef Magnus. *Blumengedichte.* Baden-Baden: Keppler 1950 [Widmung].
232] Weinheber, Josef. *Adel und Untergang.* 2. Aufl. Wien: Luser 1935.
233] –. *Späte Krone. Gedichte.* München: Langen-Müller 1936.
234] –. *O Mensch, gib acht. Ein erbauliches Kalenderbuch für Stadt- und Landleute.* München: Langen-Müller 1937.
235] –. *Kammermusik. Gedichte.* 6.–10. Tsd. München: Langen-Müller 1939.
236] Weiss, Konrad. *Regensburg. Morgenbilder der Geschichte.* Mit einem Nachwort von Josef Dünninger. Regensburg: J. Habbel 1948.

2. »Nachexpressionismus« und »junge Generation«: *Die Kolonne*

B. hatte sich um die Wende des Jahrzehnts von dem großstädtischen Literaturbetrieb Berlins distanziert (vgl. Bd. I, S. 610) und 1930 seinen ersten Gedichtband bei Wolfgang Jess in Dresden erscheinen lassen (vgl. unten S. 309), einem seit 1920 bestehenden Verlag, der sich durch Veröffentlichungen zu Kunst- und Kulturgeschichte einen Namen gemacht hatte (u. a. Werke von Novalis, Carl Gustav Carus und Ferdinand Gregorovius; Monographien über Goethe, Rilke; von Richard Benz der Band *Rhythmus deutscher Kultur* [1935]). Zum schmalen Programm an Gegenwartsliteratur gehörten die Gedichtbände der *Jungen Reihe*, deren Programm an die gegenexpressionistische Bewegung der frühen zwanziger Jahre (vgl. Expressionismus in Regensburg, S. 170f.) anschließt:

> Die Junge Reihe soll Werke deutscher Dichter bringen, die eine Verheißung für die Zukunft bedeuten. Durchaus zeitvoll, dabei frei von jeder Konjunktursucht, die heute junge Dichter ungebührlich in den Vordergrund zerrt, um sie morgen bei gewandelter Nachfrage schnell wieder

fallen zu lassen, will die »Junge Reihe« den oft versuchten Plan glücklich verwirklichen, durch ein Kollektiv reifer dichterischer Leistungen in den Vordergrund zu kommen.
(Aus der Verlagsanzeige im Anhang zu Fritz Diettrich, Gedichte, Dresden: Jess 1930)
Vorgelegt wurden u.a. die Bände *Gedichte der Landschaft* von Ludwig Friedrich Barthel (1931), *Gedichte* von Günter Eich (1930), *Dem dunklen Gott* von Paula Ludwig (1932) sowie die *Neue lyrische Anthologie*, herausgegeben von Martin Raschke (1932), mit Beiträgen wiederum von Günter Eich, Paula Ludwig und Georg von der Vring, außerdem von Manfred Hausmann, Peter Huchel, Horst Lange, Elisabeth Langgässer, Eberhard Meckel und Wilhelm E. Süskind.

B.s Gedichtband war kein sonderlicher Erfolg, obgleich der mit B. befreundete Münchner Buchhändler Severing (vgl. Bd. I, S. 607f.) in dem Band *Der Lyrik eine Bresche* (mit Geleitwort von Rudolf G. Binding hg. v. Karl Rauch, Berlin: Karl Rauch Verlag 1931) »aus der Reihe der Autoren« neuester Lyrik »einige Namen« mitteilen konnte, »von deren Gedichtbänden wir bis zu 50 Exemplare in kurzer Zeit nach Erscheinen verkauften: Gottfried Benn, Billinger, Britting, Brecht, Carossa, Kästner, Klabund, Sendelbach, Rilke. Diese kurzen Angaben mögen Beweis dafür sein, daß es auch heute noch möglich ist, gute Lyrik zu verbreiten« (ebd., S. 81). Wieweit die Buchhandlung freilich mit diesen Angaben danach strebte, B. und den mit ihm befreundeten Sendelbach (vgl. Bd. I, S. 575f.) durch die Nennung mit bekannteren Autoren aufzuwerten, läßt sich nicht mehr überprüfen. Jedenfalls machte das Bändchen bei Jess auf den Lyriker B. erstmals aufmerksam und wurde einige Male zustimmend besprochen, vor allem in Sammelbesprechungen wie der im *Kunstwart* erschienenen von Hans Böhm (vgl. Bd. I, S. 614) oder der polemischen Übersicht von Theo Goerlitz »Wo steht die junge deutsche Lyrik?« (in: Rheinisch-Westfälische Zeitung, 24. 11. 1932; vgl. aber auch Bd. I, S. 613); B. wird dort als »feiner Idylliker« erwähnt und als zukunftsweisendes Talent neben Günter Eich gestellt. Fritz Diettrich (Die gegenwärtige Lage der deutschen Lyrik, in: Die Literatur 31, 1930/31, S. 438–441), hatte den Gedichtband lektoriert und sich daher auf eine knappe Empfehlung beschränkt:

In Georg Britting erlebte ich einen echten Lyriker, der sparsam, aber spontan schafft. Die Einfachheit im Thematischen ist der Prüfstein für die Zuverlässigkeit eines Talents, und diese Einfachheit ist in Brittings Gedichten in hohem Maße gegeben. [...] Auch ein kindliches Umwerben von kleinen und kleinsten Dingen strömt in wundervoller Wärme durch dies Buch.

Der Münchner Schriftsteller Gottfried Kölwel, mit B. seit Ende der zwanziger Jahre bekannt (vgl. Expressionismus in Regensburg, S. 59), stilisierte dieses lyrische Debut in einer begeisterten Anzeige *Gedichte von Georg Britting* zum Ereignis:

> Es gibt wieder einen Verlag in Deutschland, Wolfgang Jeß in Dresden, der es versucht, trotz allem scheinbaren Widerwillen der Zeit, moderne Gedichte auf den Markt zu bringen. Dieser Versuch muß um so höher angerechnet werden, als der Verlag sich offenbar bemüht, echte Talente herauszubringen.
>
> Georg Brittings Gedichte, die aus einer persönlichen, eigenwilligen und männlichen Scheu entsprungen sind, ragen aus der Flut der heutigen Lyrik sehr sichtbar hervor, denn sie haben ein ganz bestimmtes, markantes Gesicht. Ob nun dem einen oder anderen diese oder jene Falte mehr oder weniger gefällt, darauf kommt es hier gar nicht an: Georg Britting ist ein Dichter, der so dichtet, wie er ist, wie er sieht, wie er es fühlt. Etwas Unverbrauchtes in seinem Material, etwas Barockes in seiner Form, Freude am eigenwilligen Rhythmus, der sich aber trotzdem niemals in Gefühlsgeschwülste verliert, sondern einfach und sachlich bleibt, kennzeichnen sein Gedicht ebenso wie jene frischen, satten Farben, in die er alle Dinge taucht. Es ist eine große Naturverbundenheit in ihm, Liebe zu alten, biblischen Gestalten, ein Bekenntnis, zur Sache, zum Ding. Dieses Bekenntnis geht so weit, daß er selbst bayerische Ortsnamen mit in die Landschaft verwebt, um so die von ihm gewollte einmalige Naturhaftigkeit zu gestalten.
>
> Wer Georg Brittings Gedichte so sieht, wird sie lieben wie ein besonderes Schnitzwerk aus Holz, wie ein markantes Bild, wie eine zwingende Melodie.

(Deutsche Allgemeine Zeitung [Berlin], Nr. 22, 14. 1. 1931)

Das Erscheinen von B.s erster Gedichtsammlung fiel mit einer Wende zur ›Naturdichtung‹, die zugleich als Auftreten einer ›jungen Generation‹ inszeniert wurde, im literarischen Leben zusammen; eine Kontinuität in der deutschen Literatur von 1930 bis 1960 deutet sich hier an (vgl. zuletzt Ketelsen, S. 372ff.). Bei Wolfgang Jess trat neben die *Junge Reihe* als publizistisches Forum *Die Kolonne* (1929–1932), gegründet von Martin Raschke und A. Artur Kuhnert als »Zeitung der jungen Gruppe Dresden«; mit der Nummer 7/8 vom September 1930 wurde der Untertitel in »Zeitschrift für Dichtung« umgewandelt. Sie sollte literarische Beiträge der »jungen Dichtergeneration« bringen (1930, Nr. 3, S. 22), jenseits aller ›Tendenzdichtung‹; der erste Lyrikpreis der Zeitschrift wurde 1931 Guido Zernatto zuerkannt, der zweite 1932 Peter Huchel. Dem Kreis um *Die Kolonne,* zu dem weiterhin Günter Eich, Horst Lange, Oda Schaefer, auch der frühere *Sichel*-Beiträger Friedrich Schnack (vgl. Bd. I, S. 590) sowie Hermann Kasack, Hans Leifhelm u.a. zählten, ist B. mit einem ersten Gedichtband gleichsam als Repräsentant einer süddeutschen Ausprägung der neuen Naturlyrik zugeordnet.

Die Kolonne verwahrte sich gegen eine politische Instrumentalisierung der Kunst, gegen die ›Neue Sachlichkeit‹ der Linksliberalen, gegen alle ›organisierte‹ Literatur, vor allem aber (zugespitzt in einer Polemik von Günter Eich gegen Johannes R. Becher; vgl.: Kolonne, 1931, Nr. 6, S. 70f.) gegen die Extreme eines literarisch agitierenden Kommunismus und – weniger vehement – des Nationalsozialismus (vgl. Schmitz); sie huldigte einer ›unpolitischen‹ Kunst: »Daß im ganzen gesehen die nachexpressionistische Generation«, wie sie hier vertreten war, »dem Nationalsozialismus indifferent, wenn auch mehr kritisch als zusprechend gegenüberstand, liegt im Wesen dieser im Grunde unrevolutionären, passiven Kunst« (Hoffmann, S. 174). – Günter Eich etwa insistierte:

> Ich finde es gänzlich unter meiner Würde, mich für meine Gedichte zu entschuldigen und mich vor Leitartikeln zu verbeugen, und werde immer darauf verzichten, auf mein »soziales Empfinden« hinzuweisen, selbst auf die Gefahr hin, die Sympathie von Linksblättern nicht zu erringen und selbst auf die noch furchtbarere Gefahr hin, nicht für »heutig« gehalten zu werden. Und Verantwortung vor der Zeit? Nicht im geringsten. Nur vor mir selber.
>
> (Kolonne, Nr. 2, 1930, S. 7).

»Einfachheit« im Wesentlichen, nicht die modernistische »Sachlichkeit« ist die – auch für B. bezeichnende – Geste dieser Naturdichtung (Hoffmann, S. 176). Dabei begegnet jedoch neben der Verschränkung von Natur und Mythos, wie sie in der Naturdichtung Oskar Loerkes, dessen für die *Kolonne* geschriebene Beiträge nicht mehr erscheinen konnten, und ebenso bei Wilhelm Lehmann vorherrscht, eine, die moderne Rationalität gleichsam wieder ins Wunderbare hebende, »mythische Naturwissenschaftlichkeit« (Hoffmann, S. 175).

Raschke, der die programmatische Linie der Zeitschrift prägte, rechtfertigte in diesem Zusammenhang die Kehre von den Themen einer vordergründigen Modernität – der Großstadt, der Technik, der Politik – zur Natur, die freilich nicht im Sinne unkünstlerischer »Heimatliteratur« oder gar modisch gemäß der eben herrschenden Abkehr vom zivilisatorischen Denken (Raschke; Die Kolonne, 1931, Nr. 4, S. 47) aufzufassen sei. In einem programmatischen Vorspruch wurde gefordert, »jede Art von Kritik und Literatur aufzugeben, die davon lebt, Wert gegen Wert auszuspielen und nie fähig ist, die eigene Stellung festzulegen, ohne eine zweite abzulehnen ... Wer nur einmal in der Zeitlupe sich entfaltende Blumen sehen durfte, wird hinfort unterlassen, Wunder und Sachlichkeit deutlich gegeneinander abzugrenzen« (Kolonne, 1929, Nr. 1, S. 1), eine Variation monistischer Naturkontemplation und Naturfrömmigkeit, die auch in Wilhelm Lehmanns *Bukolischem Tagebuch aus den Jahren 1927 bis 1930* (1948) weitergewirkt hatte und zu B.s Voraussetzungen, vor allem aber zu den Erwartungen seiner Leser gehört:

Diese Beziehung zwischen dem Einzelnen und dem Ganzen, die den Zeitgenossen oft verborgen blieb und noch bleibt, reicht tiefer als die Trennung eines Volkes in Klassen durch wirtschaftliche Gesetze [...]. Zwischen den Massen und dem Einzelnen, der scheinbar einsiedlerhaft in einer Wüste lebt, unberührt von den äußerlichen Forderungen seiner Zeit, gibt es keine Scheidung des Schicksals, höchstens der Interessen. [...] Deshalb muß eine Zeitschrift, die es wie die »Kolonne« unternimmt, der Kunst und im besonderen der Dichtung eine allein ordnende Fähigkeit zuzumessen, diesem Glauben an die Unteilbarkeit der Völker wie des Lebens, diesen Gesetzen einer biologischen Metaphysik, immer von neuem Ausdruck geben. Sie wird polemisieren gegen Schreibende, die sich an Stimmungen der Massen und die Moden ihrer Zeit verschenken, weil sie nicht mehr im schöpferischen Grunde des Lebens verankert genug sind, und die sich ästhetisch mit Auge und Ohr anstatt nach dem Herzen orientieren [...].

(Kolonne, 1932, Nr. 2, S. 32)

B.s Persönlichkeit und das von ihm mit unbeirrbarer Konsequenz gelebte ›Dichter‹-Selbstbild hat einige der jüngeren Autoren im Umkreis der *Kolonne* beeindruckt; geschätzt haben sie wohl eher die Naturlyrik denn die – am literarischen Markt erfolgreichere – Prosa. In der literarischen Öffentlichkeit nahm man, wie die stereotypen Vergleiche mit Günter Eich oder Georg von der Vring belegen, seine Naturgedichte als eigenständige Ausprägung des Genres in diesem Umkreis wahr.

Im Lauf der dreißiger Jahre und späterhin kam es auch zu persönlichen Kontakten B.s mit den Autoren des *Kolonne*-Zirkels, so mit Eberhard Meckel – dessen Sohn Christoph Meckel schreibt dazu: »Mein Vater verehrte Britting und sah in ihm einen Meister« (Brief an W.S., 31. 10. 1990) – oder mit Georg von der Vring, dem Partner zahlreicher Gespräche in den fünfziger Jahren. Martin Raschke publizierte in der von B.s Freund Alverdes herausgegebenen Zeitschrift *Das Innere Reich,* schätzte sehr den Erzähler B., den er – in einer auch literaturpolitisch bemerkenswerten Rezension des Bandes *Das treue Eheweib* (Vossische Zeitung, 11. 2. 1934; vgl. Bd. III/2, S. 459f.)) – gegen den Vorwurf der Dekadenz und des Pathologischen entschieden verteidigte. Wie so oft wird aber auch hier die Verbindung zu B. Alverdes zu danken sein; dieser resümierte in seinem Tagebuch am 16. 12. 1943, nach dem Tod von Martin Raschke:

Das tiefe Gefühl der Trauer um den Tod Martin Raschkes erneuert sich immer wieder. Möchte mir auch beschieden sein, nach meinem Fortgange in dem Gedanken einiger Freunde so frisch, so zurückgewünscht, weiterzuleben, wie dieser Gefallene, den ich zu wenig kannte, in dem Meinigen.

Anfang Juni sah ich ihn zuletzt, an meinem Tische, in meinem Hause saß er und war so lebendig und keiner gedachte, daß der Tod über ihm war; so strahlend, so hell von Witz, so männlich wacker saß er da, daß der Gedanke an eine Zukunft freundlicher wurde, weil sie seine Gegenwart einbeschloß.

Trotz solch späterer persönlicher Kontakte zwischen B. und diesem, im Nordosten Deutschlands zentrierten Kreis, und auch trotz der Gemeinsamkeiten, die sich in den Publikationskontexten während der dreißiger Jahre immer wieder zeigten, hatte B. den paradoxen Programmansatz der Zeitschrift *Die Kolonne*, Dichtung durch Publizistik vermitteln zu wollen, ebensowenig geteilt wie jene volkstümliche »Traditionalität« (Ketelsen, S. 373), die sich etwa in Eichs oder Raschkes Werken aus den dreißiger Jahren durchsetzt. So bewegte er sich zwar keineswegs ungewandt in der Öffentlichkeit des Literaturbetriebs, die er – anders als die wenigen konsequenten Autoren einer »inneren Emigration« – auch nach der nationalsozialistischen Machtergreifung 1933 und mit zunehmendem Erfolg nutzte, bevorzugte aber als Bezugsfeld die literarischen Zirkel Münchens.

3. Zur Publikations- und Wirkungsgeschichte von Brittings Werk

Der Zwangsmitgliedschaft in der Reichsschrifttumskammer hatte sich B., für den weder das Exil noch das Verstummen in ›innerer Emigration‹ in Frage kamen, nicht entzogen (vgl. Schriftsteller-Verzeichnis, o.O. 1942); seine Akte ist heute verschollen. In Kürschners deutschem Literaturkalender auf das Jahr 1934 wird er als Mitglied im »Reichsverband deutscher Schriftsteller« geführt. Gelegentlich tauchte B.s Name freilich auch auf halbamtlichen Listen unerwünschter Autoren auf (vgl. Strothmann, Tabelle Nr. 7a), deren Wirkkraft jedoch im Instanzengewirr der Literaturpolitik des Dritten Reiches nicht überbewertet werden darf und wahrscheinlich auf den Raum parteiamtlicher Empfehlungen etwa für Bibliotheken begrenzt blieb (vgl. auch Bd. III,2, S. 443 die Kritik der *Nationalsozialistischen Monatshefte* an *Die kleine Welt am Strom*).

Für B.s Leben und Schaffen bleibt auch unter den geänderten Bedingungen die paradoxe Doppelrolle des ›Dichters‹, der den Literaturbetrieb verachtet, und des freien Schriftstellers, der vom Literaturmarkt lebt, wie bisher bestimmend (vgl. dazu Schmitz, Brittings Modernität). Rar macht er sich weiterhin; als Karl Rauch, der »neue Herausgeber« der *Literarischen Welt*, B. im Mai 1933 um eine »Selbstdarstellung« bat, lehnte dieser ab – mit dem koketten Hinweis, er sei »zu dumm, um [sich] selbst darstellen zu können« (an Knöller, vor dem 27. 5. 1933); und als ihn am 9. 5. 1935 die Aufforderung zur Mitarbeit an der von Hermann Rinn »im Auftrage der

Deutschen Akademie« herausgegebenen, von Karl Rauch redigierten Zeitschrift *Das deutsche Wort* erreichte, gibt er sie dem treuen Knöller weiter. Obgleich dies nicht im einzelnen nachzuprüfen ist, bemißt sich seine Bereitschaft zur Mitwirkung im Literaturbetrieb vor, während und nach dem Dritten Reich lediglich an dem, was ihm zur materiellen Existenzsicherung eben nötig erscheint. Seine Einkünfte verharren dabei auf einem bescheidenen Niveau, wie eine eigenhändige, im Nachlaß (Privatbesitz) erhaltene Übersicht belegt (vgl. Abb. unten).

```
1927 ─── 3400
1928 ─── 7600    (Ullstein Preis 3000 + 300 Rente
1929 ─── 5300     monatlich)
1930 ─── 3400    (Ullstein Rente)
1931 ─── 3400
1932 ─── 4700   (von da ab 100 Müller Rente)
1933 ─── 5200
1934 ─── 5100
1935 ─── 4800
1936 ─── 7000   (2000 Dichter Preis)
1937 ─── 4500
1938 ─── 5500
1939 ─── 5900
1940 ─── 6000
1941 ─── 10500 (brutto) + rund 5000 Bücherge-
1942 ─── 17–18000 (brutto)             schrift.
1943 ─── 13–14000 ( " ) incl. Lektor
1944 ─── 12000 (inkl. Lektor + 70% Rente)
1945 ─── 21.000    "     "     "
1946 ─── [   ] Rm
1947 ─── [   ] Rm
1948  zweite Hälfte: ─ 4000
1949 ──────────→ 8000
1950 ──────────→ 11 000
1951 [250 Rente monatl.]: 12 000
1952 ──────────→ 15 000
1953 ──────────→ 13 000
1954 incl. Immermann + Hanser ─→ 20 000
                       Antho
1955 ──────────── 17 000
1956 ──────────────── 16 000
```

Handschrift: Einkünfte-Übersicht

»Solch kleines Zeug«, so bemerkt er einmal in einem Brief an Georg Jung entschuldigend über *Der Grasgarten,* »schreib ich zwischenhin, des lieben Mammons wegen. Man müßte es so gut schreiben, daß man sich seiner nicht zu schämen braucht. So wie Kleist seine Anekdoten für seine Zeitung« (vgl. Bd. I, S. 564 f.). Curt Hohoff soll er seine Marktstrategie einmal geschildert haben:

Ebenso wichtig, wie das Schreibenkönnen sei das Gedrucktwerden. Ich habe Gedichte, sagte er, die schon hundertmal gedruckt sind. Jedes Jahr schicke ich sechs Wochen vor Ostern meinen *Marsch der österlichen Wälder* an zehn oder zwanzig Zeitungen. Das müssen natürlich Zeitungen sein, in denen das Gedicht noch nie gestanden hat. Halt! sagte er, da fällt mir ein berühmter Kniff ein: Man muß den Anfang, den Titel, manchmal auch den Schluß ändern, und dann werden das Gedicht oder die Geschichte als Erstdruck bezahlt. Manchmal kann man die gleiche Geschichte oder das gleiche Gedicht nach einigen Jahren an die gleichen Zeitungen schicken: Man kann sich auf die Vergeßlichkeit der Redaktion verlassen.

(Hohoff, S. 156f. Vgl. Bd. III, 2, S. 501–503)

Dank der ständigen Mitarbeit an der Zeitschrift *Das Innere Reich* gelang es B., während der dreißiger Jahre eine in der Lebensführung bescheidene Unabhängigkeit aufzubauen und zu behaupten (vgl. Schuldt-Britting, Holbeinstraße). Eine Vorstellung von der Höhe seiner Honorare gibt sein Brief an Paul Alverdes vom 17. August 1944; B. monierte bei Alverdes, dem Herausgeber des *Inneren Reich,* eine Nachzahlung, denn er habe »im vorigen Heft für fünf Sonette 150 rm [bekommen], diesmal für sechs Sonette 100 rm«.

In den dreißiger Jahren stabilisiert sich B.s literarisches Ansehen. Sein wachsender literarischer Freundeskreis erweist sich dabei als hilfreich; die meisten ihm und seinem Schaffen gewidmeten literarischen Porträts (vgl. unten S. 267–274) stammen von Bekannten oder gar Freunden B.s. Neben dem inzwischen in München tätigen Hermann Seyboth (vgl. Bd. I, S. 593, 610f.) tritt zunächst Dr. Fritz Knöller (1898–1969) als Stammtischfreund und rühriger Rezensent von B.s Werk. Außer Buchbesprechungen veröffentlichte er in den dreißiger Jahren dazu zwei große rezeptionslenkende Aufsätze (vgl. unten S. 267) sowie etliche kleinere Hinweise und Besprechungen. An Knöllers Wirken war B. im übrigen keineswegs desinteressiert. So findet sich in einem Brief B.s an Knöller vom 15. 1. 1935 ein »Passus«, den B. zur weiteren Verwendung in einem Artikel Knöllers vorschlägt:

Die Gedichte von Georg Britting, unverwechselbar in Klang und Maß und Beschwingtheit, sind seit Jahren immer wieder anzutreffen in Zeitungen und Monatsschriften und Anthologien, aber vereinigt worden zu einem starken Band, der den Blick frei gäbe über die Fülle dieser lyrischen Schöpfung, sind sie bisher nicht, sei's aus Lässigkeit des Autors, sei's aus anderen Gründen. Denn das schmale Heft mit Versen, das bei Jess in Dresden erschien, konnte nicht viel mehr sein als eine Kostprobe, die einen starken und nachhaltigen Geschmack auf der Zunge gibt. Erstaunlich genug, oder auch nicht erstaunlich, daß sie trotzdem schon so etwas wie Schule gemacht haben, und man da und dort Verse lesen kann, die ohne das Vorbild Brittings nicht zu denken sind.

Andererseits teilte er Knöller Anfang Februar 1934 einen für das *Börsenblatt des deutschen Buchhandels* bestimmten routinierten Text (vgl. ebd., Nr. 58, 9. 3. 1934, S. 1063) über dessen Roman *Männle* (Berlin: Holle & Co.; gedruckte Widmung an B.) mit, den der Verlag auch auf dem Schutzumschlag wiedergab:

Dieses schöne Buch von dem jungen Fritz Knöller ist eine echte Dichtung. Uralt vertrauter Märchenton klingt auf, und doch, und dies ist sein besonderer und seltner Reiz, der Gang der Sprache, der Blick zu sehen ist von heute und nur von heute. Kinder werden Augen und Ohren aufreißen vor dem tollen Spaß der drollig bewegten Handlung, und der Erwachsene wird erschreckend und tröstlich die Macht fühlen, die von dem geheimnisvollen Kern dieses tiefsinnigen Märchens heraufglüht.

Der engere Stammtischkreis, in dem seit 1935 vor allem Curt Hohoff (vgl. unten S. 270 u. 307) und eben Knöller für B. die Literaturkritik repräsentierten, erweiterte sich in den dreißiger Jahren, wenngleich B.s literarische Freundschaften und Kontakte sich auf München, Köln und Berlin zentrierten. In diesen Jahren festigte sich das sorgfältig von diesen Stützpunkten her ausgebaute Netz von Publikationsmöglichkeiten, die B.s Lebensunterhalt sicherten; das in seinem Nachlaß verwahrte umfängliche Verzeichnis der Zeitschriften, die ihm offenstanden, setzt um die Wende des Jahrzehnts ein.

Zur Grundlage von Schriftstellerfreundschaften, die seine Publikationschancen steigerten, wurde die Bewunderung für B.s Schaffen etwa in der Beziehung zu Friedrich Bischoff (1896–1976), der gelegentlich gestand, er sei von der Lyrik B.s »nicht unbeeinflußt« (so B.s Mitteilung an Jung, 15. 4. 1944). Bischoff war als Intendant des schlesischen Rundfunks 1933 entlassen worden, dann bis 1942 beim Berliner Propyläen Verlag als Lektor tätig. *Die Reichsstelle zur Förderung des deutschen Schrifttums* hatte – wie aus einem Brief Pezolds an die Reichsschrifttumskammer vom 8. 7. 1937 hervorgeht – nahegelegt, »Herrn Bischoff im Inneren Reich nicht mehr zu Wort kommen zu lassen wegen seines politischen Vorlebens, mehrmaligen Gesinnungswandels und seiner im allergrößten Maß zu beanstandenden Haltung als Soldat im Weltkrieg« (zit. n. Mallmann

S. 79). Bischoff war jedoch ab Juni 1939 wieder mit Beiträgen vertreten, veröffentlichte auch im *Inneren Reich* ein B. gewidmetes Gedicht:

> Für Georg Britting
> Zum 17. Februar 1941
>
> Aus dem Gras gezupft,
> Leise Ton um Ton.
> In den Wind getupft,
> Horch, nun klingt es schon!
> Selig singt darin,
> Was der Welt verliehn.
> Lächelnd hörst du hin:
> Sankt Georg Merlin.
>
> Ja, ich weiß und sag,
> Bist vom Rosenhag
> Der verzaubert lag
> Tausend Jahr und Tag.
> Brummst Dir was dazu:
> Sing auch ohne ihn!
> Sing, wir hören zu:
> Sankt Georg Merlin.
>
> Sing! Und was ich weiß,
> Sag ich heut nur uns,
> Sags zu Leb und Preis
> Deines Liedermunds:
> Wenn so Lust und Leid
> Ward wie Dir verliehn,
> Bleibt für alle Zeit
> Sankt Georg Merlin.
>
> (Das Innere Reich, 7, 1940/41, S. 624 [Februar])

Seit 1946 amtiert Bischoff als Intendant des von ihm aufgebauten Südwestfunks in Baden-Baden; in der Festschrift *Linien eines Lebens. Friedrich Bischoff* (Tübingen: Verlag Franz Schlichtenmayer 1956) wird B. das Gedicht *Die bayerische Stadt Landshut* beisteuern (vgl. Bd. IV).

Breiter dokumentiert ist B.s Bekanntschaft mit Bernt von Heiseler (1907–1969), mit ersten Briefen anfangs der dreißiger Jahre, die freilich an Intensität mit dem seit 1931 überlieferten Briefwechsel Mechows mit

Heiseler (DLA) nicht zu vergleichen sind. B.s und Heiselers Briefwechsel bezieht sich zumeist auf Begegnungen in München oder in Heiselers Heimat, dem Haus Vorderleiten, nahe Neubeuern. B. wird gelegentlich an den von dem Jüngeren redigierten Zeitschriften mitarbeiten, zunächst an der renommierten, bislang von dem emigrierten Herbert Steiner in der Schweiz redigierten Kulturzeitschrift *Corona*, deren »Neue Folge« Heiseler mitverantwortete. Am 13. November 1942 trug ihm der Verleger die Schriftleitung des literarischen Teils der Zeitschrift an, der bisher vor allem das geistige Erbe Hofmannsthals und Rilkes bewußt gehalten hatte. Während Steiner nun fürchtete, sein Werk sei an den Nationalsozialismus verraten, hatte von Heiseler seine frühere Überzeugung, »daß es ein geistiges Deutschland unter Hitlers Führung gibt« (zit. n. Rall, S. 181), revidiert. Er verstand sich – in einer rückblickenden Einschätzung – als »konservativ« [...], aber nicht ›deutsch-national‹« (zit. n. ebd., S. 187), zürnte der »Partei und ihre[m] Führer« wegen der »schäbige[n], teilweise schon damals als niederträchtig erkennbare[n] Verfälschung gerechter und des höchsten Einsatzes würdiger Ideale; im Gedenkbuch *Das war Binding* (hg. v. Ludwig Friedrich Barthel, Wien u. a.: Paul Neff 1955, S. 191) erinnert er rückblickend daran, wie ihn Rudolf G. Bindings (vgl. unten S. 295 ff.) ähnlich motivierte scharfe Ablehnung des Nationalsozialismus beeindruckt habe. So war er entschlossen, in der *Corona* zumindest auch den offiziell ›unerwünschten‹ Autoren ein Forum zu bieten. Dennoch gelang es ihm nicht, Beiträge von Gertrud von le Fort oder Reinhold Schneider zu veröffentlichen. B. hatte von Heiseler am 23. 11. 1942 seine Mitarbeit zugesagt:

Lieber Herr von Heiseler,
das ist eine gute Nachricht, daß Sie die »Corona«, von deren Eingestelltwerdensollen ich hörte, nun übernehmen sollen. Eine schönere, aber schwerere Aufgabe, als den »Bücherwurm« zu leiten! Die »Corona« war ja in Deutschland ersten Ranges – ich hoffe, Sie brauchen nicht herunter zu steigen, und vertraue, *Sie* werden es nicht tun! Erstdruck-Gedichte hoffe ich Ihnen geben zu können, wenn es erst so weit sein wird. Gerne und mit Stolz, dabei zu sein, werd ichs tun. Natürlich schweige ich vorläufig. Guten Start wünscht Ihr
Georg Britting

Als der erste Band im Jahr 1943/44 vorlag, waren alte *Corona*-Mitarbeiter wie Hans Carossa und Friedrich Georg Jünger vertreten, dazu, wie von Heiseler brieflich kommentierte (zit. n. Rall, S. 185), auch »einige der Corona neue Namen wie Paul Appel, Georg Britting«, dem das ›dichterische‹ Gelingen des Bandes mit zu verdanken war (vgl. Volke, Beil., Vitrine 9).

Hanns Braun (1893–1966), damals bereits Feuilletonredakteur der *Münchner Zeitung* (mit der Beilage *Die Propyläen*), verschaffte B. wohl dieses publizistische Forum; er hatte ihn, wie er in seinem Nachruf berichtet (Georg Britting, in: Jahresring 1964/65, S.f 287ff.; eine weitere Würdigung B.s in Brauns Artikel zum 50. Geburtstag 1941, vgl. Bd. IV), bereits Ende der zwanziger Jahre kennengelernt:

> Die Tage unsrer ersten Begegnung liegen weit zurück. Aber ich sehe ihn noch vor mir, so wie er uns 1928 erschien: den großgewachsenen Mann, der mit Brille und kurzgeschorenem Haar eher wie ein Mönch aussah und also nicht so, wie er nach der Klischeevorstellung vom Dichter hätte aussehen müssen. Nicht ganz von dieser unsrer Welt war auch seine bescheidene Zurückhaltung, ja Wortkargheit, die er erst brach, wenn er Vertrauen gefaßt hatte. Dann allerdings war er der Wechselreden froh und ein ergiebiger, zuhöchst beteiligter Unterhalter. Doch auch wenn er schwieg, war er immer lebendig da [...].

Braun vermittelte wohl auch die Bekanntschaft zu Friedrich Märker, der in seinem Buch *Sinn und Gesetze des Lebens* (Berlin: Buchholz & Weißwange 1938, S. 60) B. als ›organisch-intuitiven‹ Typus einreihte (vgl. unten S. 269) und seit 1938 mit ihm Briefe wechselte. In den dreißiger Jahren gehört jedoch vor allem Brauns Essay *Das Haus im Engadin,* der von einer gemeinsamen Fahrt mit dem »leidenschaftliche[n] Reisende[n]« B. (an Jung, 12. 8. 1947) ausgeht, zu den wichtigeren Arbeiten über B. (vgl. unten S. 268); am 17. März [1947] berichtete B. Georg Jung über diesen Text:

> ›Wanderung‹ hat die Redaktion drüber gesetzt, das klingt so eichendorffisch, sie, die Wanderung, geschah aber mit dem Auto von Hanns Braun.

Von Bewunderung zeugt der Reisebericht wie noch der bereits zitierte Nachruf:

> Liest man Brittings Gedichte [...], entzückt einen wie eh und je ihr Dichtertum: die unverkennbare Gabe also, Worte, die an sich jedem zur Verfügung stehen, in einen Zusammenhang einzubringen, der das Unsagbare in allem, das so ergriffen wurde, hervorscheinen läßt. [...] So wenig wir es seinem Regensburger Landsmann, dem Maler der berühmten Alexanderschlacht, Altdorfer, aufrechnen, daß er immer wieder auf jedem Bild seinen Lieblingsbaum, die Lärche, abkonterfeite, so wird uns der Dichter Britting mit Rabe, Roß und Hahn, mit dem alten Mond oder was ihm sonst in der dringlichen Welt zum Zeichen geworden war, je kaltlassen oder langweilen.

Für B.s Rezeption im Rheinland (vgl. Heinz Küpper: G. B. [=] Die junge Generation, Nr. 9. In: Kölnische Zeitung, Nr. 27, 5. 7. 1936) war der Kontakt mit Otto Brües (1897–1967) von Bedeutung (vgl. Bd. I, S. 609;

Bd. III, 2, S. 511f.), obgleich zu ihm keine engere persönlichen Beziehung entstand. Brües, seit 1937 NSDAP-Mitglied, kam aus der Jugend- und Heimatbewegung und wußte sich vom ›Fronterlebnis‹ geprägt; das Feuilleton der *Kölnischen Zeitung,* dem dank einer presserechtlichen Sonderstellung wie dem der *Frankfurter Zeitung* gewisse Freiräume offenstanden, leitete er von 1933 bis 1937 und hatte schon seit 1922 diese Sparte im *Stadtanzeiger für Köln und Umgebung* betreut (vgl. Klaus-Dieter Oelze: Das Feuilleton der Kölnischen Zeitung im Dritten Reich, Frankfurt a.M. u.a.: Peter Lang 1990, S. 65–73); es sei ihm – so heißt es in seinen Erinnerungen (*Und immer sang die Lerche,* Duisburg: Mercator Verlag 1967, S. 103) – eine Freude gewesen, dort nicht nur Rheinländer, sondern auch »Ostpreußen, wie Alfred Brust, oder Bayern, wie Georg Britting«, zu Wort kommen zu lassen; im Jahr 1932 erhält B. den Preis in einem Wettbewerb des *Stadtanzeigers* für die Erzählung *Das Bild* (vgl. Bd. V). Auch nach 1945 schrieb Brües gelegentlich über B.

Über ein Preisausschreiben kam B. wohl auch mit der Zeitschrift *die neue linie* in Kontakt. Ende 1931 schrieb die von Bruno E. Werner herausgegebene Zeitschrift einen Preis für die »beste deutsche Gegenwartsnovelle« aus. Trotz einer »Fülle interessanter Arbeiten« war sich »das Preisgericht«, zu dem Paul Fechter, Alfons Paquet und Wilhelm von Scholz zählten, »doch darin einig, daß ein dichterisches Werk, aus einer klaren geistigen Haltung, aus einem lebendigen Verhältnis zu Zeit und Volk heraus mit der Kraft naturhafter Anschauung und innerer Spannung zur geschlossenen Form der Novelle gestaltet [sei], unter den eingelaufenen Arbeiten nicht vorhanden war« (die neue linie, 3, H. 8, April 1932, S. 10). Neben den drei Preisen stiftete der Verlag daher noch »zwei weitere Preise in der Höhe von je RM 300. Mit ihnen wurden angekauft die Novellen *Das Waldhorn* von Georg Britting, München, und *Regina Amstetten* von Ernst Wiechert, Berlin« (ebd.). B. publizierte gelegentlich in der Zeitschrift, die seine »romantische Gegenwartsnovelle aus den bayrischen Bergen« (S. 19) im August-Heft-1932 veröffentlichte (vgl. Bd. III, 2, S.467).

An dem jährlichen Lyrikwettbewerb der Illustrierten *Die Dame* nahm B. seit der ersten Ausschreibung im September 1934 teil. Den ersten Preis »für das schönste Gedicht« erhielt Marie Luise Kaschnitz; von B. wurde das Gedicht *Erster Herbstregen* zur Veröffentlichung im Lyrik-*Almanach der Dame* angekauft (vgl. S. 50). Im Jahr 1935 erschien das später *Mondnacht auf dem Turm* (S. 182) betitelte Gedicht im *Almanach der Dame*; als die sechs Preisträger durch die Jury – Rudolf G. Binding, Wolfram Brockmeier, Ricarda Huch, der Berliner Ordinarius der Germanistik Julius Petersen und Ludwig Emanuel Reindl – bestimmt wurden, »stand in engster Wahl eine große Zahl weiterer Gedichte, von denen 50 der besten, einschließlich der preisgekrönten und einige außerhalb des Wettbewerbs eingesandter, in diesem Almanach« veröffentlicht wurden:

> Sie treten, so gesammelt, nicht mit dem Anspruch auf, ein erschöpfendes Bild vom gegenwärtigen Stand der deutschen Lyrik zu vermitteln. Aber sie können doch als bedeutungsvoller Teil in diesem Bild mit dazu beitragen, den nie verlierbaren Reichtum tiefen Gefühls, seelischer Erlebnisbereitschaft und Hingabefähigkeit, der gerade in der lyrischen Dichtung unserer Zeit und unseres Volkes sich offenbart, so sichtbar zu machen, daß auch durch ihre Veröffentlichung der Sinn des künftig regelmäßig wiederkehrenden Lyrikpreisausschreibens der Zeitschrift *Die Dame* erfüllt wird: nämlich ›jenen erlesenen Kräften des Geistes und der Seele zu dienen, die innerhalb der Erlebnisgemeinschaft des Volkes sich in das unmittelbarste Bekenntnis tiefen Erlebens: in das Gedicht und Lied umsetzen‹.

(Aus dem »Geleitwort«).

Im Jahr 1936 wurde bei der Ausschreibung nochmals auf die im vorigen Jahr zuerst formulierten »Leit-Ideen« verwiesen, jene »unsere Zeit bewegenden Lebensideale«:

> Verbundenheit mit Landschaft und Heimat, Erlebnis der Gemeinschaft in der schöpferischen Arbeit, im Glauben an die Zukunft oder in der Feier, im Wunder der Liebe oder in der Idee der Kameradschaft, vor allem aber im Bekenntnis zu einem Frauentum, dessen Krönung in der Mutterschaft liegt.

(Die Dame 1936, H. 23, S. 6)

Unter den sechs Preisträgern waren Hans Leifhelm und Georg von der Vring; B.s Gedicht *Wenn in Italien der Kuckuck schreit* wurde zur Veröffentlichung erworben (vgl. S. 161). – Seit 1938 zählte B. neben Marie Luise Kaschnitz, Julius Petersen, Friedrich Schnack und Reindl zu den Preisrichtern; ausgezeichnet wurde 1938 ein Gedicht von Gotthard de Beauclair, weitere Preise gingen u. a. an Hermann Kasack und Hermann Sendelbach. 1939 ging der Preis an Friedrich Bischoff, 1940 an Josef Leitgeb für das Gedicht *Deutsches Heer 1940*, 1941 an Bodo Schütt für sein Gedicht *Herz unter dem Schicksal*. Ausgezeichnet wurden u. a. W. E. Süskind (1939), Georg von der Vring, Wolf von Niebelschütz, Ruth Schaumann (1940), Werner Bergengruen, Rudolf Hagelstange, Eckart Peterich, Eugen Roth (1941).

Die Basis für solche überregionalen Erfolge war stets die Anerkennung B.s im literarischen Leben Süddeutschlands, das freilich keineswegs einen Freiraum vor dem Zugriff des nationalsozialistischen Staates bildete. Nur selten jedoch erschienen Beiträge B.s in der Münchner Ausgabe des *Völkischen Beobachters,* der sich ohnedies bis Ende der dreißiger Jahre in seinem Kulturteil um ein seriöses Ansehen bemühte, mit einer Pflege traditionell ›deutscher‹ Kultur, stets aber begleitet von antisemitischen Tönen. – Die Zeitschrift *Münchner Mosaik* hatte sich eine weitgehend von politischer Agitation freie, jedoch staats- und parteikonforme Aufgabe gestellt, »im Namen der Hauptstadt der Bewegung Herold zu sein auch für die Stadt der Deutschen Kunst« (Münchener Mosaik 1, 1938, S. 1). Bei der Gründung dieser vom Kulturamt der Stadt subventionierten Zeitschrift ging es, wie in den Akten (Stadtarchiv München, Kulturamt 25) festgehalten ist, »in erster Linie darum, für München zu werben«: »Durch das Herausstellen des lebendigen Schaffens der Münchner Künstlerschaft, durch Vertiefung des Interesses am Münchner Kulturleben in der Gegenwart und Vergangenheit und durch Pflege der landschaftlichen Eigenart«, so erläutert ein Brief des Kulturamtes an den Reichsleiter Amann vom 29. 12. 1937 (ebd., Kulturamt 510), »wird diese Zeitschrift die Anziehungskraft der Hauptstadt der Bewegung als Kulturzentrum stärken und den Zustrom der Fremden weiterhin steigern.« Amann schließlich erklärte dann in einem Gespräch am 5. 1. 1938 (ebd.) zur Gesamtlinie des neuen Blattes: »Wir wollen die Zeit vergessen, wo verschiedene fähige Leute politisch anderer Meinung waren. Wenn sie sich heute zu uns bekennen, dann wollen wir auch mit ihnen arbeiten zu unser aller Bestem.« Wenngleich B. nur gelegentlich und erst nach 1940 teilnimmt, so wird er doch selbstverständlich – in Josef Magnus Wehners launiger Übersicht *Vom Münchner Schrifttum* (Münchner Mosaik 1, 1938, S. 438f.) – als wichtiger Vertreter süddeutscher Literatur genannt.

Ausdrücklich anerkannt wird er 1936 in diesem Rang durch die (nachträgliche) Verleihung des Münchner Dichterpreises 1936 für das Jahr 1935 (vgl. den in B.s Nachlaß verwahrten Bericht: MNN, Nr. 99, 8. 4. 1936). Die Begründung wurde in der Presse veröffentlicht und von B.s Verlag Langen-Müller in einem eigens gedruckten Prospekt verbreitet (Beilage zu *Das Innere Reich*, Mai 1936):

> Der Literaturpreis für 1935 wurde dem Dichter *Georg Britting* vor allem in Anerkennung seines lyrischen Schaffens verliehen. Sein Werk, geboren aus tiefer Naturverbundenheit und geformt durch das erschütternde Erlebnis des Krieges, bringe nicht nur ein glanzvolles dichterisches Wiederaufleben bayerischen Barocks, sondern wachse darüber hinaus zu einer Schicksalsdichtung von harmonischer Prägung, die von dem Wissen um Leben und Tod getragen und von einem echt deutschen Humor durchleuchtet sei.

(Völkischer Beobachter, 99. Ausgabe vom 8. 4. 1938, Beiblatt)

Nur selten wird B. bei Umfragen herangezogen (vgl. S. 278ff.); so nennt er lapidar den MNN (Münchner Dichter im neuen Jahr, MNN, Nr. 1, 1. 1. 1937) seine Pläne: »Ich arbeite an einem Roman. Ein Band Erzählungen wird voraussichtlich im Jahr 1937 erscheinen.« Neben einer Lesung B.s im

Februar 1938 am siebten Abend der »Literarischen Gesellschaft« in Köln (vgl. Kölniche Volkszeitung, 15. 2. 1938), »gut dotierte[n] Lesereisen«, die nach Rom (ab 1935) und ins Frankfurter Goethehaus führten (Haefs, S. 51), einer Rundfunklesung im Berliner Rundfunk innerhalb der Reihe *Der Dichter hat das Wort. Kurzgeschichten und Gedichte im Rundfunk* (vgl. Vossische Zeitung, Unterhaltungsblatt Nr. 54, 23. 2. 1933) sind wiederum vor allem Münchner Veranstaltungen belegt. In einem Artikel *Hier Reichssender München* (Münchner Mosaik, 4, 1941, S. 88–90) nennt der Intendant des Senders Hellmuth Habersbrunner neben Hans Carossa, J. G. Oberkofler, Lena Christ auch B. unter den Repräsentanten jenes »neuen deutschen Schöpferwillens«, dem der Sender »großzügigster Mäzen« sein wolle. – Zweimal las B. vor der Studentenschaft der Münchner Universität, im Februar 1934 mit Peter Dörfler und Ina Seidel in einer Reihe »Der Dichter und sein Volk« (vgl. Münchener Zeitung, 28. 2. 1934) sowie im Mai 1937. Am 7. 5. 1937 bringen die *Münchner Neuesten Nachrichten* eine Notiz über diese Lesung des Münchner Dichterpreisträgers B. bei einer »Feierstunde, die die Gaustudentenführung München-Oberbayern der NSDAP in der großen Aula der Universität veranstaltet hat« – ein »schönes Zeichen dafür, daß die akademische Jugend nicht über der politischen und wissenschaftlichen Schulung das Wort des Dichters vergißt«. Im Rahmen einer Veranstaltungsreihe für die Sommerkurse der ausländischen Deutschlehrer engagierte die Deutsche Akademie 1938 B. für einen Dichterabend im Münchner Preysing-Palais (vgl. Völkischer Beobachter, Nr. 225, 13. 8. 1938). Schließlich berichtet Karl Ude von einer »Dichterstunde« mit B. im Herkulessaal der Münchner Residenz (Münchner Dichter lesen, in: MNN, Nr. 81, 22. 3. 1941; vgl. das Zitat zur Erzählung *Der Schneckenweg*, Bd. V. Außerdem unten S. 278ff.).
Zusammengehalten aber werden solche vereinzelte Aktivitäten B.s erst dadurch, daß sein Werk von dem in den mächtigen Buchkonzern der Hanseatischen Verlagsanstalt (HAVA) eingebundenen Langen-Müller Verlag betreut wird, der sich »ab Anfang der dreißiger Jahre« als Anziehungspunkt »für konservative und völkisch-nationale Autoren« in München etablierte (Meyer, S. 145). Geschickt wußte Langen-Müller das ›Dichter‹-Bild B.s in eine – materiell anfangs wenig ertragreiche, aber reputationsträchtige – Marktstrategie umzusetzen. War doch sogar »Bermann-Fischer, der Verleger«, – laut einer Mitteilung in Eugen Roths Tagebüchern – »1933 bei Br., um ihn für seinen Verlag zu gewinnen. Er hoffte, durch nat[ionale] Dichter den Verlag zu retten, bedauerte sehr, daß er Strauß voreilig abgegeben hatte«. Für die Chancen der nationalen Wende seit 1930 eher prädestiniert, plante Langen-Müller, sich – wie es in der Ankündigung des ersten Verlagsalmanachs heißt – den »aufbauende[n] Kräfte[n]« im deutschen »Schrifttum« zu widmen (zit. n. Meyer,

S. 86); seit 1931 verfolgte der dank Erwin Guido Kolbenheyers Einfluß zum Verlagsleiter ernannte Gustav Pezold zielbewußt die Strategie, sich als der völkisch-nationale Dichterverlag zu präsentieren, die noch unter dem Signum des Georg Müller Verlages im März 1931 mit jenem ersten Almanach *Ausritt* (mit Umschlag- und Titelillustration von Emil Preetorius) publik gemacht wird. Von B. bringt dieser Almanach die Erzählung *Die Frankreichfahrt* (S. 58–64); im Anhang wird dann bereits ein neuer Prosaband »Josef am See. Novellen« für 1932 angekündigt (vgl. Bd. III, 2, S. 434f. zu dem Band *Das treue Eheweib*). Es scheint, daß Paul Alverdes, der sich im Jahr 1931 (mit dem Band *Reinhold oder die Verwandelten*) fest an den Verlag bindet und dessen Einfluß auf die Verlagsplanung vielfach bezeugt ist, B. diese Möglichkeit einer »kontinuierlichen Publikationspolitik« (Haefs, S. 44) vermittelt hat. Die Veröffentlichung des *Hamlet*-Romans, präzise eingepaßt in eine Werbestrategie, die dem neuen Langen-Müller Verlag auch eine Pflege gegenwärtiger ›Dichtung‹ jüngerer Autoren zuschreiben wollte (vgl. Bd. III, 1, S. 267), markiert den Stellenwert, gleichsam die ›Nische‹, die B.s Schaffen auch künftig im Langen-Müller-Programm gesichert bleibt: Neben der nationalen, völkischen und nationalsozialistischen Literatur soll auch eine zeitlose deutsche ›Dichtung‹ präsentiert werden. Die Werbung des Verlages konvergiert so mit den Absichten von B.s Freundeskreis, und Darstellungen wie die von Kurt Matthies, beim *Deutschen Volkstum* Mitredakteur des bei der HAVA einflußreichen Wilhelm Stapels, dann auch HAVA-Lektor, oder die »kleine Umrißzeichnung« *Georg Britting* von Johan Luzian (Exemplar aus der *Pfälzischen Rundschau*, 1936, in B.s Nachlaß), der bis zu seiner Emigration Mitte der dreißiger Jahre im Langen-Müller Verlag tätig war (vgl. Meyer S. 142f.), aber auch Beiträge von Alverdes oder Wiechert verweisen auf die verlegerische Strategie. So verkündet noch der Klappentext des Erzählungsbandes *Der Schneckenweg* im Jahr 1941:

Dies Buch bezeugt es wieder klar, daß Georg Britting, unter den Dichtern unserer Tage einer der berufensten und echtesten, in jedem neuen Werk aus seiner Feder nicht nur die Höhe hält, auf der er unbestritten stand, sondern stets rüstig weiter ansteigt auf dem steilen Weg zur reifen Meisterschaft. [...] [Nunmehr hat er] einen Gipfel der Kunst erreicht, den nur Begnadete betreten dürfen.

Wenngleich »die Atmosphäre im Verlag [...] niemals penetrant nationalsozialistisch gewesen zu sein« scheint (Mallmann, S. 46), so geriet etwa B.s Gedichtsammlung *Der irdische Tag* doch in eine Konstellation, zu der auch Heinrich Zillichs *Komme was will* (1935) mit einer pathetischen Feier der Frontgeneration im Gedicht *Das Vermächtnis. Dem Jahrgang 1898* gehört – und ebenfalls der gleich ausgestattete, mit dem Nationalen Buchpreis 1935/36 ausgezeichnete Band von Gerhard Schumann, *Wir aber sind das*

Korn, dessen Gliederung von »Landschaft« über »Ruf und Antwort« und »Segen der Liebe« der »Heldische[n] Feier« zustrebt. In der Verlagswerbung changiert demnach das Bild B.s zwischen der – von ihm selbst seit Anfang der dreißiger Jahre betonten – Zugehörigkeit zur ›Frontgeneration‹ einerseits und dem Bild B.s als eines ›Dichters‹ jenseits programmatischer national-völkischer ›Zumutungen‹ andererseits.

Eine beachtliche Auflage erzielte B. zunächst nur mit dem Bändchen *Die kleine Welt am Strom*, das in der Reihe *Die kleine Bücherei* vorgelegt wurde, die für »Deutsche und nordische Gegenwartsdichtung in Novelle, Gedicht und Spiel« vorgesehen war (vgl. Bd. III, 2, S. 348, sowie zu den Auflagen von B.s Prosawerken ebd. S. 437, 454, 481, 489f.). Die Reihe wurde im übrigen als – erfolgreiches – Werbemittel des Verlages eingesetzt, und nicht zuletzt B. profitierte davon. In dieser Reihe erschienen außerdem die weitverbreitete Anthologie *Das kleine Gedichtbuch* (1934; Copyright von 1933; 1. Aufl. ohne Herausgeberhinweis, aber in der 2. Aufl. 1935: Kurt Matthies; 50. Tsd. 1938), die ausschließlich den ›Hausautoren‹ vorbehalten war, sowie außerhalb der Reihennumerierung eine als Werbeband konzipierte Sammlung *Das kleine Buch der Dichterbilder* (1937, im gleichen Jahr 21.–30. Tsd.); hier sind in alphabetischer Folge die 58 Autoren der »Kleinen Bücherei« aufgeführt, mit Kurzbiographie, Porträtfoto und faksimilierter Unterschrift. Auch in fast allen Jahrgangsbänden des Almanachs *Ausritt* war B. vertreten, ohne hier freilich in ähnlicher Weise herausgestellt zu werden, wie zum Beispiel Erwin Guido Kolbenheyer zu seinem sechzigsten Geburtstag im *Ausritt* 1938/39. Dennoch klagte Kolbenheyer, wie Pezold zunehmend unter den Einfluß einer »Clique der jüngeren Autoren: Alverdes, Britting, Mechow und Wiechert« gerate (aus einem Brief Pezolds; zit. n. Meyer, S. 146; vgl. Volke S. 12) – dabei B.s Einfluß gewiß überschätzend.

Auch die Anthologien als Indikatoren der literarischen Situation belegen, daß B. erst in den Jahren 1932 bis 1934 in den Kreis der anerkannt repräsentativen Autoren aufrückt. Zuvor ergibt sich ein wenig einheitliches Bild. In der umfassend angelegten Anthologie *Junge deutsche Dichtung* (hg. v. Kurt Virneburg u. Helmut Hurst, Berlin u. Zürich: Eigenbrödler Verlag 1930) mit 102 Autoren der Jahrgänge 1889 bis 1908, bei einem Spektrum von Konservativnationalen bis zu linksliberalen ›Sachlichen‹ fehlt B.; aufgenommen sind seine Gedichte jedoch in zwei anderen in Berlin vorgelegten Anthologien. In einer Sammlung »neuer Großstadtdichtung«, die Robert Seitz und Heinz Zucker 1931 herausgeben (Um uns die Stadt. Berlin: Sieben-Stäbe-Verlag) steht B.s Name wohl zum einzigen Mal in der Nachbarschaft fast aller bedeutenden republikanischen und auch einiger kommunistischer Autoren, also neben J. R. Becher, Bertolt Brecht, Lion Feuchtwanger, Max Herrmann-Neisse, Erich Kästner, Hermann Kesten, Walter Mehring, Erich Mühsam, Kurt Tucholsky und Erich Weinert. Ein Jahr später jedoch erscheint er – gewiß eher seinem Selbstverständnis als ›Dichter‹ einer neuen Naturlyrik entsprechend – mit Erstdrucken (vgl. Anm. zu S. 52) unter den Beiträgen der von Carl Dietrich Carls und Arno Ullmann herausgegebenen Anthologie *Mit allen Sinnen. Lyrik unserer Zeit* (Berlin: Rembrandt Verlag 1932), einem Forum für die ›junge Lyrik‹ von 45 Autoren, zu denen Wilhelm Lehmann und Oskar Loerke sowie einige aus dem *Kolonne*-Kreis zählen (Peter Huchel, Theodor Kramer, Eberhard Meckel); sie war der »Naturlyrik und naturnahe[n] Liebesgedichte[n]« vorbehalten (S. 9). Der programmatisch sichtende Befund im »Vorwort« der Herausgeber (vgl. ebd., S. 8f.) ist bis in die Formulierungen – über das ›neue Verhältnis zur Natur‹ und zu den »Zeitfragen«, die »Wandlung der Sehweise«, das »Streben nach greifbarem und bildhaftem Ausdruck« – analog zu den Zielsetzungen der Zeitschrift *Die Kolonne* (vgl. oben S. 250ff.).

Im Umfeld seines Verlages kam B. auch in Verbindung mit dem völkisch-nationalen »Verein Raabe-Stiftung«, München (im Vorstand u.a. Börries von Münchhausen, im Beirat Hans Friedrich Blunck, Hermann Burte, Gustav Frenssen, Hanns Johst, Erwin Guido Kolbenheyer, Wilhelm Schäfer); laut einem Prospekt für das von dem Verein herausgebrachte *Jahrbuch der deutschen Dichtung 1932,* das neben Werken der Genannten auch Beiträge von Alverdes, Bergengruen, Billinger, Carossa, Max Halbe, Mechow, Wiechert, von B. die Erzählung *Fischfrevel an der Donau* enthält, bekennt man sich zum Glauben »an eine Gesundung der deutschen Volksseele durch den Sieg der deutschen Dichtung«, sagt »undeutscher Modeliteratur« und dem »seelenlosen Literaturbetrieb der Zeit« den Kampf an. Indessen ist in späteren Jahren B., verglichen mit erfolgreichen Autoren des Langen-Müller Verlages wie Alverdes, in relativ wenigen entschieden völkisch-nationalen Anthologien vertreten, wie etwa in *Kriegsdichter erzählen* (hg. v. August Friedrich Velmede, München: Langen-Müller 1937; darin: Der Ledergepanzerte, vgl. Bd. I, S. 652), Ziesels Sammlung (vgl. unten Anm. zu S. 225) oder in dem von Herbert Böhme kompilierten Band (vgl. unten Anm. zu S. 26, auch S. 11). In den meisten thematisch vergleichbaren, in völkischen oder gar pointiert nationalsozialistischen Anthologien ist B. nicht vertreten, auch dann nicht, wenn sich Autorennamen aus seinem Umfeld – wie Alverdes, Billinger, Binding, Carossa – dort versammelt finden, wie etwa in der kulturpolitisch wichtigen Sammlung: *Das Neue Deutschland im Gedicht. Eine Auswahl* (hg. v. Hans Gille, Neuausgabe, Bielefeld u. Leipzig: Velhagen & Klasing 1938); oder in: *Die Stimme deutscher Dichter.* Weihnachtsgruß 1936. Stuttgart, Stadt der Auslandsdeutschen [1936] (vgl. weiter: Feldgraue Ernte. Der Weltkrieg im Gedicht, hg. v. Karl Rauch,

Berlin: Holle 1935; Die Trommel schlug zum Streite. Deutsche Gedichte vom Weltkrieg, hg. v. Wilhelm Westecker, München: Langen-Müller 1938; Das heldische Jahr. Front und Heimat berichten den Krieg. 97 Kriegsfeuilletons, hg. v. Wilfried Bade u. Wilmont Haacke, Berlin: Zeitgeschichte Verlag 1941). Und Rudolf Ramlow, der Pressereferent der Nationalsozialistischen Kulturgemeinde, rechnet ihn zwar unter die repräsentativen *Erzähler unserer Zeit*, die er in fünf Bänden (Berlin: Paul Franke o.J. [1934/35] vorstellt: »Die Dichter, deren Beiträge [hier] zusammengestellt sind«, erklärt er vorweg, »gehören alle zu denen, deren Werk in dem Deutschland des zweiten Reiches keine Würdigung fand oder wenigstens von dem künstlichen Ruhm längst versunkener Größen überschattet wurde«; sie seien von der »harte[n], männlich[n] Welt des großen Krieges« geformt. Einband und Umschlag zeigen jedoch als werbewirksam die Namen von Alverdes, Billinger, Bloem, Bröger. Zur Panegyrik der Staats- und Parteigrößen hatte B. während des Dritten Reiches lediglich einen Beitrag zu liefern, jenes Gedicht *Dem Führer* von 1938 (vgl. S. 363f.).

4. Das Bild des ›Dichters‹ Britting in der literarischen Öffentlichkeit der dreißiger Jahre

B.s seit der Wende des Jahrzehnts gefestigte Dichterrolle wird nun auch in einer Rezeption der Freunde anerkannt und bekanntgemacht (vgl. Bd. III, 2, S. 482 u. 491); allmählich werden dem Werk wie der Person literarische Porträts gewidmet, die vor allem den Naturlyriker ins Zentrum rücken, selbst B.s Prosa eine ›lyrische‹ Grundhaltung bescheinigen und damit – anschließend an eine traditionelle Hierarchie der Gattungen – den Rang B.s als ›Dichter‹ im Gegensatz zum Prosa-›Schriftsteller‹ festigen. Fritz Knöller hält in seinem Essay *Georg Britting* (in: Literatur 35, 1933, S. 628–633; wenig veränderte Fassung: Georg Britting, in: Deutsches Volkstum 17 (1935), S. 216–223) fest: »Lyrik, gesteigerte Lebenserfassung, Lebensverkündung, ist der Anfang des Brittingschen Schaffens.« (S. 630). In all diesen Beiträgen wird B.s Werk in die Kategorien der zeigenössischen Literaturbetrachtung – mehr oder minder behutsam – eingeordnet und damit als besondere Erscheinung akzeptabel gemacht, ohne daß sich innerhalb des Rezeptionsraums krasse weltanschauliche Differenzen abzeichneten. Es konstituiert sich hier vielmehr die Rezeptionshaltung eines Kreises, der sich in der Wertschätzung ›echter Dichtung‹ geeint weiß und sich nicht zuletzt in den Nuancen erkennt, um die gerade die Kennworte völkischer und nationalsozialistischer Schrifttumspoetik variiert werden. Damit wird auch eine Kontinuität zur konservativen Literatur der zwanziger und frühen dreißiger Jahre gewahrt, deren Konzept von ›Landschaft‹ und ›Natur‹ hingegen in der NS-Literatur zum ›Blut und Boden‹-Kult vergröbert, deren ›Fronterlebnis‹ dort heroisiert, deren regionaler Erfahrungsraum von Heimattümelei überdeckt wurde. Im Kontext dieser Rezeption ist auffällig, wie Wulf Dieter Müller (vgl. Nr. 168), der auch weiter nicht an dem Gespräch über B. teilnimmt, die Nuancen verfehlt, wenngleich in seinem *Brief an einen Dichter* (in: Deutsche Zeitung, 28. 12. 1934; zit. nach dem Exemplar in B.s Nachlaß, Bayerische Staatsbibliothek) die üblichen Leitkonzepte auftauchen, mit einem bezeichnenden Akzent auf dem ›Fronterlebnis‹, das generell zum Autoren-Image beim Langen-Müller Verlag gehörte; Müller wollte erklären, was B.s »*Werk* uns jungen Soldaten des Vaterlandes bedeutet und wie wir es in unserem Leben einsetzen«:

> Es gibt Dichtung, die die Wogen der Sprache glättet. Ihr Werk möchte man zu jener anderen Dichtung stellen, die den Boden der Sprache aufreißt und umpflügt, so daß *schwere satte Schollen glänzen.* [...] Sie haben uns die *Landschaft* in der Dichtung gerettet. Es scheint so, wir müßten heute der elementaren Seite des Lebens recht nahe bleiben. Dazu gehört das *Ertragen des Schmerzes* – und Sie schonen uns wahrhaftig nicht mit Erinnerungen an diese Tatsache in der Natur. Nicht ein trostloses Schicksal des Individuums, sondern der Lauf der Natur bringt auch Schmerz und Not mit sich. *Nur die Einordnung in dieses ewige Gesetz der Natur verleiht uns die Freiheit,* deren wir als einzelne und als Nation im Daseinskampf auf der Erde bedürfen.

Zum Kriegserlebnis wird sich Hanns Braun in einem Beitrag, der als von B. autorisiert gelten darf (Das Haus im Engadin. Eine Wanderung mit Georg Britting, in: Die neue Rundschau 45, 1934, Bd. I, S. 678–685; vgl. oben S. 259), distanzierend äußern:

> Mag es der Krieg gewesen sein, der solch reine Schau und Freude des Lebens verdunkelt hat oder erst richtig geweckt – von dem, was der Kriegsfreiwillige und nachmalige Kompanieführer Britting »draußen« erfuhr und mit einbrachte in sein ferneres Leben, soll hier nicht, soll nur von ihm selber berichtet werden. Wer immer Dunkles und Heiteres aus ihm, wo es zuinnerst drauf wartete, mag heraufgeholt haben, ob der Krieg oder ein andres, – wir sehen bloß, daß selbst aus jener »kleinen Welt am Strom«, die ihm Jugend bedeutet und Heimat, die dunklen Erinnerungen heraufwallen, schreckenserfüllt, grimmig-humorig mehr denn lichte ohne Harm, wenn zwar diese nicht fehlen. Seinem düster-schönen Regensburg, dem silbernen Donaustrom, dem so liebenswerten Land Bavaria hat Britting wie nur irgendeiner mit Kunst und Liebe heimgezahlt.

Abgesetzt gegen jeglichen heroisierenden Gestus (vgl. jedoch zum besonderen Fall der Rezeption des *Hamlet*-Romans Bd. III, 1, S. 373f.) konzentrierte sich in der kreisspezifischen Rezeption die Aufmerksamkeit auf das Besondere des ›echten Dichters‹ (vgl. zu diesem Leitbild der Epoche Ketelsen, S. 87), die landschaftliche Bindung von Literatur, das spezifisch bayerisch Barocke.

Ernst Wiechert, von B. wenig geschätzt (vgl. unten S. 295), hatte am 24. 1. 1933 in seiner Rede *Georg Britting* vor der Fichte-Gesellschaft eine Zuordnung von B.s Schaffen zu der – von den Nationalsozialisten beargwöhnten – ›stillen‹ Dichtung des Nachexpressionismus versucht:

> Inzwischen aber sehen die Wenigen, die in Deutschland von der Dichtung der Zukunft wissen, daß hier in der Stille eine der größten und geschlossensten Begabungen heranreift und Früchte zu tragen beginnt, die wir besitzen, und die ausersehen ist, das zu verkünden, was not tut. [...] »Wir verteidigen ein kleines Reich gegen eine ganze wilde Welt«, hat Wilhelm Raabe gesagt. Und mir scheint, es würde uns allen gut sein und müßte uns nötig sein, uns um die Wenigen zu scharen, die in unsrer stürzenden und aufbrechenden Zeit das kleine Reich verteidigen, das Reich der adligen Stille und der Weisheit, der Güte und des tapferen Lächelns, der großen Furchtlosigkeit und der großen Demut.
> (Sämtliche Werke, Bd. 10, München: Desch 1957, S. 863–870, hier S. 864, 870).

»Eine große Stille hängt über den meisten seiner Dichtungen«, heißt es auch in dem von B. begrüßten Aufsatz Friedrich Märkers (Georg Britting, in: Die neue Literatur 40, 1939, S. 119–126 [Bibliographie von Ernst Metelmann, S. 126], hier S. 122; dazu B.s Brief an Märker, 13. 8.[1939]). Märker führt zudem den Begriff der ›Schau‹ ein, der zum selben semantischen Feld literarischer Kritik an der ›Modernisierung‹ gehört:

> Man merkt in seinen Dichtungen wenig von dem Drang des Verstandes, das Leben und seine Geschöpfe zu zerlegen, um ihren Charakter und ihren Sinn zu finden; aber sie sind auch kein bloßer Abklatsch der Natur, wie ihn der photographenhafte, von der kalten Beobachtung getragene Naturalismus gab. Man spürt bei Britting, daß er die Menschen und das Leben tief durchschaut – durchschaut nicht mit dem verstandlich-detektivischen Sinn, der dem Wort im Lauf eines intellektuellen Jahrhunderts gegeben wurde – durchschaut mit der hellseherischen Kraft des tiefen Erlebens. Sein Auge sieht den Sinn.
> (Märker, S. 120)

Ähnlich zentriert – und doch die ideologische Lesart von der sinnvermittelnden ›Dichtung‹ korrigierend – ist wiederum das Dichterbild bei Hanns Braun:

> Es ist das Vorrecht der Dichter, zu schauen und, wenn es sie bedrängt, zu fragen, der Antwort aber sich zu enthalten. Fragen selber kann freilich Antwort werden: eine Absage an alle Antworten. Dahinter

starrt die Verzweiflung. Würdig ist die Welt der Frage, wer möchte es leugnen; frag-würdig ist sie, und auch Britting macht es auf seine Weise dringlich: nicht wehleidig etwa oder mokant, sondern indem er zu dem tollen Tatbestand ja sagt, dessen er sich gleichwohl aufs tiefste, ja bis zum Grausen verwundert. Wer nur den Lyriker Britting kennt, wird den Frager nicht oder nur wie im Schatten wahrnehmen. Eingefangen ist da die Welt, die wunderreiche.

Hier setzt der Vergleich mit Alverdes an, um den sich Friedrich Ludwig Barthel (Dicherköpfe der Gegenwart: Georg Britting, in: Völkische Kultur 3, 1935, S. 260–264; vgl. unten S. 269f.) bemüht:

> Wie für Paul Alverdes als den Dichter des »Kilian«, der »Pfeiferstube«, des »Reinhold« Gut und Bös, Leid und Jubel in verwirrender Nähe beisammenliegen, so im Grunde genommen auch für Georg Britting. Die Rollen zu vertauschen, daß die Toten lachen und die Lebenden heulen, die Toten den Glanz und die Lebenden die Mühe haben, das ist ihm, Britting, durch und durch eigen. Wenn jedoch Alverdes die Gegensätze ineinanderspielt, bis jedes Ding im andern und alles Lebende und alles Tote in einem göttlichen Ur-Grund beruhigt erscheint, wenn er also in Übergängen von oft ergreifender Schönheit und Verklärung malt, dann reißt Georg Britting die Gegensätze bis zur Unerträglichkeit auf, setzt die Farben grell und spukhaft nebeneinander, daß sie sich anschreien und aufheben, überspannt, um ein anderes Bild zu gebrauchen, den Bogen, bis er bricht. Er soll brechen, die Gegensätze sollen sich unmöglich machen, einer den andern: das ist seine, Brittings, Art zu befriedigen und zu erlösen. Dem Humor oder vielmehr der tragisch-heiteren Fassung von Alverdes steht bei Britting Ironie oder vielmehr tragisch-heitere Übersteigerung der Welt gegenüber. Kaum weil Britting derber, herzhafter, männlicher wäre, vielleicht ist er, dem Dissonanzen nicht blechern und hölzern genug, meint man, aufkreischen können, sogar der Empfindsamere, vom Leben härter Berührte und Erschreckte, aber sein Weltbild und seine Weltbildnerei sind von anderer Beschaffenheit, als suche er, und er sucht ja wohl auch auf anderem Wege, die gleiche, endliche Ruhe in Gott.

Der jüngere Curt Hohoff zeigt sich hingegen in einem von B. geförderten Essay (Über Georg Britting, in: Das Innere Reich 2, 1935, S. 507–517) über die internationale Wendung zu einer konservativen ›klassischen Moderne‹ informiert; für ihn ist B. »Nur-Künstler« (S. 508), dessen Werk vom »Zurücktreten des Ich« geprägt (ebd.) »nirgends ein Wollen, ein Sollen, eine Absicht oder eine Tendenz« (S. 507) verrät:

> Wenn es auch überflüssig erscheinen mag, so ist es in der Tat äußerst nützlich, gleich zu Anfang darauf hinzuweisen, daß hier nicht die menschliche, sondern lediglich die dichterische, künstlerische Persön-

lichkeit Brittings behandelt werden soll; der Leser wird kein Wort über das Leben Georg Brittings erfahren, sondern nur einiges über seine Dichtung, insofern nämlich hier beabsichtigt ist, aus den Gedichten, den Novellen, dem einzigen »Roman« einige Erkenntnisse über gewisse Grundantriebe des Künstlers Britting zu finden und aus diesen wieder die Dichtungen zu deuten und erklären. Das Geschaffene soll also aus dem verstanden werden, was seinerseits erst aus dem Geschaffenen heraus verstanden werden kann. [...] Aufs Ganze gesehen, scheinen sich in der Kunst Georg Brittings der Dichtung ganz neue Möglichkeiten zu erschließen, es ist der Aufbruch einer ganz wesenhaft neuen Art, Wirklichkeit zu verdichten, Dinge auszudrücken, Natur zu geben. Britting ist es weitgehend gelungen in seiner Dichtung, der vielfach in Formen der Vergangenheit lebenden Dichtkunst unserer Tage zu entkommen und vielleicht Wegweiser zu neuen Mitteln und Zielen zu sein und damit den neuen Zeitstil auch in der Dichtung zu begründen.

Nietzscheanisch heroisierend und auch damit nicht fern von Meinungen B.s und seines Kreises (vgl. unten S. 287, außerdem auf S. 278f.) führt Hohoff 1939 diese Deutungslinie in seinem Essay *Der Dichter und das Gefühl* (ausgehend von der Sammlung *Der Schneckenweg*, vgl. Bd. III, 2, S. 491) fort. »Georg Britting«, so kontrastiert er dessen Schaffen einer »bürgerliche[n] Empfindsamkeit«, »schmecken die Dinge so wie sie wirklich sind.« Jene aber gründe »auf der falschen Annahme [...], das Holde sei rührend, das Zarte mitleidswert und das Wilde sei zu verdammen«:

Dieser Aberglaube beherrscht unser Schrifttum bis zu seinen stärksten Vertretern; gesundes Empfinden ist von Kräften gebracht, und der Dichtung haftet ein fader Geschmack verweichlichter Gefühle und verdrehter Moral an. Dichtung ist nicht Gefühlskundgabe, sondern Formung, aber soweit kommen die meisten heute nicht. Kleist durchbohrte den wattigen Panzer der Rührung und Stifter erhob sich darüber durch sein erstaunliches Zartgefühl, aber schon Keller verfing sich oft und Rilke trieb Kult damit. Die »edlen« Schriftsteller verderben gründlich den Geschmack des Volkes, das für seinen Teil das Bürgertum überwunden hat und ein neues, hartes und darum wahres Verhältnis zur Wirklichkeit bekommt. [...] Denn die Wirklichkeit enthält nie »Moral« in sich, sondern gewisse im Sein liegende Gesetze, denen alles folgt, die unverletzlich sind, an denen sich, da sie von metaphysischer Geltung sind, Schuld und Ausgleich entzünden. [...] Brittings Moral aber ist in der berichteten Welt mitgegeben, so wie Stifter von dem unausweichlichen »sanften Gesetz« redet.

Fortgeführt wird nicht diese, sondern Hohoffs ästhetisierende Variante, die sich – verstärkt etwa durch den wichtigen, wiederum von B. geförderten Aufsatz von Lily Gädke über den ›bildzeigenden Lyriker‹ (vgl. Almanach, S. 73–79; 118), dann auch durch erste werkimmanente Forschungsbeiträge – nach 1945 durchsetzen wird. Vorerst zeigt allerdings eine weitere Bemerkung Hanns Brauns, wie in den dreißiger Jahren B.s Texte auszulegen waren:

> Poesie ist zuzeiten verstanden worden als etwas Ätherisch-Schwebendes, das behütet werden müsse vom Anhauch dieser Erdenwelt – solches Davonfliegen und meiden ist nicht Brittings Weg, sondern ein hartnäckiges Dableiben und Ergreifen, ein Wahr-haben-wollen dieser verwunderlichen Erde [...] Freilich, einen Heimatdichter wird man Britting nie heißen; diesem Rang ist er durch ein Mehr an Gnade entrückt und unheimlig ist, wer Dunkles anrührt.

Entspricht die Einschränkung gewiß B.s eigenem Wunsch (vgl. Bd. I, S. 611), so wird die Betonung landschaftlicher Bindung zu einem Gemeinplatz der Rezeption. Mit der *Kleinen Welt am Strom* hatte sich B. als der »neue bayrische Erzähler« – so die *Vossische Zeitung* (Bd. III, 2, S. 444) – bekannt gemacht: »Welche Kraft ruht doch in den deutschen Landschaften!«, pries Bruno Brehm, ein »Dichter« von »sudetendeutsche[m] Wesen« (Nadler, S. 506), dieses Büchlein B.s:

> Und wie wundersam berührt es einen, wenn ein Bajuvare, einer aus jenem Stamme, der so lange im Schatten stehend geschwiegen hat, während alle anderen deutschen Stämme sprachen, nun einmal das Wort ergreift. Da werden die Jahrhunderte zu einem Tage, der erst gestern hinter den Vorbergen versunken ist und sich heute wieder in dem Lichte seines neuen Anbruchs erhebt.

(Die literarische Welt, Nr. 24, 16. 6. 1933, S. 5; vgl. Bd. III, 2, S. 444)

Rolf Meckler erklärte 1933 in einem Werküberblick *Dichter der Nation. Georg Britting* (Zeitungsausschnitt; Bayerisches Hauptstaatsarchiv, Sammlung Rehse; wiederholt als: Junge deutsche Dichtung, in: Kritische Gänge. Literaturblatt der Berliner Börsen-Zeitung, Nr. 13, 1. 4. 1934):

> Die gegenwärtige Zeit wird erneut der alten Wahrheit inne, daß durch die landschaftliche Eigenart Charakter und Wesen aller künstlerischen Schöpfung entscheidend bestimmt wird.

Daher sei B. »durchaus süddeutsch und verrät in seiner Sonderlichkeit schon auf den ersten Blick die bayrische Herkunft«:

> Das bewegte Barock, das sich in allen Dingen äußert und das seinen natürlichen Reiz gewinnt durch die unnachahmliche musikalische und malerische Plastik, spricht in Brittings Werk eine überaus lebendige Sprache.
>
> Britting zählt nicht zu den Dichtern, die sich mit anmaßlicher Eitelkeit in Szene zu setzen wissen. So zu handeln, erschiene ihm verächtlich angesichts der künstlerischen und menschlichen Bedeutung seines Werkes. Ein Berufener, wie nur wenige andere, vertraut er in ruhiger

Bescheidenheit denen, die ihn suchen um seiner wirklichen Werte willen und die zu glauben vermögen an die immer reifere und vollkommenere Entfaltung seiner ungewöhnlichen dichterischen Begabung. Barthel nähert das Stereotyp weiter den völkischen Werten an – also der Verachtung des ›Ästhetentums‹, dem ›bluthaft‹ Unbewußten, Sinnlichen: Immer quält und beseligt ihn die Allgegenwart der Dinge, und alle Dinge und Menschen, sind ihm recht, so wie sie sind. Idealisieren ist nicht seines Wesens. Lieber macht er sie noch um ein weniges dicker, fäuler, langsamer, unentschlossener wie jenen Hamlet, oder unflätiger, viehischer wie den einfältigen Hirten Hoi. Sind die Dinge und Menschen bloß und irdisch – allzu irdisch nicht doch auch schön oder wenigstens stark, daß sie ein Herz bestechen können? In Bayern frohlockte das Barock, das formsprengende, übermütige, ganz gewiß dem Leben mit tausendfacher Bereitschaft zugewandte. In allen Werken Brittings schwelgt eine barocke Macht sich hinzugeben, zu bilden, Gegensätzliches herauszutreiben. (Barock nennen wir gemeinhin, was die Augen der Ästheten beleidigt). »Aber da kommt nun doch ein Käfer, rennt eilig, mit vielen Beinen, und mit was für Beinen, mit vielen eifrigen Zitterbeinen, mit einem Büffelkopf, mit einem dicken Büffelkopf!« Britting ist ein Barbar, ein Anfänger im guten Sinne, einer, der wie jeder von uns Grammatik lernte, der auch weiß, was Subjekt, Objekt und Prädikat ist, der sich aber dennoch kein Deutsch in einer krausen Freude und Dichtigkeit, ohne sich um das übliche zu bekümmern, vom Munde wegredet. Beiläufig also Blut gegen Geist. Irgendwie gewiß.

»Ihre Liebe zum Barock«, so wird B. am 7. 8. 1946 ironisch an Georg Jung schreiben, »habe ich schon gespürt«: »Ich bin öfter als mir lieb war barock genannt worden. Das gibt so ein bequemes Schlagwort ab. Übrigens bin ich es ziemlich.«

Die »Barockisierung des Expressionistischen aus süddeutschem Vermögen« (Bode, S. 49), die kulturkonservative Entdeckung des Barock im Kreis Hofmannsthals, dem auch der frühe Richard Billinger zuzuordnen ist, wurde in der Rezeption der dreißiger Jahre nicht mehr kulturhistorisch erörtert, sondern entweder stammesgeschichtlich oder stiltypologisch gedeutet. Um eine am Stil orientierte Deutung geht es wiederum Hohoff, der das ›Barocke‹ und das ›Bayerische‹, einen »gesunden Realismus, ähnlich wie [bei] Stifter«, schließlich in einem »Stil seelischer Kühle« aufgehoben findet (Hohoff S. 515). Vor allem aber ist in dem Essay *Bayrisches Sprachbarock. Ein stilistischer Versuch statt einer Buchbesprechung* (Das literarische Echo, 44, 1941, S. 111–113) von Wilhelm Emanuel Süskind (1901–1970) der Rezeptionstopos des ›Barocken‹ stilkritisch pointiert, zugleich mit einer Spitze gegen »die geistreiche, aber zu rasch zum

System geronnene literaturwissenschaftliche Methode, die sich auf die stammhafte Zugehörigkeit der Dichter stützt« (S. 111). Süskind, 1933 bis 1943 Herausgeber der Zeitschrift *Die Literatur,* dann bei der *Krakauer Zeitung* für die Literaturkritik zuständig, seit 1949 leitender Redakteur der *Süddeutschen Zeitung,* gehörte zum Starnberger Kreis um Binding (vgl. unten S. 295ff., außerdem die Polemik von Kurt Ziesel, Das verlorene Gewissen, München: J. F. Lehmanns Verlag 1958, S. 71ff.) und damit zu B.s Bekanntenkreis. Anläßlich des Erzählungsbandes *Der Schneckenweg* macht er bei B. auf »Stammeseigentümlichkeiten seines Stils« (S. 111) aufmerksam, »das durch und durch Albayrische in seiner Sprache, seiner Komposition, seiner Weltsicht« (ebd.). B. habe freilich, so erklärt Süskind in einer graziösen Wendung, »gar nichts bewußt Bayrisches«:

Er erzählt Geschichten, meist recht grausame, ungezähmte Seelen- und Körperkatastrophen, wie sie sich unter Menschen von starken Leidenschaften überall auf der Welt zutragen. Seine Umwelt mag häufig bayrisch sein; aber seine Welt ist weder bayrisch noch überhaupt der menschlichen Gesellschaft eingeordnet: sie ist kreatürlich naturhaft [...]. Auf Herz und Nieren gefragt, würde Britting sich nie als einen bayrischen Dichter bezeichnen, sondern als einen Mann, der halt seine Geschichten und Gedichte aufschreibt. In die Sprache übersetzt, in der man von sich selber nicht reden kann: als einen deutschen Dichter. (Süskind, S. 112)

In dem Geburtstagsartikel *Georg Britting. Fünfzig Jahre* (Münchner Mosaik, 4, 1941, S. 64–65, hier S. 64) replizierte dann B.s Freund aus Regensburger Tagen Hermann Seyboth:

Gelehrte haben Britting einen Wiederentdecker des bayerischen Barock in der Dichtung genannt. Es ist fraglich, ob Britting das Barock wiedererweckt hat. Uns dünkt es, als ob es sich umgekehrt verhalte. Was barock in Bayern war und noch ist, das ist sein Lebensgefühl, und das hat kein Ende gefunden wie der Barockstil selber. Das Lebensgefühl ist geblieben. Er ist sehr bayerisch, dieser Dichter Georg Britting, und sehr bayerisch ist das, was er geschaffen hat. Wäre er aber nur bayerisch, nun, dann hätte unser Landstrich einen Heimatdichter mehr, der sich von den anderen nur dadurch unterscheidet, daß er hochdeutsch schreibt. Er ist ein deutscher Dichter!

In extremer Konsequenz des stammesgeschichtlichen Ansatzes nahm Karl Winkler in seine *Literaturgeschichte des oberpfälzisch-egerländischen Stammes* B.s Erzählung *Fischfrevel an der Donau* (2. Bd.: Nordgaulesebuch, Kallmünz: Laßleben 1940, S. 150–157) und die Gedichte *Die kleine Welt in Bayern, Laubfall, Die Sonnenblume, Nacht der Erinnerung* (S. 125–127), sowie *Der Strom, Abend an der Donau* (S. 142f.) und *Grüne Donauebene* (S. 145) auf (vgl. in Band I seines Werkes S. 354–357).

Insgesamt verlief die Kanonisierung von B.s Werk in den Literaturgeschichten der dreißiger und beginnenden vierziger Jahre nur zögernd und uneinheitlich, dabei die im aktuellen Literaturgespräch skizzierten Linien vergröbernd.

In den Literaturgeschichten der Jahre um 1930 wurde noch nicht auf B. hingewiesen; auch in *Werden und Wandlung. Eine Geschichte der deutschen Literatur von 1880 bis heute* (Berlin: Kurt Wolff 1933) von Guido K. Brand, immerhin einer der Rezensenten des *Verlachten Hiob* (vgl. Bd. I, S. 626), ist nicht einmal sein Name genannt.

Daß sich danach die dezidiert ›völkischen‹ Literarhistoriker in ihrem Urteil über B. keineswegs einig zeigten, verwundert nicht. In einer Sammlung wie der vom »Hochschulprofessor Dr. Heinz Kindermann« 1933 bei Reclam herausgegebenen *Des deutschen Dichters Sendung in der Gegenwart* finden sich Beiträge von Paul Alverdes, Richard Billinger, Edwin Erich Dwinger, Paul Ernst, Hans Grimm, Erwin Guido Kolbenheyer, Rudolf Alexander Schröder, Ernst Wiechert, Franz Schauwecker, die zwar zu B.s literarischem und persönlichem Umfeld gehören; doch war einerseits sein Unwille gegenüber politischen Bekenntnissen von ›Dichtern‹ wohl genügend strikt, seine Stellung andererseits wohl nicht repräsentativ genug, als daß es – mit einer Ausnahme (vgl. unten S. 363ff.) – zu solchen staatskonformen Deklarationen gekommen wäre. Jedenfalls ließ er sich aus der Sicht der Historiker der Gegenwartsliteratur vor allem anfangs den ›volkhaften‹ Autoren der Zeit, die gegen die ›Zivilisationsliteraten‹ der vergangenen Republik ausgespielt wurden, nicht ohne weiteres zuordnen. Zum engeren Kreis der wirklich kanonischen Autoren zählt er ohnedies nur den wenigsten: Hellmuth Langenbucher, dem Verlag B.s verbunden (vgl. Lokatis, S. 23), geht auf B. in seinem Abriß *Volkhafte Dichtung der Zeit* (2. erw. Aufl.; Berlin: Junker & Dünnhaupt 1937) noch nicht ein, nennt lediglich im Literaturverzeichnis die Bände *Die kleine Welt am Strom, Der irdische Tag* und *Das treue Eheweib*, bezeichnenderweise aber nicht den *Hamlet*-Roman (S. 185, 187). Auch Adolf Bartels (*Geschichte der deutschen Literatur*, 16. Aufl., Berlin u.a.: Westermann 1937, S. 749f.) schätzte B. nicht sonderlich (vgl. Bd. III, 2, S. 443): Er nennt ihn nur beiläufig einmal, weist dabei auch auf die Werke aus den zwanziger Jahren hin, übergeht aber ebenfalls den *Hamlet*-Roman; »an die Spitze der süddeutschen Dichter« stellt er hingegen Paul Berglar Schröer und Otto Gmelin. Ähnlich ist das Urteil von Franz Koch in der *Geschichte der deutschen Dichtung* (7. Aufl., Hamburg: Hanseatische Verlagsanstalt 1942): B. erscheint hier als Schriftsteller, »der [...] die Kunst der Erzählung pflegt, dazwischen schöne Geschichtsbände stellt« (S. 353; S. 277 beiläufiges Lob des *Hamlet*). Paul Fechter schließlich erwähnt in seiner *Geschichte der deutschen Literatur. Von den Anfängen bis zur Gegenwart* (Berlin: Knaur

1941) wohl die beiden ersten Herausgeber der Zeitschrift *Das Innere Reich*, Paul Alverdes und Karl Benno von Mechow, nicht aber den wichtigsten Autor der Zeitschrift, B. (vgl. ebd. S. 750).

Gelegentlich allerdings wird B. doch stärker beachtet, so in dem Band *Die deutsche Dichtung seit dem Weltkrieg. Von Paul Ernst bis Hans Baumann* (2. erg. Aufl., Karlsbad u. Leipzig: Adam Kraft o.J. [um 1939], S. 149f.) von Norbert Langer, der auch in *Der Greif. Ein Jahrweiser des guten Buches* 1938 B.s Gedicht *Mondnacht auf dem Turm* (oben S. 182) würdigte (S. 28), weiter in Langenbuchers erweiterter Literaturgeschichte *Volkhafte Dichtung der Zeit* (3. Aufl., Berlin: Junkers u. Dünnhaupt o. J., S. 217f.), und vor allem in Arno Mulots *Die deutsche Dichtung unserer Zeit* (2. erg. Aufl., Stuttgart: Metzler 1944, S. 399f., 431, 456ff.). Hier wird die »zuchtvolle Unerbittlichkeit und blutvolle Kraft seiner dichten Wortkunst« hervorgehoben (S. 431 zum Band *Das treue Eheweib*); Mulot lobt »die herrische Formkraft des Dichters«, die »in den besten Gedichten die Eindrücke zu einem rhythmusstarken Ganzen« balle (S. 457), und resümiert:

[B.] hat die mildernden und sänftigenden, traditionellen Geistlösungen abgewiesen und sich entschlossen dem in seiner Größe und Schönheit zugleich unheimlich-geheimnisvollen Naturleben entgegengeworfen. Er hat dabei auch dem Grauen und der Todeswollust der tierdumpfen Urwelt seinen reichen Tribut bezahlt, aber immer wieder in liebendem Ungestüm das Ganze der Schöpfung bejaht, der unbändigen, ungebändigten Gefahr zum Trotz seine bauernbunte Bilderwelt aufgebaut und aus den tausend im warmen Lichte um uns stehenden Dingen der sonnenüberflammten Landschaft die Schönheit des Kosmos emporgezaubert.

(Ebd.)

Ebenfalls vorgestellt wurde B. in Josef Nadlers ›stammesgeschichtlicher‹ *Literaturgeschichte des deutschen Volkes. 4. Band: Reich* (Berlin: Propyläen 1941, S. 239) – und zwar als eine ›Verheißung‹ neben Hans Carossa. Charakteristisch für eine Rezeption im Umkreis ›völkischer‹ oder auch konservativ-nationaler Literaturwissenschaft ist dabei der Rückverweis auf das ›Fronterlebnis‹, und zwar mit eben jenen Stereotypen, die B. selbst in seinem Lebenslauf Anfang der dreißiger Jahre fixiert hatte; so heißt es bei Nadler: »Als Kriegsfreiwilliger und durch den Schützengraben einem neuen Deutschland verschworen, von dem bairischen Stil Ludwig Thomas in die Schule genommen, hat der Dichter seinem Soldatenerlebnis und der bairischen Volksnatur einen sehr lebensechten Ausdruck gesucht.« Ähnlich verfuhr Franz Lennartz in seinem besonders einläßlichen Überblick über B.s Werk von den Anfängen – etwa den frühen Komödien – bis Ende der dreißiger Jahre; auch er übernimmt B.s selbstverfaßten und stilisierten Lebenslauf und fügte eine Äußerung des Autors aus biographischen Angaben, die B. im Anhang der Anthologie *Rufe in das Reich* (vgl. Anm. zu S. 26) drucken ließ, wörtlich hinzu: »Wer vier Jahre Schützengrabengemeinschaft erfuhr und erlebte, der konnte hinfort nichts anderes mehr sein als national und sozial zugleich« (Lennartz, S. 62ff., hier S. 63). Wenn auch nach solcher gelegentlichen Anbiederung B.s noch mehrfach Versuche unternommen werden, ihn für eine ›völkisch-heroische‹ Literaturgeschichte zu reklamieren, so dokumentieren die literarhistorischen Stellungnahmen und Bewertungen insgesamt, kaum anders als das publizistische Echo, die Schwierigkeiten im Umgang mit B.s Schaffen. Denn letztlich ließ sich dieses Werk eben nicht in jene »volkhafte Dichtung« einpassen, »die im Werk eines Paul Ernst und Emil Strauß, eines Hermann Stehr und Wilhelm Schäfer, eines Kolbenheyer und Hans Grimm und all der anderen [...] etwa von 1925 ab immer mehr zu einem festen Block zusammengewachsen ist« (Hellmuth Langenbucher: Literaturwissenschaft und Gegenwartsdichtung, in: Einsamkeit und Gemeinschaft. Zehn Vorträge der 5. Arbeitstagung des Amtes Schrifttumspflege beim Beauftragten des Führers für die gesamte geistige und weltanschauliche Erziehung der N.S.D.A.P., hg. v. Hans Hagemeyer, Stuttgart: Engelhorns Nachf. Adolf Spemann 1939, S. 64–84, hier S. 77).

So begegnen Werke B.s denn auch relativ selten in den empfehlenden Bücherverzeichnissen von Bibliotheken und Büchereien. Symptomatisch, zumindest für die Phase der fortgeschrittenen ›Gleichschaltung‹ auch auf diesem Sektor, ist ihr Fehlen in einem Verzeichnis wie *Volk im Buch. Lebendige Dichtung aus Vergangenheit und Gegenwart. Ein besprechendes Bücherverzeichnis* (herausgegeben von der Zentrale für Nordmarkbüchereien und der Städtischen Öffentlichen Bücherei Flensburg, o.J. [um 1938], das u.a. Paul Alverdes, Stefan Andres, Werner Bergengruen, Friedrich Bischoff, Hans Caroassa und Horst Lange aufführt, oder auch in dem repräsentativen literaturpädagogischen Werk von Gustav Boyke *Erziehung durch das Schrifttum. Neue Wege der Jugendführung im Deutschunterricht* (Frankfurt a.M.: Moritz Diesterweg 1941; vgl. Bd. III, 2, S. 444 zu einer beiläufigen Empfehlung). Lediglich das 1933 von Karl Kerber ebenfalls bei Diesterweg herausgegebene Bändchen *Wir bekennen. Deutscher Dichterglaube* nimmt in die Abteilung »Neue Gläubigkeit« B.s Gedicht *Die kleine Welt in Bayern* als einen Beleg für das »Erstarken volk- und heimatverbundener Frömmigkeit« auf (S. 10).

5. ›Dichtung‹ und Politik

Über B.s Selbstbild als ›Dichter‹, der sich nicht wie der ›Schriftsteller‹ dem Dienst am Tagesinteresse verschreibt (vgl. Bd. I, S. 614), gibt in diesen Jahren der Bericht über ein Interview Auskunft, der im Umfeld von B.s Münchner Lesung 1937 erschien; obgleich in Niveau und Diktion dieser Positionsbestimmung die Authentizität zweifelhaft sein muß, entspricht doch der Gehalt den raren und verstreuten sonstigen Aussagen B.s:

»Staub wird Glanz«
Gespräch mit dem Dichter Georg Britting
Von Hans Kofer

Der Münchener Dichter Georg Britting liest heute, Mittwoch, 20.15 Uhr, in der Großen Aula der Universität, im Rahmen eines Dichterabends der Gaustudentenführung München-Oberbayern der NSDAP.

»Was ich in der nächsten Zeit schreiben werde? Was ich vorhabe? Ich glaube, Sie würden ein ganz falsches Bild von meinem Schaffen gewinnen, wenn ich Ihnen verschiedene Pläne aufzählen würde, die noch unklar in mir aufschweben. Wohl trage ich solche ständig mit mir herum. Ein neuer Roman steht in Umrissen vor mir; ich höre dieses und jenes Lied im Innern, dem ich vielleicht nachgehen werde – vielleicht. Aber es war niemals in meinem Schaffen so, daß ich sagte, ich werde mich jetzt an diesen Stoff heranmachen, weil er mir zu liegen scheint oder man überhaupt etwas daraus machen könnte. Manches ist mir schon vorgeschwebt, aber die Umrisse erstarrten wieder, sie standen noch eine Zeitlang wie Skelette in der Erinnerung, keine glückliche Stunde kam, die ihnen Leben eingehaucht hätte, und sie verblaßten und versanken wieder, wie sie aufgetaucht waren. Die Ideen anderer Werke, von denen ich heute noch nicht glaubte, daß ich sie jemals schreiben würde, kamen schon morgen über mich, und die Dichtung strömte in einer Überfülle, daß die Seele vor Lust und Überraschungen tanzte. Ich lasse wachsen, was wächst, und fallen, was wieder fällt. Es sind keine Vorsätze, die mich leiten, mein Schaffen ist nur die beseligende Hingabe an die Gnade der Stunde, wenn diese über mich kommt.«

Das war die Antwort Georg Brittings auf meine Frage, welche Pläne er zur Zeit in sich trage, eine Antwort, die den Zuhörer beglücken mußte, denn sie war ihm eine Bestätigung seiner Eindrücke aus den Werken des Dichters, daß dieser, von keinem falschen Ehrgeiz getrieben, nur der reinen Stimme des Dichtertums in sich Gehör schenkt.

»Dennoch kann ich nicht glauben, daß Sie sich lediglich der Inspiration hingeben«, sagte ich. »Ihre Werke machen mir zu sehr den Eindruck einer sehr guten Selbstkritik. Ich denke dabei an ein Wort Nietzsches: Auch das Genie schafft ständig neben Genialem Mittelmäßiges und sogar ganz Schlechtes nebeneinander, und es kommt nur darauf an, daß es selbst bereits scharf zu scheiden weiß, um der Mitwelt nur das Höchste des Menschengeistes zu bieten.«

»Dieses Ringen bleibt allerdings keinem Dichter erspart, auch wenn er sich nur seinen besten Stunden hingibt. Da muß ich Ihnen eine Anekdote über Hermann Hesse erzählen. Er trifft mittags mit einem Bankdirektor zusammen, und der fragt ihn: ›Nun, Herr Hesse, haben Sie heute vormittag tüchtig geschafft?‹ ›Jawohl‹, sagte der Dichter, ich habe einen Satz geschrieben.‹ Am Abend fragte der Bankdirektor wieder: ›Nun, haben Sie heute nachmittag mehr getan‹ ›Jawohl‹, erwiderte Hesse, ›ich habe den Satz wieder durchgestrichen.‹ Das ist in etwas übertriebener Form die Darstellung eines Vorganges, den der Außenstehende dichterisches Ringen nennt, ohne sich dabei etwas vorzustellen. Jeder Dichter hat in sich das Bild von der letzten Höhe der Dichtung, zu der er fähig ist, und er vernichtet – wo er es ganz ernst mit der Kunst meint – alles wieder, was nicht bis dort hinauf reicht. Je reifer er ist, desto höher wird das Ziel und desto schwerer das Ringen. Wer so nur der Kunst lebt, muß sich oft fragen lassen, warum er denn nicht schon mehr geschrieben hat, was doch andere auch fertiggebracht haben. Auch ich bin schon so gefragt worden. Von meinem Geburtsjahr 1891 (Britting wurde am 17. Februar 1891 in Regensburg auf einer Donauinsel als Sohn eines städtischen Beamten geboren) bis auf den heutigen Tag sind schon über 46 Jahre vergangen, davon entfallen etwa 16 Jahre auf literarisches Schaffen. Seit 1920 lebe ich in München als freier Schriftsteller. Aber ich habe in dieser Zeit verhältnismäßig wenig Bücher auf den Markt gebracht, obwohl ich freier Schriftsteller bin und meine Zeit ganz für mich habe. Die harte Auslese dessen, was ich schreibe, begann ich schon von allem Anfang. Nicht nur, daß ich mich allein den wirklich schöpferischen Stunden hingab, ich habe mich auch nicht gescheut, sehr viel zu verbrennen, was man im Anfang nicht gerne tut. Vor allem eine Reihe dramatischer Werke habe ich gleich wieder verworfen, bevor ich sie überhaupt einschickte. Nur einige Komödien kamen zur Aufführung. »Die Stubenfliege« wurde am Münchener, das Schauspiel »Paul und Bianca« am Dresdener Staatstheater zur Aufführung gebracht, und dann verbrannte ich wieder viel. Eine Auslese von Gedichten und Erzählungen ist mir geblieben. Hauptsächlich Gedichte schreibe ich in letzter Zeit sehr viel (Der Literaturpreis der Hauptstadt der Bewegung wurde Britting im Jahre 1935 hauptsächlich wegen seiner lyrischen Leistungen verliehen) – wenn ich aber ›sehr viel Gedichte‹ sage, so möchte ich nicht mißverstanden sein. Etwa alle vierzehn Tage oder drei Wochen schreibe ich eines. Nach dem, was ich Ihnen anfangs über mein Schaffen sagte, kann ich Ihnen den Titel eines Romans verraten, an dem ich arbeite. Er heißt ›Der brauende Nebel‹. Vorläufig ist er mir noch zu sehr ein wirklich brauender Nebel. Ich weiß nicht, welche Gestalt sich aus dem Chaos noch gebären wird.«

Wer wie Britting in jedem Werk um die letzte dichterische Höhe ringt, von dem dürfen wir einen Roman erwarten, über den das gleiche gelten wird, was der Präsident der Reichsschrifttumskammer, Hanns Johst, von Brittings Roman »Lebenslauf eine dicken Mannes, der Hamlet hieß«, schrieb: »Staub wird Glanz; und Bericht wird Märchen.«

(DLA, Zeitungsausschnitt-Sammlung)

Der Text belegt auch jene »Sicherung der Macht durch Duldung einer politikfreien Sphäre« (Schäfer, S. 174), wie sie bei der Einschätzung von Freiräumen, die den nichtnationalsozialistischen Autoren im Dritten Reich zugestanden waren, zu bedenken ist; Hanns Johst, von 1935 bis 1945 Präsident der Reichsschrifttumskammer, hatte schon im Jahr 1932 eine künftige Kulturpolitik des Nationalsozialismus umrissen (Johst: Kunst unter dem Nationalsozialismus, in: Was wir vom Nationalsozialismus erwarten, hg. v. Albrecht E. Günther, Heilbronn: Eugen Salzer 1932, S. 149–153), die eine vollständige Gleichschaltung vorerst nicht plante. Nach der Machtübernahme kam es denn auch keineswegs zu einer solchen totalen Ausrichtung der Kultur auf den nationalsozialistischen Staat. Zum einen nahmen die aufwendigen, auch von wirtschaftlichen Interessen bestimmten, von der Rücksicht auf das Ausland abgebremsten, von der wechselweisen Konkurrenz nationalsozialistischer Instanzen behinderten Maßnahmen zur kulturellen ›Gleichschaltung‹ geraume Zeit in Anspruch und waren organisatorisch nur allmählich zu bewältigen. Überdies aber sollten den Noch-nicht-Überzeugten einige umpolitische Freiräume eingeräumt bleiben, um ihnen die Integration in den nationalsozialistischen Staat annehmbar zu machen. Beargwöhnt werden die ›Individualisten‹, denen ein ausländischer Beobachter (Albert Bettex: Some Aspects of the Contemporary German Novel, in: GLL 1, 1936/37, S. 204–217, hier S. 210) B. zurechnet, allemal. Forciert aber wird die ›Gleichschaltung‹ der Kultur im Dritten Reich mit verschiedenen Repressionsmaßnahmen erst seit etwa 1937. Im Jahr 1938, das im Jahreslagebericht des Sicherheitsdienstes der SS als »ein Jahr der Entscheidung« für »die ältere Dichtergeneration« – also etwa Grimm und Kolbenheyer – erscheint, ist allerdings bei der »jungen Generation« überhaupt nur die Romandichtung von Interesse, »während die Lyrik fast ganz fehlt, obwohl auf ein lyrisches Werk gerade der nationale Buchpreis fiel: Die Lieder unbekannter österreichischer Hitlerjungen« (Meldungen aus dem Reich 1938–1945, hg. v. Heinz Boberach, Herrsching: Pawlak 1984, Bd. 2, S. 155).

Zu B.s politischer Haltung unter der nationalsozialistischen Herrschaft ist im Detail wenig überliefert. Jedenfalls müssen die spärlichen Zeugnisse im Rahmen der Kunstauffassung, die er mit seinen Freunden teilte, und des Alltagslebens seines Münchner Freundeskreises verstanden werden. Das Bewußtsein, einer geistigen Elite anzugehören, entfaltet sich hier zunächst in den seit Thomas Manns *Betrachtungen eines Unpolitischen* (vgl. Bd. I, S. 614–619) verbreiteten konservativen Denkfiguren. Dem gemeinsamen, politisch orientierenden Ordnungsdenken, das immer wieder gegen die republikanische ›Unordnung‹ ins Feld geführt worden war, widmete der von all diesen Autoren verehrte Rudolf G. Binding (vgl. unten S. 295ff.) einen Beitrag im *Inneren Reich* vom April 1934, *Über die Freiheit*:

> Du bist frei, wenn du dich einordnest – wenn du dich einbeziehst in eine Beziehung oder Ordnung, die du anerkennst. Anders gibt es gar keine Freiheit. Immer setzt Freiheit eine Ordnung oder Beziehung voraus. Die Freiheit ruht auf einer Basis, die aufs Festeste gesichert sein muß. [...] Nur unter der gleichen Ordnung gibt es Freie. Du bist nur mit Freien frei. Freiheit für dich heißt: Anerkennung der Freiheit der mit dir unter dem Himmel der Freiheit Lebenden.
>
> Die gewollte Einordnung ist die Grundlage und die Grundtatsache der Freiheit – ebensowohl im Staate wie für Geist und Seele.

Eine in den Krisenjahren der Republik traumatisch verstörte Liebe zu Deutschland als weitere grundlegende weltanschauliche Gemeinsamkeit formuliert Karl Benno von Mechow in einem Brief an Paul Alverdes am 15. Juli 1931, also in der ersten Zeit ihrer Freundschaft – im Rückblick auf eine »hochheilige Zusammenkunft« von Kulturschaffenden in Gera, die sich ihm als »eine beschämende Entblößung zwanzigfach individuell gefärbter Eitelkeit und Ichsucht« darstelle –

> zumal wenn ich an das Volk und Vaterland denke, das ja hin und wieder beschworen wurde. Vielleicht, so denke ich jetzt manchmal, hat nur eines gefehlt in diesem Kunterbunt von Zeitlosigkeit und Aktualität: Wie, wenn einer aufgestanden wäre und gesagt hätte: Das Volk, aus dem, für das wir sprechen – das Deutschland, worum es *uns* geht, nämlich dies immer geliebte Wunder aus Landschaft und Tiefe und unersetzlicher Erinnerung – über kurz oder lang existiert es vielleicht nicht mehr! Daran laßt uns denken! – [...] Ich gestehe, daß ich vom Gedanken an das, was uns bevorzustehen scheint, ganz gelähmt bin [...]. – Vorläufig habe ich gefunden, daß eine gewisse Gläubigkeit heute das Allerwichtigste, weil Allerseltenste ist [...]. Den Glauben hat heute eigentlich nur noch der Kommunist, ich stehe seinem Glauben entgegen und bin meiner ganz sicher darin, aber ich finde keine Gesellschaft. [...] Es scheint fast, die stärkste und unüberwindlichste Idee hat gegenwärtig nirgends Fleisch, oder aber wir sehen es nicht.

Erwin Guido Kolbenheyer ging in einer »Rede, gehalten an deutschen

Hochschulen im Frühjahr 1932« von der erschütternden »Zweifels-« und »Gewissensfrage« aus, die ihm wie sieben weiteren »Gelehrte[n] und Schriftsteller[n]« von der Münchner Studentenschaft vorgelegt worden sei: »Ist die deutsche Kultur am Ende?« (Kolbenheyer: Unser Befreiungskampf und die deutsche Dichtkunst, München: Albert Langen/Georg Müller 1932, S. 3). Ähnlich gestimmt begrüßten nicht wenige Autoren, die einer ›Konservativen Revolution‹ zuneigten, die nationalistische Wende in der Politik Anfang der dreißiger Jahre und auch die nationalsozialistische ›Machtergreifung‹, wenngleich sie stets für die ›Dichtung‹ jenen Freiraum des ›Unpolitischen‹ bewahren wollten; sie gerieten so alsbald in ein prekäres Verhältnis zur Herrschaft des Nationalsozialismus. Während von den Gästen an Rudolf G. Bindings »Freundestisch«, wo B. wie Alverdes regelmäßig verkehrten, der erfolgreiche Romanautor Edwin Erich Dwinger nach 1933 dem nationalsozialistischen Staat eifrig diente, frappiert etwa in Ludwig Barthels Werk gerade das »Nebeneinander von schöner Harmlosigkeit und plakativer Heroisierung der NS-Ideologie« (Segebrecht, S. 97); in dem Band *Vom Eigentum der Seele* (Jena: Eugen Diederichs) bekennt er 1941 zum Thema *Der Dichter in seiner Zeit* (S. 171):

Man will nicht Dichter seiner Zeit, seines Staates und seines Volkes werden, sondern man ist und wird das durch Geblüt und Erlebnis, wie etwa Geblüt und Erlebnis den Dichter der Landschaft oder der Liebe bestimmen. (...) Da sein Auftrag aber nicht nur Sterne und Meer, nicht nur die Geliebte und das Lob der kleinen Wunderbarkeiten von Gräsern oder Steinen umfassen kann, da aus dem Schicksal seines Volkes, aus seiner Heimsuchung wie aus seinem Triumphe genug Bitten und Befehle, erlaubte Befehle, an den Dichter ergehen können, hat er kein Recht, den Bereich seiner Erschütterungen und seiner Empfänglichkeit irgendwo beendet zu erklären, sondern er wird mindestens mit der gleichen Hingabe und Demut, womit er den Fischen und Wolken dient, auch dem Leben seines Volkes zu dienen haben.

B. gehörte jedenfalls um 1935, »als sich die Diktatur allmählich durch Erfolg konsolidierte« (Almanach, S. 116), zu jenen »konservativen Schriftstellern«, von denen es in einem »Deutschlandbericht« der verfolgten *Sozialdemokratischen Partei* heißt, daß sie sich trotz ihrer nationalen Hoffnungen letztlich mit dem Dritten Reich nicht identifizieren konnten, vielmehr den »Zwiespalt zwischen Ideologie und Realität [...] schmerzhaft deutlich« erfuhren und in »literarischen Zeitschriften und an anderen, der breiten Masse nicht sichtbaren Stellen« versuchten, »das System zu kritisieren« und »in verhüllter Form ihrer Lesergemeinde zu sagen, wie sie über Heldenkult, militärische Ideologie, Rassenfrage usw. denken« (Deutschlandberichte der SoPaDe. Zweiter Jahrgang 1935, o.O.: Verlag Petra Nettelbeck/Zweitausendeins 1980, S. 227f.). »Sie waren« freilich, wie es in der heutigen Diskussion etwas einseitig pointiert heißt, »nur geduldet. Eine Gefahr bedeuteten sie nicht. [...] Sie befriedigten den Eskapismus und das Bedürfnis nach Erbaulichkeit eines bürgerlichen Lesepublikums« (Reichel, S. 328). Ein Foto aus den dreißiger Jahren (Privatbesitz) zeigt, gleichsam diese zweideutige Stellung einer folgenlosen Opposition illustrierend, B. mit einigen Freunden bei der Verbrennung einer Hakenkreuzfahne.

Grundsätzlich jedenfalls widersprach eine Vereinnahmung der ›Dichtung‹ für politische Zwecke B.s Ethos (vgl. Bd. I, S. 614) wie dem der konservativen Avantgarde, die keinesfalls in völkischen Gruppierungen aufgeht, insgesamt. Das ›unpolitische Dichtertum‹ war für Oskar Loerke wie für Wilhelm Lehmann selbstverständlich; die *Kolonne* hatte es zu verteidigen gesucht; in einem für das *Innere Reich* übersetzten Beitrag von T.S. Eliot über *Demokratie und Dichtung* hieß es: »Künstler von gleichem künstlerischen Rang können politisch sehr verschiedener Meinung sein, und manche Künstler haben wohl auch überhaupt keine politischen Interessen.« (DIR 5, 1938/39, S. 641) Bei Alverdes hatte sich diese Auffassung in der revolutionären Nachkriegszeit gebildet (vgl. Expressionismus in Regensburg, S. 79), und sie wird von dem nationalsozialistischen Literaturkritiker Hellmuth Langenbucher 1937 im polemischen Referat gegen Alverdes genau benannt:

Hans Grimm hatte vor einiger Zeit Gelegenheit, seinen Standpunkt in einer Auseinandersetzung mit Paul Alverdes besonders scharf herauszustellen. Paul Alverdes äußerte die Ansicht, daß es »das Wesen aller echten Poesie wie aller echten Kunst« sei, daß sie »keinen Standpunkt besitze«. Paul Alverdes schreibt: »Wenn einer eine Geschichte erzählen will oder ein Gedicht machen, so wird er sich durch die Einsicht, daß er weder seiner Nation noch sonst irgendwem oder was damit unmittelbar weiterhelfe, von seinem Vorsatz nicht abbringen lassen.« Diesen Satz aussprechen heißt, die Auseinandersetzung über die Aufgabe des Dichters auf die Ebene des Spielerischen herabdrücken. Einer, der von uns heute als Dichter unseres Volkes ernst- und wichtiggenommen werden will, wird die Aufgabe des Dichters ganz anderswo sehen als da, wohin Alverdes sie mit seiner Auffassung schieben möchte. »Eine Geschichte erzählen oder ein Gedicht machen« ist noch keine Verrichtung, die einen Menschen zum Dichter macht, der von uns die Anerkennung seiner Berufung und seines geistigen Führungsauftrages fordert. Hans Grimm wendet sich gegen diese das dichterische Werk so gering wertende Auffassung, indem er mit Leidenschaft die politische Verpflichtung des Dichters beschwört. Hans Grimm sieht im Schicksal des deutschen Volkes den »größten und natürlichsten Gegenstand« der deutschen Dichtung. Hans Grimm schreibt: »Es wäre eine unerhörte

Verengung der Poesie, wenn das mühelosere Phantasiespiel ein künstlerisches Vorrecht haben sollte vor der gestalteten Realität.« Hans Grimm fordert den Blick auf das Ganze, da gerade die großen Wendungen im Einzelleben eines Menschen vom Geschick der Nation entscheidend bestimmt werden. Der Dichter gebe in seinen Werken, so will es Hans Grimm, »gestaltete Kunde vom wirklichen Sein der Nation«, nicht »irgendwelche Kleinode, sondern Volkswirklichkeit«. »Die aufgestapelten Schätze der deutschen Dichtung sind längst verwirrend reich, und also scheint mir, daß in unserer Gegenwart und für unsere Not die besondere Bedeutung des lebenden Dichters für sein Volk eben nicht darin bestehe, diesen Schatz um ein kleines und sei es auch um ein großes Kleinod zu vermehren. Sondern vor unserer Not ist für den Dichter die neue härtere Notwendigkeit einer von ihrem Gegenstande her neuen notwendigen Kunst entstanden.«

Dieses Hinaustreten aus dem Ich-Raum in den Volks-Raum wird von allen wesentlichen Dichtern unserer Zeit nicht nur bekenntnishaft gefordert, sondern als Wirklichkeit ihres Werkes auch in der Tat gegeben.

(Langenbucher, Volkhafte Dichtung der Zeit, 3. Aufl., Berlin: Junker u. Dünnhaupt 1937, S. 24f.)

Langenbucher bezeichnet Alverdes noch 1973 als »Ästhet« (Mallmann, S. 120).

Aus B.s Münchner Bekanntenkreis hatte schließlich auch Hans Brandenburg, wie Günter Eich in einer Polemik gegen Johannes R. Becher (vgl. oben S. 257), die Autonomie der ›Dichtung‹ schon im April 1925 in einer rhetorischen Frage bekräftigt: »Und wie können und sollen uns Stinnes [der Großindustrielle als Beispielfigur der Modernisierung und der Politisierung des Wirtschaftslebens], Kino und Radio daran hindern, durch unsere Zeit ebenso ins Zeitlose gestaltend vorzudringen« (zit. n. Becher, Werke Bd. 15, Berlin/DDR: Aufbau 1977, S. 706). Im Jahr 1937 ergänzt Brandenburg diese Absage an die Politik allerdings um einen Nationalismus der Kulturnation und versichert: »[...] die von uns keine Kämpfernaturen im äußeren Sinne waren, halfen doch gleichfalls das innere Vaterland retten und bewahren« (Brandenburg 1937, zit. n. Segebrecht S. 123). – In B.s engerem Kreis warf man Hitler – gemäß einem Deutungsschema, das B. angesichts der linken ›Literatenrevolution‹ im München von 1919 offenbar auch für das rechte Extrem des politischen Spektrums gültig schien – neben einer »Verwechslung der nationalen Gedanken mit den revolutionären« (Hohoff, S. 28) vor allem den Bohèmeradikalismus des ›Literaten‹ vor; es sei »wohl kein Zufall«, soll B. geäußert haben, »daß ein Unmensch wie Hitler sich für einen Künstler hält. Sehen Sie nach Schwabing, da laufen immer noch einhundert von der gleichen Sorte herum« (ebd. S. 28). Erst in seinem Erinnerungsbuch macht Hohoff die Grenzen und die Manipulierbarkeit dieser ›unpolitischen‹ Haltung des ›Dichters‹ kenntlich:

> In Wirklichkeit waren heute weder Fotografie und Mode, noch die Klassiker der Literatur und Theologie wichtig, sondern die Politik. Das politische Zeitalter war angebrochen! Der *politische Mensch*, konnte man täglich in den Zeitungen lesen und im Radio hören, sei das höchste Exemplar der Gattung. Wir hatten, in diesem Punkt, das Bewußtsein eines Schmetterlings im Kokon, der noch nicht weiß, ob er fliegen wird. Wir waren jung und leichtfertig. An schönen Wochenenden fuhren wir mit der Maschine nach Passau, zum Bodensee, nach Bamberg und Erlangen. Wir sahen uns Kirchen und Klöster an und bekamen das Empfinden von der Überlegenheit des Südens in seinen Bauwerken auf religiöser Grundlage, und daß das *Reich* der Deutschen hier unten lebendig geblieben sei.
>
> (Hohoff, S. 225)

Diesem unbefragten Nationalismus ist auch die entscheidende Ambivalenz in B.s Lebensrolle geschuldet, die in dem seit dem 18. Jahrhundert problematischen Verhältnis von ›Dichter‹ und Held beide Positionen aktualisiert nebeneinander bewahrt; während seine Texte – wie gerade der 1932 erschienene *Hamlet*-Roman (vgl. Bd. III, 1, bes. S. 266–277, zur Fehlrezeption der Zeitgenossen, sowie in Bd. III, 2, S. 458 Hausensteins Deutung des ›Kriegserlebnisses‹ und seiner Verarbeitung bei B., schließlich Bd. I, S. 619) – eher von einer tiefen Verstörung durch den Krieg zeugen, hebt er in selbstverfaßten Lebensläufen für Anthologien und Almanache (wohl erstmals in: Das Jahrbuch der deutschen Dichtung 1932, hg. vom Verein Raabe-Stiftung München, S. 38; vgl. oben S. 277) stets das prägende Fronterlebnis hervor und stellt sich damit in die Reihe der im Langen-Müller Verlag versammelten »Männer aus dem Kriege« (so die Verlagswerbung; zit. n. Meyer, S. 173), wie sie neben der ›jungen Mannschaft‹ auch in der nationalsozialistischen Literaturgeschichtsschreibung zum Vorbild erhoben werden.

In Notizen seines unveröffentlichten Tagebuches behauptet Eugen Roth nach einem Gespräch im ersten Kriegsjahr 1939, daß B. »immer wieder das Phänomen Krieg oder vielmehr das Phänomen Front mit der schlechten oder ungerechten Politik [verwechselte], die ohne letzte Not den Ausweg des Krieges ergreift. Freilich«, so hält Roth die Ratlosigkeit dieses national gesinnten Schriftstellerkreises angesichts nationalsozialistischer Kriegspolitik fest: »Welche Kriege der Weltgeschichte sind ›gut‹, welche ›schlecht‹,« Die Notiz fährt, zunächst mit einer Ergänzung auf der Rückseite, fort:

> Br. erklärte immer wieder, die ganze große Dichtung sei erfüllt vom

Ruhm des Krieges. Das ist aber nur bedingt richtig. Sie ist voll vom Ruhm der männlichen Taten. Aber ist ein Goya nicht auch wahr? Und ein Barbusse? Freilich mit [...] *Rem[arque] oder gar Feuchtwanger,* mit den Kriegshassern und Bürgerkriegspredigern der Kommunisten wollen wir nichts zu tun haben.

»Jeder Soldat ist ein Mörder«? die uralte Frage. Natürlich von beiden verneint. Der Deutsche hat das Recht und die Pflicht, die Versenkung eines englischen Kriegsschiffes nicht mit dem Mitleid mit den Ertrunkenen zu beantworten. Das Mitleid kann er an sich natürlich haben. Aber es darf nicht Ausschlag geben.

Krieg als Erlebnis. Es stimmt natürlich: Was mich nicht tötet, macht mich stärker. Keiner möchte das Erlebnis des Krieges missen.

Ernst P. ist der einzige von uns Älteren, der wirklich das Grauen sieht. Er spürt aber auch den Wahnsinn.

Berichte über die Verhältnisse in Polen. Es muß grauenhaft dort sein.

B.: Hat zum Beispiel mit den Indern kein Mitleid. Er sagt, wenn sie sich nicht wehren, geschieht ihnen recht. Das ist aber ein gewalttätiger Standpunkt, der vergißt, daß es auch andere Menschenwerte gibt als den Kampf.

Br. hat den großen Vorteil, daß er die *heldenhafte Auffassung* für sich hat, während sein Gesprächsgegner immer die Gefahr läuft, als Feigling und Miesmacher dazustehen.

Seine aus dem ›Fronterlebnis‹ erwachsene nationale Haltung ließ für B. eine Emigration als unmöglich und auch unnötig erscheinen; er war überzeugt, daß die politischen und militärischen Erfolge der Nationalsozialisten – bis hin zum Anschluß Österreichs (vgl. S. 363) – Deutschland zugute kämen, während ihre Diktatur nur eine Episode minderer Bedeutung sei. Selbstzweifel, radikale, gar verzweifelte Reflexionen »über die Zeit, die Politik, die Lage der Kultur im Dritten Reich: all dies [blieb bei B. daher] weitgehend ausgespart« (Haefs, S. 53); erst aus der Nachkriegszeit liegen schriftliche Zeugnisse für sein Bemühen vor, das Dilemma seiner Haltung zu klären – so in dem großen Brief vom 11. November 1947 an den verfolgten und emigrierten Freund Alex Wetzlar (vgl. oben S. 294):

In unserem Thema, und in Deinem Fall, ist der leidige Punkt, der in all diesen Erwägungen wiederkehrt, die Personalunion Hitler-Deutschland. Die meisten kämpften für Deutschland, mochten Hitler nicht, aber um Hitler loszukriegen Deutschland in den Abgrund zu werfen, das vermochten sie nicht. [...] diese dämonische Verquickung von Diktator und Heimatland machte alles so schwer. »Was ich vielen Deutschen zum Vorwurf mache«, schreibt Du, »ist, daß sie das schmutzige und ihnen selbst widerwärtige System der Nazis benutzt haben, ihre nationalen Aspirationen zu verwirklichen. Sie hatten ganz vergessen, daß eine mit so üblen Mitteln eroberte Macht nicht von Dauer sein könnte. «Gestern las ich zufällig bei Jakob Burckhardt: »Und dazu kommt der Generalirrtum, daß eine aus tiefem Egoismus, Lüge und Gewalttat gebaute Herrschaft nicht solide sein könne, als ob in der Regel die Mächte der Erde auf etwas anderes gebaut würden. Wenn eine Großmacht soll geschaffen werden, so geschieht das in der Regel nicht bei schönem Wetter, sondern geht unter entsetzlichem Gewitter vor sich.«

B. nahm »Hitler und die NS-Diktatur hin mit einem Verweis auf den vermeintlich machiavellistischen Charakter jener Politik, der keinerlei Werturteil zulasse« (Haefs, S. 53) oder »doch immer nur die vorgängige Wendung des ›Dichters‹ vom ›Leben‹ zur ›Wahrheit der Poesie‹ rechtfertige« (Hohoff, S. 163). Er ließ sie also gelten im Sinn einer verflachten ›Lebensphilosophie‹, auf deren Ahnherren »Nietzsche und Schopenhauser« B. sich gern »berief«, freilich – wie Curt Hohoff (S. 209), den Trivialisierungsgestus dekouvrierend, weiter mitteilt – »nicht auf ihre Philosophie, sondern auf ihr Lebensgefühl«:

> Von ihnen hatte er die Haltung des stolzen einzelnen übernommen, den kulturellen Pessimismus, die Indifferenz gegenüber der Religion, aber auch manche ihrer Torheiten, obwohl er persönlich anders empfand und dachte, etwa über die Frauen, die Distanz von den Massen und die Verachtung für das politische Parteiwesen. Ganz allgemein fühlte er Verwandtes bei Ernst Jünger, bei Gottfried Benn und dem Bert Brecht von *Baal, Trommeln in der Nacht* und der *Hauspostille*.
> Die Worte vom Kampf aller gegen alle, vom Kampf ums Überleben, von der Auslese der Stärksten benutzte er nicht philosophisch und biologisch, wie er sie bei Darwin und Nietzsche fand, sondern politisch. Er schrieb Hitler den Charakter des Machtmenschen zu. Macht sei das Wesen der Politik. Das große Publikum sei freilich nicht imstande, das Wesen der historischen Kausalität und der Machtpolitik zu fassen. Es fange sich im Netz der großen Worte.
> (Hohoff, S. 42f.)

Erst um 1942 aber, als sich die Katastrophe des Zweiten Weltkrieges abzeichnete, wurden Hitler und die Nationalsozialisten in diesem konservativ nationalen Freundeskreis vollends als ein ›deutsches Verhängnis‹ betrachtet. Das Bewußtsein, einer isolierten Kulturelite im Zeitalter »der brutalen Herrschaft der Massen« anzugehören, bestimmte jetzt – vielleicht bestärkt durch Ortega y Gassets Reflexionen *Der Aufstand der Massen* (1930; dt. 1931, S. 17 das Zitat) – die Versuche, die Verstrickung in die Zeitgeschichte noch zu begreifen. Aufzeichnungen in Eugen Roths unveröffentlichtem Tagebuch und besonders darin enthaltene Werkskizzen unter dem Arbeitstitel »Gespräche am Fluß«, die vor allem B.s Meinungen überliefern, geben davon Zeugnis; Auszüge zum Leben der ›Geistigen‹ in der Diktatur, zur Massenpsychologie und den Chancen eines Widerstandes, zur Judenverfolgung und der Wolfsnatur des Menschen, schließlich zum Krieg und dem drohenden Untergang Deutschlands werden im folgenden mitgeteilt (vgl. ergänzend: Almanach S. 80–87).

Aus Aufzeichnungen von Eugen Roth
Ein Ausblick. Juli 1940
Mehr und mehr erkennen wir, daß das Jahr 1789 die eigentliche Trennung der Zeiten bedeutet. Von hier aus geht der Untergang des Einzelmenschen, des Herren, beginnt der Massenmensch. 1813, 1830, 1848, 1871, (Kommune) 1914, (erster Fall der Massen) 1918, ja selbst das so entscheidend scheinende 1933 sind nur schwächere oder stärkere Auslösungen innerhalb des ganzen Vorgangs. Höchstens das russische 1917 ist an Bedeutung gleich.

Die Adeligen von 1789 wußten es genau, wie wir es wissen und waren genau so zu schwach, wie wir zu schwach sind. Die Weisheit, daß mit ein paar Regimentern der ganze Spuk zu bannen wäre, ist nicht alt und nicht neu, aber ungültig vor den Tatsachen.

Die Stände sind aufgelöst, die Welt wird umgegliedert, die Maschine verwüstet. Der tiefste Kern ist der Tod des Christentums. Wir warten eines neuen Himmels und einer neuen Erde.

Die Entwicklung zum Ameisenstaat, eingeleitet durch den preußischen Geist, ist nicht mehr aufzuhalten. Der einzige Lebensinhalt, nach Verlust des Glaubens, Einbuße der Freiheit in Handel und Wandel, ist Pflichterfüllung. Der Neid wird durch Volksgemeinschaft beschwichtigt: Keiner soll es besser haben. Der Anspruch auf Bildung ist in der gefährlichen Halbbildung der Masse steckengeblieben. Der kleine Mann macht sein Recht auf die Kultur geltend, kann aber damit nichts anfangen. Er geht nicht ins Theater, sondern ins Kino, hört kein Konzert, sondern den Rundfunk, hat keine weißen Tischtücher, raucht aber Zigaretten. Der Ruf der Freiheit genügt ihm, um lieber in die Sklaverei zu gehen. Er wird nicht Söldner, sondern Berufssoldat, Beamter, Angestellter. Das Wort vermag viel. Die Kunst ist gefährdet; mit ihr der Künstler. Allerdings, er darf noch eine Art Massen-narr sein, einem Filmstar würde erlaubt sein, mit goldenen Sporen durch das Elend zu reiten. Die Maler, Zeitungsleute, Schreiber aller Grade läßt man leben, weil man sie, zum Schein, braucht.

Darf die Welt noch vom Standpunkt des Einzelmenschen aus betrachtet werden? Die Antwort, nein, ist das Zeichen der Schwäche. Dreiviertel der Menschen, in den großen Städten, haben keine Berufe mehr, sondern Arbeit. Daß zu bestimmten Berufen Gnade und Begabung gehört, daß es Glückliche gibt, die sie besitzen, wird ängstlich verschwiegen. keine Rangordnung mehr, nur Menschenrechte. Soziale Fürsorge selbst wird zu einem Instrument der Staatssklaverei. Aber solche Gedanken sind nichtig vor der Aufgabe, vor den Tatsachen. Private Abscheu vor der not-wendigen Entwicklung hat nichts mehr zu bedeuten. Es ist kein Zufall, daß einer aus den vielen die vielen heraufführt; nicht nur in Deutschland. Dieser Krieg ist eine Notwendigkeit unserer Massen. Vielleicht schafft er genügend Raum, um den Druck zu mildern. Was zu eng gesperrt ist, muß gleichgerichtet, gleichgeschaltet, auf geringsten Raum zurückgedrückt werden.

Traum (Anhaltspunkt)

Ich weiß es noch gut, wie wir zwei, B. riesig voranstapfend in der schmalen Spur, ich hinter ihm drein, den Fluß hinuntergingen, im frischen Schnee, im tiefen Schnee, der blau und golden zu schimmern begann im eben sich erwärmenden und aufklarenden Februarvormittag, ja, der schwarz schien in seiner Fläche, wie der Freund staunend mir's wies, gehend und sprechend, munter und aufgeschlossen, wie wir es selten waren in jenen schweren Tagen, selten sonst, bei milder Luft und guter Gesundheit, erfolgreich und an satten Tischen, aber schrecklich überdroht von einem Verhängnis, das leicht zu wittern und schwer zu greifen war.

Der Mensch kann sich an alles gewöhnen, stellten wir fest; und das hat ihn zum Herrn der Welt gemacht und zu ihrem Knecht. Es ist edler und unedler als jedes andere Lebewesen. So vermag er noch in der aussichtslos scheinenden Vernichtung zu arbeiten und aufzubauen – Völker und Jahrtausende vergingen in Krieg, Verödung, Sand oder Eis: Der Mensch lebt, schafft neue Kulturen, muß an ihnen festhalten bis zum letzten. Sind wir am Ende?

Morgen kann die erste Bombe in eine kostbare Sammlung fallen: Wir kümmern uns ums Kleinste. Archimedes: Störe mir meine Kreise nicht! – Der Turm von Babel: Unsere Kultur! Jahrmillionen erforscht, Biologie, Physik usw.: und nackte Gewalt. Wahrheit und Lüge. Freiheit und Knechtschaft. Wir gleichen uns an: leben!

Traum: Was haben wir mitgemacht!? Verwischung der Grenzen: Ob ich Konstantinopel »gesehen« habe? Farbfilm, Bücher. Athen: gesehen, nicht viel anders. Der Teufel hat uns die Welt gezeigt, die wir verlieren.

Im Felde gewesen: ein Traum, Wieder Krieg – ein Traum. [...]

Die Flachen können nicht genug kriegen und die Tiefen gehen daran zugrunde. Es wird hergeschafft und auf allen Märkten zurechtgemetzgert. Eine Art Polizei verwehrt (?) die ärgsten Dinge, jeweils. Was die Welt erzeugt! Und was sie frißt!

G. Br. erzählt

Evtl. für Münchner Roman zu brauchen

Ich bin einmal, wir waren 20 Jahre, vor dem Krieg mit [einem] Freund, dem Maler D[...] in Stadt am Hat, in eine Versammlung gegangen. Die Handwerksmeister usw. faßten eine Entschließung, daß die Steinerne Brücke in Regensburg abgebrochen werden müßte, weil sie dem Verkehr nicht mehr genüge. Abstimmung. Alles blieb sitzen, nur B. und D. standen auf. Der ganze Saal, sagte er, sei wie ein glühendes, einziges Auge auf sie gerichtet gewesen. Mit Mühe hätten sie sich in die Garderobe gerettet. Seidem habe er gesehen, was eine wütende Volksmasse ist, daß man die behandeln und erfühlen muß wie ein Naturereignis, ein Gewitter und dergleichen.

Br. erzählte, daß er als junger Mensch halbe Nächte darüber nachgedacht habe, ob die *Deutschen ein junges Volk* seien. Er weiß es bis heute nicht. [...]

Gespräch mit Georg

Willensfreiheit

1. Ich kann, wenn ich will, irgendwo sagen, daß ich die Tyrannei für ein Verbrechen halte. Ich kann aber, ganz praktisch, bereits nicht mehr zu größeren Volksmengen sprechen; ich werde daran gehindert. Ich kann es also im Grunde nur denken, das heißt, in einem Kreis von Gleichdenkenden aussprechen. Andernfalls muß ich, ohne irgendeinen Zweck zu erreichen, mein Leben verlieren und zwar auf eine grausame Art, auch das meiner Angehörigen und Freunde aufs Spiel setzen. Das sei immer so gewesen? Nein. Die technische Zeit arbeitet exakter. Wenn ich sehe, daß eine Äußerung, die ich mache, nicht nur gefährlich, sondern sogar zwecklos ist, dann ist es doch nicht mehr Willensfreiheit, das zu erlangen. Dummheiten zu machen, Sinnlosigkeiten, steht jedem frei, aber das ist nicht mehr Willensfreiheit, also praktisch ist sie nicht vorhanden, nur im schönen Gerede von Leuten, die die Welt nicht kennen (oder doch? Strengstes Ethos??)

Ich kann also hingehen und den Tyrannen ermorden. (Ob das gelingt, ist immer schon fraglich geworden, aber es ist jetzt noch viel weniger möglich). Gehört das noch zur Willensfreiheit? Wenn ich mich gezwungen sehe, den einzigen Ausweg zu suchen, den ich gar nicht will. Denn ich will ja nicht! Ich will ja nur recht leben.

[...] Es sagen doch Leute allen Ernstes, denen nie von Juden etwas getan worden ist, höchstens daß sie ein bißchen betrogen worden sind: Mir haben es die Hunde auch nicht anders gemacht, was meinen Sie, was ich schon alles erduldet habe. Die jüdisch Versippten. Kiefh. die anderen kommen. Fragen. Angst, natürlich.

Hier, in der Isar, müssen sie zu Dutzenden treiben, Selbstmörder. Aber nein. Man trinkt Wein, lebt hier in München, dem guten alten München und ist morgen in Linz (dem guten alten Linz), aber nein, *in einem Inferno*, das keiner kennt. Trinkt heute noch Wein, ist morgen in Riga. Wird scheußlich ermordet. Geschichte von Hans Bl.

Und all das das deutsche Volk. Das herrliche.

[Am Rande rechts:]

Ich würde es hindern. Aber wenn dann der Neger tot ist [bezieht sich auf ein früheres Gespräch über die kollektive Ermordung eines Negers], würde ich wohl auch sagen: Schau an, so ist es, so also sind die Menschen. Nichts zu machen.

Und deshalb weiß ich [B.], grausam, weil ich sage, wie alles ist. Und Lüge und falsche Moral. Und die anderen, die Heuchler, die nennen sich gut und besser und sie sind es, die keiner Fliege etwas tun können.

[Rückseite:]

[...]

Warum schreiben wir ganz andere Dinge, als die uns auf den Nägeln brennen?

G. B. Der Wolf

Tiefer Winter oder ganz heißer Sommer.

Das ist nicht schön, sagte X. Freilich ist es nicht schön, sagte Y. – Aber der *Wolf* ist so; es hat keinen Sinn, an den Wolf eine Predigt zu halten. Das ist Geschwätz, du mußt ihn töten. Oder du mußt dich von ihm fressen lassen. Das war das liberalistische Geschwätz. X. sagt: Nun, es gibt auch etwas anderes. Wir hatten geglaubt, eine Kulturwelt zu sein, den Wolf vertrieben zu haben. Genfer Konvention, K. überhaupt. Wie man ja auch den Wolf allmählich zurückdrängt, nur durch Kult des Bodens.

[Randnotiz:] Nicht einig, daß die Welt voller Wölfe ist. [...]

Was ist Wahrheit? Literatur! Alles verlogen! Das stimmt ja alles nicht. Es ist in Wirklichkeit alles viel brutaler.

Okt. 39 Mit Georg

Großer Streit: Ich ein Empörer, er ein Fatalist.

Das *Phänomen: Richard III.*

Gut und Böse.

Es ist nicht schade um die Menschen. [Das Dementi jener Leitformel der Göttin Indra in Strindbergs *Traumspiel*, die bei ihrem Erdenbesuch angesichts von Leid und Haß immer wieder feststellt: »Es ist schade um die Menschen«.]

Defaitist zerstört Kraft des Siegers.

Es wäre eher ein Wunder, wenn es gut ginge. Denn niemand glaubt daran.
Schuld der Na.? Schuld ihrer Gegner?
Tragik: Wieder einmal zerrissen. Jedes Volk ist für die Männer verantwortlich, die es hervorbringt.
B.: Freier Wille? Die Bösen müssen böse sein, die Guten sind gut. Wenn sie sterben, sind sie vor dem Tode gleich, erlöst. *»Salzburger Welttheater«*: Jeder muß die Rolle spielen, die ihm zugeteilt ist.

Das deutsche Volk ist zu einem wirklich strahlenden Sieg, wie etwa die Makedonier unter Alexander dem Großen, gar nicht bereit. Sie *wollen* gar nicht siegen, »Menschlichkeit«.

6. Die kulturelle Szene Münchens im literarischen Leben des Dritten Reichs

Bereits im literarischen Leben der Republik war »B.s Bild in der Öffentlichkeit [...] von seiner süddeutschen Herkunft bestimmt« (Bd. I, S. 610); in den dreißiger Jahren wird nicht nur das ›stammhafte Gefüge‹ der Nationalkultur noch entschiedener literaturpolitisch betont, sondern auch für die Abwehr politischer Vereinnahmung gewinnen andererseits die regionalen Gruppen und Kreise, wie sie sich gerade im konservativen München der zwanziger Jahre als Träger literarisch-geselligen Lebens ausgebildet hatten, weiter an Bedeutung. Beide Tendenzen überlagern sich in B.s Freundeskreis; »Britting hatte viele Freunde«, erinnerte sich Curt Hohoff:

Sie erlagen dem Zauber seines Wesens. Es waren Paul Alverdes, Hanns Braun, mit gewissem Abstand Ernst Penzoldt und Eugen Roth. Die Beziehung zu Achmann wurde loser. Dazu kamen die Freunde unter den Fischen, die sich nahezu täglich trafen. Gelegentlich ging Britting zum Simplicissimus-Stammtisch in der Pfälzer Weinstube oder in der Torggelstube am Platzl. Dort lernte ich Foitzick, Seyboth und die Zeichner Olaf Gulbransson und Karl Arnold kennen. Als satirische Zeitschrift hatte der *Simplicissimus* unter der Diktatur wenig Spielraum. Es entwickelten sich jedoch intrikate Formen der Kritik, des Spottes und der Ablehnung. Sie wurden damals allgemein verstanden und genossen. Der alte *Simplicissimus* hatte eine gehörige Portion Frechheit. Was sich Militär und Kirche vor dem Jahr 1933 hatten sagen lassen müssen, wurde jetzt, viel harmloser, auf Staat und Partei gemünzt; der Biß war schwächer, aber die Gefahr viel größer.
In Paul Alverdes' Haus in Grünwald lernte Britting viele Mitarbeiter des *Inneren Reichs* kennen. Dort war man unter sich, trank Kaffee und Wein

im Garten oder in der Bibliothek. Zu den Gästen gehörten der alte Rudolf G. Binding und anfangs Rudolf Alexander Schröder. Manchmal erschien Hans Grimm, der Hitler für den Verräter der nationalen Sache hielt. Ernst Wiechert, Ernst Penzoldt, Erich Edwin Dwinger, Karl Benno von Mechow konnten jederzeit kommen. Zu den jungen Mitarbeitern gehörten Franz Tumler und Willy Steinborn. Viele dieser Schriftsteller waren Autoren des Verlags Langen-Müller. Wichtig war, welche der Langen-Müller-Autoren hier nicht verkehrten: Wilhelm Schäfer und Kolbenheyer. Gelegentlich kam Hans Carossa von Passau herüber. Curt Langenbeck, Dramatiker und Intendant des Staatstheaters, wurde eingeladen, hatte aber selten Zeit. Josef Ponten fühlte sich zu wenig verehrt und blieb weg. Georg Britting wirkte hier mit dem Zauber seiner Persönlichkeit. Er vermittelte den Eindruck eines ganz in sich ruhenden Mannes. Er hielt den Posten einer nicht angewendeten und nicht anwendbaren Literatur. Er, der einzelne, fügte sich keiner Richtung, keinem Wunsch, und dadurch strahlte er Energie aus. Sie kam dem *Inneren Reich* zugute.

(Hohoff, S. 211f.)

Anders als die Autoren einer strikten ›inneren Emigration‹ nahmen etwa Paul Alverdes oder Hans Carossa aller Vorbehalte zum Trotz am Literaturbetrieb lebhaft teil; Carossas Briefe nennen B. gelegentlich als einen jener »befreundeten Menschen«, deren Gesellschaft er den politisch engagierten »Brandenburg u. Barthel« vorziehe (an Hedwig Kerber, 30. 11. 1938; Carossa, Briefe III, S. 62). Doch gehörten, wenngleich in unterschiedlicher Nähe, auch Brandenburg wie Edwin Erich Dwinger, Heinrich Zillich und Friedrich Ludwig Barthel, der 1925 die *Argonauten* mitbegründet hatte (vgl. Bd. I, S. 608), später auch Mitglied des *Bamberger Dichterkreises* wurde (Segebrecht, S. 93–101), zu B.s Bekannten unter den Literaten (ein aus den dreißiger Jahren erhaltenes Fotoalbum [in Privatbesitz] zeigt B. vor allem mit Bekannten aus dem Binding-Kreis). Das politische Spektrum reicht unter diesen Männern, die sich vom Erlebnis des Weltkriegs geprägt wußten, vom Gefühlskonservativismus bis zur offenen Parteinahme für das Dritte Reich. Rudolf G. Binding, obschon kein Mitglied der NS-Partei, hatte sich 1933 doch in einer weithin beachteten *Antwort eines Deutschen an die Welt* »gegen Angriffe und Mißdeutungen« gewandt, die – vorgeblich geschürt von den Emigranten – die »eigentliche Wahrheit« der deutschen »Einung« verzerre und die entscheidende Dimension einer neuen »Religion der Wehrhaftigkeit [...] für alle Völker« nicht zu fassen vermöge (Binding Bd. 5, S. 278f. u. S. 282); daß etwa ein Autor wie Lion Feuchtwanger, der zur weitläufigen Verwandtschaft von B.s Freund Alex Wetzlar zählte, als ›Schriftsteller‹ und Emigrant in B.s Kreis wenig Achtung genoß, ist bei Hohoff (S. 201) bezeugt.

»Durch Frau Atzinger [d. i. Kiefhaber] und die Brüder Wetzlar standen wir in unmittelbarer Beziehung zu den Verfolgten jener Zeit, den deutschen Juden«, betont Hohoff (S. 179) als Chronist von B.s Stammtisch »Unter den Fischen«. Wetzlar gehörte freilich nicht zum Stammtisch, wie er auch B. mit einer gewissen Scheu vor dem Nimbus des ›Dichters‹ begegnete (vgl. Raich, S. 126f.). Alex Wetzlar stammte aus einer alteingesessenen angesehenen jüdischen Münchner Familie (vgl. Bd. IV); am 23. 11. 1949 schrieb B. an Georg Jung über Wetzlar, den »emigrierte[n] jüdische[n] Freund [...], der heut' in London lebt. Er war schwer verwundeter Offizier des Ersten Weltkriegs, und hatte in München ein großes Silber-, Gold- und Juwelengeschäft, ein reicher Mann. Heut' ist er ein armer Angestellter«.

Seine politische Einstellung verband Wetzlar mit jenen Vertretern eines autoritär konservativen und nationalen politischen Denkens, die auch sonst in B.s Umkreis verkehrten und die mit dieser Haltung den Nationalsozialisten keineswegs stets genehm sein konnten. So fand B. bei einer Reise nach Italien denn auch Zugang zum Kreis von Ludwig Curtius (1874–1954), dem Leiter des Deutschen Archäologischen Instituts in Rom, keineswegs ein Anhänger der Demokratie, sondern ein Bewunderer des italienischen Faschismus, dem indes »die Praktiken des Nationalsozialismus [...] zu weit« gingen (Klaus Voigt, Zuflucht auf Widerruf. Exil in Italien 1933–1945, Bd. 1, Stuttgart: Klett-Cotta 1989, S. 82); ihm wurde im Juli 1937 auf Drängen der Parteizentrale der NSDAP das Ersuchen um seine vorzeitige Pensionierung nahegelegt. In der Nachkriegszeit, am 8. April 1947, erzählt B. Georg Jung: »Bei Curtius, dem Direktor des Deutschen Archäologischen Instituts in Rom, einem Freund Carossas, wohnte ich einmal vierzehn Tage, und las bei ihm vor. [...] Bei meiner Vorlesung war auch Hassel da, damals, 38 glaub' ich, war er deutscher Botschafter in Rom. 1944 ist er aufgehängt worden. Seine Frau, eine Tochter von Tirpitz, sprach damals schon sehr unfreundlich von der Reichsregierung«; am 5. 1. 1948 kam B. nochmals auf diese »vierzehn unvergeßlichen römischen Tage« – jetzt wohl korrekt auf das Jahr 1936 datiert – zurück: Curtius »stand nicht gut bei den Nazis, wurde dann auch abgesetzt, soll aber jetzt wieder an seinem alten Posten sein«.

Zu einem engeren Kontakt mit Autoren, die führende Positionen im Literaturbetrieb des Dritten Reiches einnahmen, kam es hingegen nicht. Das Verhältnis zu Will Vesper blieb distanziert; in Vespers Zeitschrift *Die neue Literatur* wird B.s nur selten gedacht; B. steuerte zu der Glückwunschmappe zu Vespers fünfzigstem Geburtstag eine Abschrift seines Gedichtes *Die kleine Welt in Bayern* (DLA) bei, gestattete auch den Nachdruck von acht Gedichten in Vespers Anthologie *Die Ernte der Gegenwart. Deutsche Lyrik von heute* (1940), deren Vorgängerin ihn schon in den Regensburger

Jahren begeistert hatte (vgl. Expressionismus in Regensburg, S. 23; B.s Einverständnis zum Nachdruck, an Vesper, 24. 1. 1939; DLA). *Das Deutsche Volkstum,* die Zeitschrift Wilhelm Stapels, der eng der *Hanseatischen Verlagsanstalt* verbunden war, brachte 1935 eine Auswahl aus Brittings Werken (vgl. S. 304), im Jahr 1936 außerdem vier Gedichte aus dem *Irdischen Tag* im Nachdruck (S. 136–138).

Über den seinerzeit einflußreichen Erwin Guido Kolbenheyer schrieb B. am 21. Januar 1949 an Georg Jung:

> Ich habe keinen rechten Zugang zu Kolbenheyer, aber er war immer von mir angetan, fast könnte man's unglückliche Liebe nennen. Bei einer der dummen Rundfragen: Was würden Sie auf eine einsame Insel mitnehmen, wenn Sie nur zehn Bücher mitnehmen dürften? schrieb Kolbenheyer in der Kölnischen Zeitung, neben Faust und Don Quichotte und Homer etc. [...] den dicken Mann.

Anders als sein Freund Paul Alverdes fand B. freilich auch keinen engeren Kontakt zum konservativ nationalen Lippoldsberger Kreis von Hans Grimm, an dessen Treffen auch Autoren mit konfessionellen Vorbehalten gegen den Nationalsozialismus teilnahmen, so etwa Rudolf Alexander Schröder, der wohl durch Alverdes auf den Autor des *Irdischen Tag* aufmerksam wurde (vgl. unten S. 316f.). Zur Beurteilung der schreibenden Zeitgenossen ist in Eugen Roths unveröffentlichten Tagebüchern der dreißiger Jahre eine Notiz überliefert:

> Natürlich reden wir viel über Dichtung, über die einzelnen Begabungen. Dabei kommen manche Leute, wie Wiechert, aber auch Grimm oder Binding, schlecht weg.

So nahm B. denn auch nicht am »Wiechertkult« (Hohoff, S. 210), vgl. S. 286) teil – trotz persönlicher Bekanntschaft mit diesem konservativen, sich allmählich den Kreisen einer ›evangelischen‹ Gesinnungsopposition gegen den Nationalsozialismus annähernden Autor ›stiller‹, die ›Einfachheit‹ des Naturlebens verklärender Bücher (vgl. oben S. 269; außerdem die Gedichtwidmung, Anm. zu S. 80); noch in der Nachkriegszeit spricht B. abschätzig von »Wiechert, der Opium herstellt« (an Jung, 9. 12. 1947). Ob bei B.s Haltung ein Konflikt Wiecherts mit Paul Alverdes wegen politischer Differenzen (vgl. Mallmann, S. 87; sowie unten S. 300) eine Rolle spielte, scheint sich nicht mehr klären zu lassen.

(Der Kreis um Rudolf G. Binding)

B. war hingegen jenem »Kreis jüngerer Freunde« integriert, den der damals in Starnberg lebende, erfolgreiche Autor Rudolf G. Binding »an Samstagen zu sich berief«; zu nennen sind außer ihm Alverdes, Rudolf

Bach, Friedrich Ludwig Barthel, Edwin Erich Dwinger, Karl Benno von Mechow, Ernst Penzoldt, Wilhelm Emanuel Süskind, Heinrich Zillich (noch in handschriftlichen Erinnerungen an B. nach dessen Tod [StB München] wird sich Josef Magnus Wehner auf die gemeinsame Verehrung für Binding berufen, vgl. Bd. IV). Binding nannte – wie Ludwig Friedrich Barthel in seiner *Rede am Sarge* berichtet – diesen Kreis »seinen Freundestisch und diesen Freundestisch in der ihm eigenen prägenden Weise eine Institution« (Dem Andenken Rudolf G. Bindings; Nr. 77. S. 13). Alverdes, dessen überlieferter Briefwechsel mit Binding im Jahr 1923 einsetzt (DLA), hatte B. hier eingeführt; mit der nach London emigrierten Elisabeth Jungmann, ehemals Gerhart Hauptmanns Sekretärin, dann die Lebensgefährtin Bindings, »derentwegen er knapp am KZ vorbeikam« (ebd.), hatte B. noch in der Nachkriegszeit Kontakt. Doch wird sein Name, nachdem er zu einem Band der Deutschen Akademie, einer »Festgabe« *Rudolf G. Binding zum Gedächtnis* (Nr. 77) das Gedicht *Anfang und Ende* (vgl. unten S. 189) beigesteuert hatte, in dem 1954 von Barthel herausgegebenen Band *Das war Binding* fehlen.

Wingult ist die stärkste Erzählung Bindings. Mit *Unsterblichkeit* und *Opfergang* kann ich nicht viel anfangen. Binding war ein wunderbarer Mensch, wir erlebten unvergeßliche Nachmittage bei ihm, in Starnberg.

So berichtete B. rückblickend Georg Jung über diesen Kreis, ohne seine Vorbehalte gegen Bindings Werk zu verhehlen. Anscheinend konnte er die bemüht schlichte Naturmythik in der Erzählung *Wingult* akzeptieren, während ihm die epigonale Novelle *Opfergang*, eine Reprise von Stifters *Brigitta* (1844), ebensowenig bedeuten konnte wie der sexualisierte Mythensynkretismus, der in *Unsterblichkeit* die Kriegsniederlage (Deutschland als aus dem Elementaren wiedergeborener ›Ikarus‹) überhöht.

In einem Brief, der Fritz Knöller am 4. August 1938 Bindings Tod meldet, hat B. den Älteren charakterisiert: Er »war ein Ritter ohne Furcht und Tadel«. Auf Bindings »ritterliche Erscheinung« weist denn auch der Titel von Ernst Penzoldts Beitrag zur Gedächtnisschrift (Nr. 76, S. 22–25) hin; einem »jungen Freund« wird die Persönlichkeit Bindings in einer Weise vorgestellt, die wohl auch die gängigen Männlichkeitsideale der Nationalsozialisten korrigieren soll:

Du fandest bei ihm Stolz ohne Hoffart, Kraft ohne Brutalität, Empfindsamkeit ohne Sentimentalität. Du lerntest, wie man fremde Leistung ohne Selbstaufgabe achtet, was Gegnerschaft ist ohne Niedertracht und Gehässigkeit, was eines Menschen und Deutschen würdig und seiner nicht würdig ist, wie man das Echte vom Schein, das Lautere vom Gewöhnlichen unterscheidet – mit einem Wort: Du lerntest bei ihm Kultur haben. (S. 23f.)

Paul Alverdes schließlich hebt Bindings konservative, nationale Haltung hervor:

> Unvergeßlich aber bleibt es, wie er von den Gegenständen sprach, die ihn im tiefsten angingen: von der Kunst und von dem Vaterland und von dem Staate. Von dem Staate vor allem. Er erwartete sich kein Reich jenseits der Grenzen des Lebendigen und keinerlei Verwirklichungen außerhalb des Jetzt und des Hier. Darum erschien ihm der Staat als die höchste und die oberste aller Verwirklichungen des Menschengeschlechtes und des Menschengeistes, und gerne stellte er sie sich als ein möglichst reiches und möglichst dauerhaftes Blühen alles dessen vor, was in einem Volke überhaupt zu blühen vermöchte. Er sprach langsam und sehr bedacht davon [...]. Wir hörten ihm mit Ehrfurcht zu.
> (Ebd. S. 20)

Ähnlich berichtet Friedrich Ludwig Barthel in seiner Grabrede, bei der B. wahrscheinlich nicht anwesend war, von den Gesprächen über die »Unzerstörbarkeit des Wortes« und schließt im sakralisierenden Tonfall der bündischen Feiern:

> In diesem bittersten Augenblick der Trennung wollen wir Dich, Rudolf G. Binding, der Du uns Deine Freunde hießest, einmal wie zur Erlösung des Herzens Freund *und* Vater nennen. Denn beides warst Du uns und die Sohnschaft, die wir hier an Deiner Bahre antreten, sei nur die reinste und strengste Verpflichtung, das Wort wie Du zu lieben, zu scheuen und ihm wie Du nachzuringen. Für Paul Alverdes, Georg Britting, Erich Edwin Dwinger, Karl Benno von Mechow, Ernst Penzoldt, Wilhelm E. Süskind und Heinrich Zillich gelobe ich Dir, unsterblicher Mann, diese Mannestreue zu Deinem, dem ewigen, dem unzerstörbaren deutschen Wort.

(»Das Innere Reich«)

Von einer nationalen Haltung war auch B.s wichtigstes Forum während des Dritten Reiches, die Kulturzeitschrift *Das Innere Reich,* geprägt; sie wurde von Paul Alverdes und Karl Benno von Mechow herausgegeben (zu Programm und Geschichte der Zeitschrift – auch zum wachsenden kulturkonservativen Vorbehalt gegen das *Dritte Reich* – vgl. Volke, sowie die Briefe von Karl Benno von Mechow an Paul Alverdes; DLA). B. lieferte zum *Inneren Reich* über achtzig Beiträge; vom Herausgeber Paul Alverdes stammten nur 39, und auch andere der namhaften Stammautoren der Zeitschrift erreichten nicht dieselbe Anzahl von Beiträgen wie B.: Walter Bauer ist mit 52, Franz Tumler mit 58, Georg von der Vring mit 43, Josef Weinheber mit 56 Texten vertreten.

Obschon die Zeitschrift sich in der zensierten Öffentlichkeit des Dritten Reiches recht erfolgreich behauptete, soll, laut der Schilderung von Curt Hohoff, der Kreis um Paul Alverdes bewußt Distanz zum Kulturbetrieb des Dritten Reiches gehalten haben:

> Die Zeitschrift hatte nicht nur unter dem Mißtrauen des Propagandaministeriums zu leiden, sondern auch unter ausgesprochenen und unausgesprochenen Wünschen der Verlagsleitung: Der Verlag wollte seine geldbringenden Autoren, so einflußreiche Männer wie Kolbenheyer und Wilhelm Schäfer, ins *Innere Reich* bringen. Kolbenheyer erwartete 1938, zu seinem sechzigsten Geburtstag, nicht nur einen Essay, sondern ein Sonderheft; und als der Essay nicht so lang und festlich war, wie er ihn erwartet hatte, gab es Druck von der Verlagsleitung auf die Redaktion, und alles atmete auf, als das Datum die Aktualität verloren hatte. Das Wohlwollen eines Kolbenheyer war taktisch wichtig, aber die Meinung der Freunde spiegelte sich in Alverdes' Witz über Kolbenheyer als *ondulierten Pandur*. Kolbenheyers Selbstgefühl war fast monarchisch; die vielen Preise und Ehrungen ließen ihn schließlich verächtlich hinwegsehen über das *Innere Reich,* als habe dieses das Sprudeln des großen Geysirs von Solln, wo er lebte, zu begreifen versäumt. (H., S. 212f.)

Von strikter Opposition war allerdings erst in solchen nach 1945 entstandenen Auslegungen des Titels die Rede:

> Es handelte sich bei diesem Namen nicht um eine Parallele irgendwelcher Art zum sogenannten Dritten Reich. [...] Selbstverständlich hätte man sich gehütet, noch einen solchen Titel zu wählen, als das Dritte Reich bereits Wirklichkeit geworden war. [...] Er wurde als betonter Gegensatz zur offiziellen Kulturpolitik empfunden und dem Herausgeber bei seinen Zusammenstößen mit ihr immer wieder vorgehalten. [...] Mit diesem Reich war überhaupt kein politischer Begriff gemeint. (Alverdes, zit. n. Mallmann, S. 48)

Wegen der Sprachgemeinschaft eines weiten Spektrums der ›Konservativen Revolution‹ mit dem Nationalsozialismus konnte diese Intention freilich in der Öffentlichkeit nicht selbstverständlich sein; vielmehr ist gerade der inflationäre Gebrauch solcher Wendungen wie *Dem inneren Vaterland* (ein Gedichttitel von Barthel; vgl. Segebrecht S. 99), »ein innerstes Deutschland« (ebd.), »das Deutschland des Herzens« (ebd. S. 76) oder auch »Das innere Reich« (Hans Brandenburg, Schiller, Königstein u. a.: Langewiesche 1934, S. 43) kennzeichnend für das nationale Bekenntnis der ›Dichter‹, bewußt auch nach 1933. Gleichwohl gab es in B.s Umkreis zweifellos schon um 1935 ein Bemühen um Eigenständigkeit gegenüber der nationalsozialistischen Kulturdiktatur; Benno Mascher, der ab Juni 1935 zur Redaktion des *Inneren Reichs* gehört, erklärt – wiederum im Rückblick:

Sehr schnell spürten die Funktionäre in den NS-Schrifttumsstellen, in der Parteizentrale und im Propagandaministerium, wer sich hier sammelte. [...] Es lohnt sich schon, die programmatischen Beiträge vor allem von Paul Alverdes zu überprüfen und dabei zwischen den Zeilen zu lesen; man wird merken, wie ernst der Kampf geführt wurde.
(Im Schlagschatten der Diktatur, in: Frankfurter Neue Presse, 2. 8. 1958)

In einem Verteidigungsschreiben anläßlich der Verbotsaffäre, die im Herbst 1936 das Fortbestehen des *Inneren Reich* gefährdete, akzentuiert Gustav Pezold, der Leiter des Langen-Müller Verlages, die Ziele der Zeitschrift allerdings anders, so daß sich allmählich wiederum das Dilemma von anfänglicher Sympathie mit dem nationalsozialistischen Reich und wachsender Skepsis entfaltet:

Das ›Innere Reich‹ verdankt seine Entstehung der Tatsache, daß nach der nationalsozialistischen Machtergreifung die tonangebende ›deutsche‹ Literaturzeitschrift des jüdischen S. Fischer Verlages ›Die Neue Rundschau‹ weiterwirken durfte. Man kann meine gesamte Verlagsarbeit seit 1930 als eine Art Gegenspiel zum alleinherrschenden jüdischen S. Fischer Verlag auffassen, dessen undeutsche, gemeingefährliche Produktion ich in zehnjähriger Buchhändlertätigkeit hinreichend kennengelernt habe. ... Die Tatsache, daß die genannte jüdische Zeitschrift nach dem Umsturz sich rasch umstellte, machte die Gründung des ›Inneren Reiches‹ erst recht nötig. Denn keinesfalls durfte die Führung auf geistigem Gebiet jenen Kräften überlassen werden, die nicht schon vor dem Umsturz und aus *innerer* Notwendigkeit deutsch waren, sondern die sich vorher als dünnblütige Aestheten erwiesen hatten, nun aber um so eifriger den neuen Geist mitzumachen bestrebt waren. Man hat dem ›Inneren Reich‹ mehrfach vorgeworfen, es sei zu wenig ›kämpferisch‹ und zu wenig populär. Aber kämpferische und populäre Blätter waren in hinreichender Zahl vorhanden, vor allem legte die Partei ... Wert darauf, daß ihren eigenen Organen der Kampf um die weltanschauliche Klärung der nationalsozialistischen Ziele vorbehalten bleibt. Es fehlte hingegen – genau so wie früher, im *Buch*verlagswesen überhaupt an einer Zeitschrift, die einfach durch Darreichung deutscher Leistung den Gegenbeweis führte gegen das [...] Wort vom linksstehenden Geist.

(Zit. n. Mallmann, S. 55)

Nicht zur Rechtfertigung vor den Zeitgenossen bestimmt ist jedenfalls eine auf den 3. 1. 1948 datierte Notiz in den unveröffentlichten Tagebüchern von Paul Alverdes über eine vom Verleger Curt Vinz ermöglichte Musterung des Aktenfaszikels, »der das Verbot des Inneren Reiches betrifft«:

Fand mich enttäuscht, denn alle Pressestimmen fehlten und übrig gelassen von der Flut des Schimpfens, die damals auf uns herniederregnete, waren nur die gewundene[n] Erklärungen, die wir, die Faust der Gestapo am Halse, hervorröcheln mußten, um nur mit einem blauen Auge davonzukommen.

Vernehme abermals von Ernst Wiecherts entscheidendem Einfluß auf [Ernst] Isenstaedt, [der bei der US-Militärregierung für Bayern für die politische Überprüfung von Lizenzanträgen von Verlegern und Buchhändlern zuständig war].

Einst, so habe er ihm berichtet, erschien, während Britting bei ihm zu Besuch weilte, ein Sammler der Partei mit einer Büchse, – einer der sonntäglich [für das »Winterhilfswerk«] Aufgebotenen wohl, der damals, es kann nur vor 1936 gewesen sein, ein gutes Werk für einen guten Zweck zu tun glaubte. Er, Wiechert, habe sich geweigert, auch nur einen Pfennig an die Verruchten zu geben; Georg Britting indessen habe aber gleich fünfzig gespendet und Wiechert vorgehalten, daß er dem armen Kerl doch getrost auch etwas in seine Kasse hätte reichen sollen. Solches berichtete Wiechert zehn Jahre hernach dem Beamten der amerikanischen Gewaltherrschaft, um dem Bruder in Apoll am Zeug zu flicken...

Übrigens erreichte *Das Innere Reich*, nachdem sich die Startauflage von 20 000 Exemplaren bereits nach einem halben Jahr auf eine Druckauflage von unter 6000 Exemplaren reduziert hatte, nur einen Bruchteil der Leserschaft einer erfolgreichen Kulturzeitschrift in der Weimarer Republik, wie etwa Fischers *Neue Rundschau*. Die Frontstellung gegen diese hatte sich bereits in den ersten Plänen für *Das Innere Reich* abgezeichnet, die bis ins Jahr 1932, also vor die nationalsozialistische Diktatur, zurückreichen; damals war auch schon der Titel festgelegt worden, der in jenes Umfeld des politischen Schlagworts ›geheimen Deutschland‹ gehört: »Paul Alverdes aber und Benno von Mechow setzten 1934 entgegen jener ›Geistigkeit‹, die sich innerlich längst von der deutschen Volksseele gelöst hatte und ausgewandert war, eine zukunftsfrohe Zeitschrift und nannten sie *Das Innere Reich*«, konstatierte dann zur Gründung Josef Nadler in der aus nationalsozialistischer Perspektive neubearbeiteten, vierten Auflage seiner *Literaturgeschichte der deutschen Stämme und Landschaften* von 1941 (Nadler, S. 236), während sich Alverdes 1935 in seinem *Brief an einen Ausgewanderten* (in: Alverdes, S. 241–256) sehr viel differenzierter äußern wird.

Zweifellos will die Programmatik des ersten Heftes von *Das Innere Reich* auch als Antwort auf die Literatur »einer verzweifelten, sogenannten ›Geistigkeit‹, die sich innerlich schon längst, äußerlich nun auch durch die Auswanderung von der Volksseele gelöst hat« (1, 1934/35, S. 80), gelesen werden, so daß in der Emigration denn auch entsprechend bitter über diese im Dritten Reich neugegründete Kulturzeitschrift geurteilt wurde. So hieß es in Hermann Kestens Essay *Die deutsche Literatur,* der im Herbst 1934 in der von Klaus Mann in Amsterdam herausgegebenen Zeitschrift *Die Sammlung* (1, 1934, S. 453–460) erschien:

Die nationalsozialistischen Dichter Karl Benno von Mechow und der von dem jüdischen Verlag Rütten & Loening geförderte Paul Alverdes nennen in ihrem Vorspruch zu der von ihnen herausgegebenen neuen Literaturzeitschrift *Das Innere Reich* als Programm ihrer literarischen Bemühungen nur den Namen Adolf Hitlers, des Frontsoldaten. Nebenbei schmähen sie die um ihrer Freiheit willen emigrierten deutschen Dichter, freilich tun sie es in einem sonderbaren Deutsch, das sie ihrem Programmatiker Hitler recht putzig abgeguckt haben. [...] Literarisches Programm also: Adolf Hitler. Unter diesem Programm, unter dem Namen dieses Autors, der über das deutsche Volk, aber nicht über die deutsche Sprache Gewalt hat, schreiben: Binding, Blunck, Bruno Brehm, Carossa [...] Emil Strauß, Taube [...] Wiechert [...]. Es mögen bedeutende Talente darunter sein [...]. Sie sind verdammt zu lügen, sie sind verurteilt wie Hitler zu schreiben; sie sind verkauft und verraten. (Ebd., S. 456)

Die unauflösbare Verquickung von Taktik und Überzeugung, persönlichen Aversionen und Sympathien einerseits, politischen Positionen andererseits, von genereller Linie und situationsbedingtem Kompromiß begleitete die Zeitschrift von Anfang an. Bereits die Einladungen zur Mitarbeit vom Januar 1934 präsentieren das Programm der Zeitschrift adressatenbezogen: Versichert Mechow gegenüber dem damals den Nationalsozialisten noch nahestehenden Hans Grimm, man wolle deutsche »Innerlichkeit« ganz entschieden als »*Ergänzung*« des äußeren Reiches pflegen, so beschränkt er das Terrain in seiner Einladung an die katholische Dichterin Gertrud von le Fort auf »das deutsche Gebiet der Innerlichkeit, der Seele – die Dichtung – weiter nichts«, und versichert dem Komponisten Hans Pfitzner, es gehe streng um die »Reinheit der Kunst« (Zitate n. Volke, S. 15ff.).

Die Ziele, zu denen sich – ungeachtet weiterer, je individueller Motive der Herausgeber oder der Mitarbeiter – die Zeitschrift *Das Innere Reich* öffentlich bekennen wollte, sind in der Herausgeber-Einleitung *Inneres Reich* programmatisch ausgesprochen. Die Einheit der Kriegsgeneration als Modell für die dank Adolf Hitler geglückte Überwindung der ›deutschen Zwietracht‹, die Betonung der deutschen Kulturtradition gegen den Kulturbruch der ›Moderne‹, die Verbindung mit Landschaft, Natur und Volk, die Ausgrenzung der Literaten aus diesem Tableau der Einmütigkeit – das alles konvergiert mit dem Bild B.s, wie es in den Rezeptionszeugnissen aus den dreißiger Jahren favorisiert wird. In Alverdes' *Rede vom inneren Reich der Deutschen. Gehalten am 19. Juli 1934 vor der Münchener Studentenschaft* deuten sich jedoch Bruchlinien an, die aus den enttäuschten Hoffnungen dieses Kreises auf eine Wiedergeburt der deutschen Kulturnation zu erklären wären. Alverdes geht von dem Bedenken eines Mißverständnisses aus, »das aus dem Begriffe eines inneren Reiches erwachsen kann: als sollte es in einen Gegensatz, womöglich in einen ausschließenden, zu seiner äußeren Gestalt gebracht werden«, versucht also, den Brückenschlag von einer drohenden ›inneren Emigration‹ in die Öffentlichkeit:

> Was aber nun, um dahin zurückzukehren, unser jahrtausendaltes inneres Reich der Deutschen überhaupt angeht, so verhält es sich mit ihm anders als mit jenem Reich der Griechenheit etwa. Es ist kein Schattenreich, es ist auch kein Bildungsreich, sondern es lebt, solange noch lebendige Herzen auch in Gedichten Walthers von der Vogelweide oder in einer Naumburger Plastik oder in einer Musik Mozarts mehr erkennen als ästhetische Werte, oder reine Bildungsschätze oder gar bloßen Examensstoff: nämlich sich selber, und solange sie von einer solchen Begegnung und Bestätigung noch werden, was sie werden sollen nach dem Gesetz, nach dem auch sie, die Nachfahrer angetreten: immer noch bessere, reichere, tiefere, immer noch deutschere Deutsche, und das heißt denn wirklich einmal ganz von selber: immer noch bessere Menschen. Auf diese lebendige Begegnung aber kommt es an. Erst wenn sie nicht mehr stattfinden könnte – weil es nämlich keine Deutschen mehr gäbe, oder weil sie sich selber vergessen hätten –, erst dann wollen wir unser inneres Reich und damit auch uns selber zum Gestrigen, zum Gewesenen, zum alten Plunder rechnen.

Weiterhin versucht deshalb Alverdes in dieser Rede, deren Hölderlin-Motto mehrsinnig vom Bestehen des ›Großen und Göttlichen‹ in Zeiten der Not kündet, »die heute vielfach angegriffene, aber oft auch zu Unrecht angegriffene deutsche Bildung« (S. 835) zu verteidigen, auch gegen völkische Beckmesserei:

> Allein wenn sich nun Stimmen erheben, die aus diesem Grunde nicht nur das ganze Schrifttum, sondern die ganze Geisteskultur jener Epoche als unnützen Ballast aus unserer Erinnerung verbannt wissen wollen, weil es keinerlei Kunst und eigentlich überhaupt nichts mehr geben dürfe, was nicht volkstümlich sei, so müssen wir uns doch wohl einmal fragen, ob denn Bildung und echte Volkstümlichkeit einander notwendig ausschließen müssen und ferner, ob denn Bildung auch in Ansehung der Nation und der nationalen Gemeinschaft eine Schande sei?

> Allerdings, sie kann es werden, und wir sind die Zeugen davon gewesen: wenn sie nämlich zur Züchtung und zur ausschließlichen Überschätzung oder gar zur Herrschaft jenes Typus führt, der nur noch in

abgezogenen Begriffen nicht nur zu denken, sondern auch zu leben vermag, und der vor lauter Bäumen seiner Lebtage keinen Wald mehr zu sehen kriegt. Diesen Typ aber nennen wir nicht gebildet, sondern verbildet und zerbildet, und ich bin glücklich darüber, einer Generation anzugehören, welche zum erstenmal dagegen rebellierte. In den Bünden der Jugendbewegung rottete sie sich zusammen, und macht sich auf, um endlich wieder den Wald, und nicht die Bäume zu Gesicht zu bekommen. Wir wissen heute, daß dies ein Marsch nicht ins Blaue hinein gewesen ist, so verschwärmt und so romantisch das im einzelnen ausgesehen haben mag, sondern daß es der erste, noch tastende Aufbruch in das neue Zeitalter der Nation gewesen ist. [...] Jene großen Deutschen, deren Namen ich ja nicht nennen muß, sind zwar geistige Menchen gewesen, aber niemals, um das modische Schlagwort zu gebrauchen, niemals sind sie Intellektuelle gewesen. Und noch niemals haben ja die Nichts-als-Intellektuellen wirkliches Leben geschaffen, sondern sie haben es immer nur kurz und klein gedacht, nicht nur ihr eigenes, sondern auch das anderer Leute, und das ist der tiefe Grund für das elementare Mißtrauen gegen diese Art von Intellekt in unserer Zeit; es ist die Sorge um die bedrohte Einheit des Lebens, ohne die der Mensch nun einmal nicht sein kann.

Ob demnach *Das Innere Reich* als kulturelles Gegenstück des Dritten Reiches verstanden werden sollte oder als Zuflucht einer ›inneren Emigration‹, muß in jedem Einzelfall in der historischen Situation geprüft werden.

Freilich arbeiteten fünfzehn Autoren, zu denen auch B. zählte, sowohl im *Inneren Reich* wie in der noch immer vorsichtig liberalen *Neuen Rundschau* mit. Weiter fanden die Autoren des *Kolonne*-Kreises neue Veröffentlichungsmöglichkeiten im *Inneren Reich,* obgleich sich Oda Schaefer rückblickend von diesem Forum distanziert:

> [...] daß wir völlig konform mit der *Kolonne* gingen, die unsere Zeitschrift war, sich aus unseren Beiträgen rekrutierte – hier [im *Inneren Reich*] hingegen liefen wir nur am Rande mit ... Als Lyriker waren wir darauf aus, gedruckt zu werden – ein verständlicher Wunsch. Und da man nicht emigriert war, mußte man manches hinnehmen.

(Zit. n. Mallmann, S. 93)

Der Einfluß regimeferner Autoren reichte im *Inneren Reich* zwar nicht hin, um die Gesamtlinie entscheidend zu beeinflussen; dennoch kam es gelegentlich zu Angriffen und zu Kollisionen der Zeitschrift mit den nationalsozialistischen Machthabern (vgl. Volke, S. 31–49). Das warnende Stichwort vom »Literatentum« klingt in einem Brief Wilhelm Stapels an den Verleger Pezold auf; Stapel erklärte zum ersten Heft, das neben dem Anfangskapitel des Romans *Das Riesenspielzeug* von Emil Strauß (vgl. Bd. IV), neben den ersten drei Aufzügen von Kolbenheyers Schauspiel *Gregor* und Heinrich, einer Erzählung von Max Mell und einem Aufsatz *Deutsche Kulturpolitik* von Hans Friedrich Blunck, dem Präsidenten der Reichsschrifttumskammer, auch Gedichte von B. (vgl. oben S. 19), Peter Huchel, Hans Leifhelm u.a. enthielt: »Nur mit der Lyrik bin ich nicht einverstanden, das ist lauter Artistik« (zit. n. Volke, S. 22), läßt allerdings B.s Beitrag gelten. Bedenklicher mußte der Schlußabsatz in der Sammelbesprechung des Germanisten Hermann Pongs (vgl. unten. S. 313ff.) stimmen, der Selbstzweifel der Lyriker »in einer von den Lautsprechern der Gemeinschaft durchdröhnten Zeit« konstatiert:

> Und die Feststellung drängt sich auf, daß keiner von allen diesen Lyrikern dem Anschein nach wirklich mitgerissen ist von jener Dämonie des Volksgeists, die seit dem Ausbruch des Weltkriegs gewitterhaft über Deutschland steht. [...] Worin liegt der Grund? Ist überhaupt etwa einer Erscheinung wie Britting gegenüber hier eine eindeutige Antwort zu geben?

(Das Innere Reich, 2, 1935/36, S. 1170)

Vollends gefährlich war die Attacke aus den Kreisen der Partei wegen B.s »Langemarck«-Gedicht (vgl. unten S. 365f.). Trotz gelegentlicher Krisen und der Entlassung des Verlegers Pezold im Jahr 1938 (vgl. dazu Lokatis, S. 110) konnte die Zeitschrift doch fast bis zum Ende des Dritten Reiches fortgeführt werden; das letzte erschienene Heft des *Inneren Reich* datiert vom Juni 1944. Alverdes hatte zwar das Druckmanuskript für ein Herbstheft noch zum Satz gegeben: »Dann wurde der Stehsatz in der Münchener Druckerei Manndruck am 17. Dezember 1944 bei einem Luftangriff vernichtet. So ist heute der vorgesehene Inhalt des Heftes unbekannt. Man weiß, daß unter anderen Ernst Bertram, Johannes Bobrowski [...], Georg Britting, Hans Carossa, Gerd Gaiser, Wilhelm Lehmann, Wolf von Niebelschütz und Franz Tumler hatten beitragen wollen« (Volke, S. 56).

(Der Freundeskreis von Paul Alverdes)

»Wir waren einmal ein eng geschlossener Kreis, Alverdes, Mechow, ich«, bestätigte B. Georg Jung am 1. 10. 1947. Spätestens seit 1930 stand Mechow mit Alverdes im Briefwechsel (vgl. DLA); 1938 freilich mußte er wegen einer zunehmenden psychischen Erkrankung als Herausgeber des *Inneren Reichs* zurücktreten, mußte sich weiterhin – wie B.s Bericht bezeugt – immer »wieder in einer Nervenheilanstalt« behandeln lassen: »Es ist sehr schade um ihn, er ist ein schwieriger, aber ungewöhnlicher Mensch, schwankend zwischen SS und strengem Katholizismus«. Ernst Wiechert würdigte Mechow als einen »glühende[n] Hasser des National-

sozialismus und alles Ordinären seiner Vertreter«: »Aber er wurde Parteimitglied und verdarb sich damit sein Leben« (zit. n. Mallmann, S. 57).
Vor allem freilich war in diesem Kreis Alverdes mit B. befreundet. Miteinander bekannt waren sie wohl bei den Argonauten geworden; in Heinrich F. S. Bachmairs Anthologie *Der Spiegel* stehen 1929 zum erstenmal Beiträge von ihnen nebeneinander (vgl. Bd. III, 2, S. 450). »Der einzige Mensch, mit dem ich, obwohl er Dichter ist, gern zusammen bin«, soll B. laut Curt Hohoff (S. 66) erklärt haben, »ist Paul Alverdes.« Und Alverdes, der Jüngere, schrieb 1964 an Ingeborg Schuldt-Britting zum Gedenken an B. (Zit. n. Almanach, S. 11):

Auch ich habe viel an ihm verloren, eigentlich den einzigen freien Geist, dem ich in meinem Leben begegnen durfte. Ich erfreute mich des nahen Umgangs mit manchem anderen Manne, der auch auf seine Art seinesgleichen nicht hatte. Aber doch war immer ein Haken dabei, irgendwo nistete ein Vorurteilchen oder etwas von geheimem Fraktionen- und Clubwahn. Georg Britting war vollkommen frei davon, und das machte die Stunden des vertrauten Gesprächs mit ihm beglückend, wie ich sonst nichts mehr erfahren habe. Dabei war er nicht einmal besonders gesprächig, außer in der Weinlaune, aber Gold ist ja auch stumm. Manchen Sonntag saßen wir lange Stunden glühend und erbittert am Schachbrett und sprachen sogar Schach-Jargon. Aber auch der hatte ein herrliches Gewicht, und wenn wir abends die Figuren einpackten, so war es doch, als hätten wir einander vieles anvertraut; es war auch nicht anders.

Die Freundschaft von B. und Alverdes manifestierte sich auch in gegenseitiger literarischer Unterstützung über die Zusammenarbeit im *Inneren Reich* hinaus. B.s *Hamlet*-Roman erschien 1932 mit einer Widmung an Alverdes, der diesen Titel »vor drei Jahren dem Verlag mit zarter Gewalt« ›aufgedrängt‹ hatte (so B. im Begleitbrief des Geschenkexemplares an Alverdes, 24. 10. 18 [32]) und jetzt wiederum eine große Rezension über das Buch verfaßte (vgl. Bd. III, 1, S. 267ff.); auf diese antwortete B. in einem Brief vom 16. Juni 1932:

Lieber Alverdes,
Sie sehen mich beschämt und beglückt zugleich, und Ihre Zustimmung (und welche Zustimmung! und von wem!) tut mir so gut, wie nur unsereiner ermessen kann, wie gut das sein mag. [...] Daß Ihr Aufsatz ein Kunstwerk für sich ist, schön und klar und geschlossen und liebevoll nachspürend (welch ein Gefühl, sich so er-schaut zu empfinden!), das zu sagen soll mich nicht einmal die Tatsache hindern, daß eine Arbeit von mir es ist, die ihn veranlaßt hat.
Ich bin Ihnen dankbar, lieber Alverdes, ich habe, auch sonst, Grund dazu, und bin stolz, wenn ich mich Ihnen verbunden glauben darf.

B. empfahl *Reinhold oder die Verwandelten* von Alverdes in der Zeitschrift *Die neue Linie* (vgl. Bd. III, 484) und ließ in der *Literarischen Welt* (Nr. 48/ 49, Beilage S. 1) 1933 unter dem Titel *Bücher, die deutsche Dichter verschenken* folgenden Hinweis erscheinen:
> Ich schenke zu Weihnachten den *Vorsommer* von *Karl Benno von Mechow*, diesen stillen, von innen her leuchtenden Roman, *Hans Carossas* Lebensgedenkbuch *Führung und Geleit*, zweihundert Seiten wunderbar klarer Prosa, und wenn ich auf eine »praktische« Gabe noch eine Zulage lege: die »Kleine Reise« von *Paul Alverdes*.

Alverdes wiederum widmete B. 1937 seine Erzählung *Das Zwiegesicht* (Langen-Müller 1937); im Dezemberheft 1937 der *Neuen Linie* (S. 25) in der Rubrik *Geistige Ernte 1937. Die drei stärksten Bucheindrücke unserer Mitarbeiter* schrieb er:
> An dritter Stelle nenne ich *Georg Brittings* herrlichen Erzählband *Der bekränzte Weiher* (Albert Langen – Georg Müller, München). Dieser Meister der kurzen Erzählung ist den Lesern dieser Zeitschrift von manchem Beitrag her so vertraut, und gewiß auch so wert, daß über den hohen Rang seiner Dichtung kein Wort weiter zu verlieren ist.

Nach dem Binding-Kreis sicherte die Geselligkeit im Hause von Alverdes für B. den Kontakt zum Literaturbetrieb der dreißiger Jahre. Alverdes selbst, der von dem Erlebnis einer bündisch-völkischen Jugendbewegung geprägt war (vgl. Expressionismus in Regensburg, S. 79ff.), suchte jedenfalls seinen Platz als Herausgeber des *Inneren Reichs* zu behaupten und pflegte – nach Ausweis seiner überlieferten Tagebücher – vielfältige Kontakte, mit den Organisationen der Hitlerjugend ebenso wie mit Hans Carossa oder dem Kreis um Hans Grimm. »Alverdes' Neigungen«, so versucht Curt Hohoff rückblickend klarzustellen (S. 208), »waren auf natürliche Weise deutsch und national; er hatte nichts zu tun mit den Verengungen dieser Ideen durch die Hitleraner.«

(Der Stammtisch »Unter den Fischen«)

»Weil wir noch in den Vorstellungen freundschaftlichen Verkehrs und Umgangs miteinander lebten, hatten wir noch nicht begriffen, daß eigentlich eine andere Zeit gekommen war«; dies hält Curt Hohoff in seinen Erinnerungen fest (S. 50) und bewertet damit den für B.s Leben und Schaffen über die Jahre des Dritten Reiches hinaus wichtigsten Kreis:
> »Man kann vielleicht über die Stammtische jener Zeit den Kopf schütteln. Tatsächlich erzeugten die Künstlerstammtische in Schwabing und die weltanschaulichen aus dem *Hochland*-Kreis eine gewisse Immunität gegenüber dem Einfluß der Partei. [...] Sie stellten das Gegenteil der

Öffentlichkeit und immer wieder propagierten Volksgemeinschaft dar.«
(Hohoff, S. 238)
Diese Runde, die sich »fast jeden Tag der Woche« (Hohoff, S. 9) im Pfälzer Weinhaus *Zum Schönfeld* in der Schönfeldstraße traf, nannte sich nach einem »galeriemäßig nachgedunkelten Bild mit Fischen«, das über dem Stammtisch hing. Zu dem Kreis, der sich bereits in den zwanziger Jahren zusammengefunden hatte, zählten die Maler Hugo Troendle und Max Unold, Rudolf Heinrich Krommes und Achmann, sowie als »einzige Frau in dieser Runde« dessen Gattin, die Schauspielerin Magda Lena. Achmann zog sich nach 1933 aus dem Münchner kulturellen Leben zurück (vgl. Bd. I, S. 606f.). Zu den regelmäßigen Gästen »Unter den Fischen« zählten weiterhin der Arzt Josef Kiefhaber, der Zahnarzt Richard Zarnitz, die Schriftsteller Fritz Knöller und – seit Anfang der vierziger Jahre – Eugen Roth, der Verleger Carl Hanser, schließlich seit 1934 der junge Literat Curt Hohoff, dessen frühe dichterische Versuche – etwa die in der *Münchener Zeitung* veröffentlichten – sich in Thematik und Stil an B.s Texte anschließen.

Zweifellos war B. in diesem Kreis als die überragende Persönlichkeit – und auch als der größte in München lebende Dichter (Hohoff, S. 15) – anerkannt. Curt Hohoff hatte sich denn auch in der Runde mit einem Aufsatz über B. eingeführt, der von diesem – sogar in der Konkurrenz zu einem Manuskript des alten Freundes Fritz Knöller – gefördert wurde und schließlich im *Inneren Reich* erschien (vgl. oben S. 270). In einem Brief B.s, der Hohoff am 3. 9. 1934 erreichte, schilderte B. die Komplikationen der Annahme (vgl. Hohoff, S. 107) und erläuterte tags darauf seine eigenen Wünsche dem jungen Kritiker:

Meine Änderungsvorschläge gehen aufs Stilistische, auf Änderung einiger allzu philologischer Fremdwörter, auf Präzisierung des Formalen. Über ›Sehr heißer Tag‹ lassen Sie sich zweimal aus, einmal auf Seite 2 unten und einmal auf Seite 8 und 9. Das ließe sich vielleicht zusammenziehen. Bitte, lassen Sie weg: Seite 9 unten: ›man denkt an glutvolle farbige Bilder des Impressionismus.‹ Überhaupt, wo es vorkommt, streichen Sie das Wort Impressionismus. Auf Seite 7 unten: ›der dichterische Kern und Mittelpunkt Brittings liegt jedoch in seiner Lyrik‹ – das ist zu direkt gesagt, eher sagen etwa, an der Lyrik, dem tiefsten Sprachton jedes echten Dichters, läßt sich am ehesten nachweisen etc. Den Ausdruck ›besondere Aufmerksamkeit‹ weg, zu kaufmännisch.

(Hohoff, S. 107f.)
Zwar waren Literatur und Kunst wichtige Themen bei den Begegnungen »Unter den Fischen«, sollten jedoch nicht die Ziele eines stets auf Geselligkeit und Gemeinsamkeiten des Alltags ausgerichteten Stammtisches sein.

So ließ B. denn auch »in seiner Umgebung manches kümmerliche Talent seinen Teil am großen Leben finden« (ebd. S. 17) – wie Hohoff gelegentlich der Besuche von Kaspar Ludwig Merkl beifügt, der seinem beachtlichen Roman *Das Narrenseil* (Berlin: S. Fischer 1912) nichts Gleichrangiges folgen ließ. Der Maler Max Unold, mit B. seit den zwanziger Jahren befreundet (vgl. Bd. I, S. 607) stellte in einem Artikel *Von Belanglosigkeiten, vom Nichtssagenden und vom Geschwätz oder Die Schaffnergeschichte* (in: DIR 2, 1935/36, S. 1380–1390) ein Genre gesellig harmloser Unterhaltung vor, wie es offenbar auch in der Stammtischrunde, deren Mitglied er war, gepflegt wurde (vgl. Bd. IV zur ›Geschichte vom Tausendfüßler‹).

Von den Literaten am Stammtisch gelang es lediglich Eugen Roth, sich als erfolgreicher Autor zu etablieren, freilich mit heiteren Versbüchern, denen niemand in diesem Kreis den Rang der ›Dichtung‹ zugestanden hätte. Daß Roth selbst unter der Disproportion von Erfolg und Rang litt und sich in einer oftmals quälenden Konkurrenz zu seinem als Dichter bewunderten Freund B. sah, belegen seine Tagebücher über die Jahre hinweg (vgl. auch Bode, S. 76 über Roths Verhältnis zu B.); so heißt es Anfang der dreißiger Jahre:

Die schwere Entscheidung, ob ich mich ganz auf die Schriftstellerei werfen sollte, beschäftigt auch ihn, doch ist er viel zu klug, mich zu ermuntern, was ich auch nicht von ihm verlange. Meine Gedichte liest er genau, lobt, tadelt, macht Vorschläge zu kleinen Änderungen. Er hatte mich ermuntert, Gedichte an Zeitschriften zu schicken; gerade als er hier war, kamen sie zurück. Ich ärgerte mich scheußlich, er auch; aber nach kurzer Zeit quälte er mich mit ununterbrochenen Anspielungen, es liege natürlich an den Gedichten. Im Ernst aber hat er einmal den Ausspruch getan, es wird erst die Nachwelt entscheiden, wer von uns der bessere Lyriker sei.

Der Stammtisch existierte bis zu B.s Tod. Indessen waren die fünfziger Jahre zunehmend von Versuchen, die alte Gemeinschaft zu bewahren und ihr neue Impulse zu geben, bestimmt. Eine »Stammtisch-Krise« schildern mehrere Tagebuchblätter Eugen Roths vom Mai 1952; Roth, selbst ein gelegentlich grämlicher Chronist der Runde, bemerkt einige Monate später, eine Namensliste der Mitglieder einleitend: »Manchmal sind wir gegeneinander verhärtet, sitzen wie die Felsen nebeneinander. Aber oft springt gerade dann lebendiges Wasser aus dem Stein.«

DRUCKNACHWEISE UND ANMERKUNGEN

DER IRDISCHE TAG

Entstanden »sind die Irdischen-Tag-Gedichte«, wie B. gelegentlich Fritz Knöller (13. 10. 1939) mitteilte, »von 1923–1935«. Verdrängt wird mit dieser Angabe die ›expressionistische‹ Schaffensphase B.s, ein Prozeß, der sich in den detaillierteren Auskünften B.s an Dietrich Bode während der Vorbereitung von dessen Werkmonographie fortsetzt. Dennoch werden in den Einzelanmerkungen jeweils diese Datierungen aus der Erinnerung B.s aufgeführt, da sich in ihnen doch zumindest die für B. gültige Zeitschichtung seines Werkes abzeichnet; gelegentlich können die Drucknachweise seine Angaben präzisieren. Handschriften sind nur wenige überliefert (vgl. oben S. 235).

Nicht anderweitig zu überprüfen ist, ob B. mit der folgenden Mitteilung, die in Eugen Roths unveröffentlichten Tagebüchern überliefert ist, den Freund nur mit einer Reminiszenz an berühmte Vorbilder – etwa Goethes Zusammenarbeit mit Marianne von Willemer am *Westöstlichen Diwan* – mystifizieren wollte:

> G.B. ist, was Frauen anlangt, weitaus glücklicher als ich. So hat er mir in einer milden Oktobernacht '37 an unserem alten Standplatz am Friedensengel erzählt, daß in seinem Buch *Der irdische Tag* ein ganzes Gedicht nicht von ihm, sondern von einer Frau ist. [...] Wenn ich dagegen bedenke, daß meine Sachen oft noch kein Mensch überhaupt gelesen hat und daß, ausgenommen Else R., niemand war, der mir einen Rat oder eine Hilfe geboten hätte. [...] Und Br. führt als Beispiel Goethe an, dem ja auch die Frauen viel geholfen haben.

Im Jahr 1934 hatten die meisten Gedichte ihre Gestalt für diese erste umfassende Sammlung gefunden. Am 2. 1. 1935 übersandte B. eine Anzahl für den neuen Band bestimmter Gedichte zur Durchsicht an Fritz Knöller: »Die Jess-Gedichte und aus der ›Kleinen Welt‹ müssen, zum größeren Teil, auch in den Band«; sie wurden sämtlich übernommen (vgl. oben S. 248, sowie die Hinweise zu beiden vorangehenden Bändchen in Bd. I, S. 566 u. Bd. III, 1 S. 437f.).

Knöller beriet B. bei der »Einteilung des geplanten Bandes« (an dens., 15. 1. 1935), der sich als ein – wenn auch nicht streng durchkomponierter – Zyklus präsentiert. »Vorherrschend ist das Naturgedicht mit einer Spannweite vom pflanzlichen Bereich bis zur Großlandschaft«, etwa dem Kreislauf des Jahres folgend, mit zwei herausgehobenen Gruppen, den »Regenliedern« und den »Gedichten vom Strom«. »Daneben steht die« – jahreszeitlich passend eingeordnete – »nur kleine, motivisch zusammengeschlossene Gruppe von Legendengedichten«, ergänzt um einige mythisierte Historiengedichte (Bode, S. 44). Über die religiös getönten Gedichte schrieb der keineswegs kirchlich gesinnte B. (vgl. Bd. I, S. 585) gelegentlich an Georg Jung (vgl. Anm. zu *Es spricht der Hirt*, Bd. IV):

Mit meinen Weihnachtsgedichten, die Sie, was mich freut, schätzen, geht es mir wie Rilke, der vom *Stundenbuch* sagte: In der Weise hätte ich noch lange fortdichten können! Vielleicht, weil sie mir so leicht von der Hand gingen, habe ich Neigung, gegen sie mißtrauisch zu sein.

In der ersten Jahreshälfte 1935 wurde die sichtende und gliedernde Arbeit an der geplanten Gedichtsammlung jedenfalls abgeschlossen. Am 21. 6. 1935 teilte B. dem Helfer Knöller mit: »Heut' früh, wichtiger Tag, rief aus freien Stücken, von Alverdes sanft massiert, der Langen-Müller-Verlag bei mir an, er wolle einen Gedichtband von mir, für Herbst evtl. schon. Kann er haben.«

Anfang Juli war dann der Titel gefunden und das Einleitungsgedicht geschrieben: »Die Gedichte liegen schon beim Verlag«, meldete B. an Knöller. Dieser begrüßte noch – am 8. 7. – ausdrücklich die Titelformel: »besser noch als ›Schöner Erdentag‹«.

Der Band erschien gegen Ende 1935 in einer Auflage von 2000 Stück. Zu einer veränderten Einzelausgabe kam es nicht. Zwar hatte der Langen-Müller Verlag offenbar Anfang der vierziger Jahre eine Neuausgabe geplant. Am 25. November 1941 schrieb B. an Korfiz Holm: »Es freut mich ja, daß vom ›Irdischen Tag‹ das 3.–5. Tausend schon ausgedruckt ist, aber noch mehr hätt's mich gefreut, wenn ich darin schon meine Änderungen hätte anbringen können. Für die nächste Auflage lege ich Ihnen nun also ein korrigiertes Exemplar bei. Ich habe dreizehn Gedichte gestrichen.« Als aber dann in der Nachkriegszeit 1948 eine Neuausgabe in B.s neuem Verlag, der Nymphenburger Verlagsbuchhandlung, erscheinen konnte, war der Text unverändert. Erst für den 1957 in der Gesamtausgabe vorgelegten Band G I verzichtete B. auf einige Gedichte und fügte andere hinzu.

Der irdische Tag wurde in der literarischen Öffentlichkeit freundlich aufgenommen. Der Verlag hatte in seinem Prospekt der Neuerscheinungen dem Band einen Werbetext beigegeben, der wohl nicht ohne Zustimmung B.s gedruckt wurde:

Diese Sammlung seiner Gedichte offenbart die ganz ursprüngliche Kraft Georg Brittings, seine Sonderart, die sich in der Schärfe der Beobachtung nicht minder äußert als in seinem breiten Humor.

Das ganze Buch besingt den »irdischen Tag« – den Jahreslauf und den Auf- und Untergang des Tages, die Blumen und die Tiere, die ziehenden Wolken und die Gluthitze des Mittags, den Bauerngarten, den bayerischen Sonntag, die kleine Welt am Strom, Hügel, Felder, Sümpfe und Altwässer – all das, was unsere Welt hier auf dieser Erde ausmacht, – und immer wieder blitzt aus dem Diesseitigen das Unirdische, Unheimliche auf, was wir nie gesehen und gehört, manchmal vielleicht nur von plötzlichem Schauer angerührt geahnt haben: die Untergründigkeit und Dämonie der Dinge. Wie bezaubert lauschen wir den betörenden Worten und ahnen dabei, daß hinter und über dem irdischen Tag noch ein anderer sei.

Das Buch ist das form- und erlebnisträchtige Werk eines Mannes, der feiertäglich und erhaben, mitreißend und beglückend singt wie kaum einer in der gegenwärtigen deutschen Lyrik.

Die Zeitschrift *Die Dame* (vgl. oben S. 260f.) empfahl dann in einem Artikel *Neue Quellen deutscher Lyrik* (63, 1936, S. 40) »dieses großartige Buch einer männlich starken Naturbeschwörung«; Heinz Diewerge zeigte den Band zustimmend in den *Baltischen Monatsheften* (1936, S. 687f.) an; neben Fritz Knöllers Lob im *Völkischen Beobachter* (vgl. unten) konnte der Langen-Müller Verlag in seinem Sonderprospekt zur Verleihung des Münchner Literaturpreises (vgl. oben S. 262) noch lobende Passagen aus Besprechungen im *Dresdner Anzeiger* und in den *Danziger Neuesten Nachrichten* mitteilen, in einem weiteren Prospekt aus diesem Jahr zudem noch aus den *Münchner Neuesten Nachrichten*, die am 27. 10. 1935 zur »Woche des Buches« einen Hinweis gebracht hatten; die Werbung verkürzt sich in diesem Prospekt auf das Versprechen: »Festlich und froh, zugleich voll dunklen, unheimlichen Zaubers, klingt aus diesen Gedichten die Freude an der Urkraft der irdischen Welt.« Helmut Langenbuchers *Volkhafte Dichtung der Zeit* (3. Aufl., Berlin: Junker u. Dünnhaupt 1937, S. 218f.) sieht hier »die wesentlichen Stücke des bisherigen lyrischen Schaffens Brittings« versammelt; Franz Lennartz erhebt die Sammlung in seinem zeitgenössischen Lexikon (S. 64) bereits zum ›lyrischen Hauptwerk‹ B.s:

Schon die 21 frühen *Gedichte* [...] zeigen in der Eigenwilligkeit der Sprache, die überkommene Reimbindungen sprengt, und auch mit ihrer Kraft, aus Wirklichkeitsnähe in das Geheimnis der Dinge zu dringen, die Reife des lyrischen Hauptwerkes *Der irdische Tag* [...], dessen Gedichte aus der Schau des großen und kleinen Geschehens in der Natur deren inneres Sein erhellen.

Auffällig wird jede historisch bewußte Lesart dieser das ›Sein der Natur‹ bannenden Gedichte ausgespart, obschon in B.s poetischem Vokabular dieser Jahre die Vorbilder der ›Moderne‹ fortwirken; wie »den Faun hat Britting auch die überdauernden Motive der Mägde und vor allem der Raben bei Rimbaud und den Deutschen [Expressionisten wie Heym und Trakl] zugleich vorgezeichnet gefunden« (Bode, S. 51); an Trakls Gedichtreihen »Im Dorf« und »Die Bauern« ist etwa zu erinnern (vgl. ebd. S. 52), aber auch Anregungen Gottfried Kölwels sind zu verzeichnen (vgl. Anm.

zu S. 26). Doch selbst Hohoff (Die Lyrik Georg Brittings [Zeitungsausschnitt im Nachlaß B.s, BStb]), der sich sonst um B.s Zuordnung zur ›klassischen Moderne‹ bemüht zeigt (vgl. oben S. 270), geht auf deren Tradition nicht ein; er besteht auf einem unvermittelt schöpferischen Dichtertum: »Wo ist noch ein Dichter, dem sich so alles in Wort, Bild und Metapher ergibt, daß nichts Prosa bleibt?« Seine Rezension konzentriert sich auf die Poetik der Naturlyrik:

> In Brittings Buch zieht ein Jahr in bayrischer Voralpenlandschaft vorüber: der ringende, schmerzhaft-stürmische Vorfrühling mit seinen jähen blendenden Aufschwüngen und finstern Niederbrüchen zurück in winterliche Schneewolkenkälte, der endlich ausbrechende, traumhaft vorbeirauschende Frühling, der prangende, leidenschaftliche Sommer mit seinen Gluten, Schimmern und Gewittern, mit dem »schwelgerischen Überschwall« seiner Regengüsse, der große, gelassen-ernste, in strengen, farbenvertiefenden Stürmen hinströmende Herbst und der lautlos niedersinkende, frostweiße, kristallene und fröhliche Winter. Britting hat sich eine ungemein charakteristische und eindringliche Form geschaffen, die man wirklich barock nennen darf.

In der unmittelbaren publizistischen Reaktion wußte jedoch vor allem Fritz Knöller seine genaue Kenntnis des Bandes in mehreren Besprechungen umzusetzen (u. a. in: *Deutsche Zukunft,* 28. 2. 1936), die B. in die große Tradition deutscher (Natur-)Lyrik rücken:

> Brittings Verskunst ist sodann Landschaft. Des Dichters Person und der Mensch spielen kaum eine Rolle in seinen Gesängen; selbst seine Legenden sind in die Landschaft hineingeschrieben. Jeder geschaffene Teil ist Britting gleich wichtig [...].

Ausführlicher führte Knöller diese Skizze zur »Lyrik eines großen Einzelgängers« in seiner Besprechung für *Die Literatur / Das Literarische Echo* (38, 1936, S. 187f.) aus; auf das Vorbild Stifters wird ebenso verwiesen wie auf das barocke Bayern als Schöpfungsraum von B.s Dichten.

Dies sind zugleich die Leitthemen der Rezeption, die sich in den Koordinaten des zeitgenössischen Erwartungshorizontes bewegt (vgl. oben S. 267–277). So identifiziert Rudolf Bach in einer Überschau *Lyrik der Gegenwart* (in: Die neue Rundschau 1936, S. 750–764; gekürzt auch in: Frankfurter Zeitung, Nr. 602, 26. 11. 1937) ›Buch‹ und ›Landschaft‹:

> In Brittings Buch zieht ein Jahr in bayrischer Voralpenlandschaft vorüber: der ringende, schmerzhaft-stürmische Vorfrühling mit seinen jähen blendenden Aufschwüngen und finstern Niederbrüchen zurück in winterliche Schneewolkenkälte, der endlich ausbrechende, traumhaft vorbeirauschende Frühling, der prangende, leidenschaftliche Sommer mit seinen Gluten, Schimmern und Gewittern, mit dem »schwelgerischen Überschwall« seiner Regengüsse, der große, gelassen-ernste, in

strengen, farbenvertiefenden Stürmen hinströmende Herbst und der lautlos niedersinkende, frostweiße, kristallene und fröhliche Winter. Britting hat sich eine ungemein charakteristische und eindringliche Form geschaffen, die man wirklich barock nennen darf.

Als »charakteristisch süddeutsch-bayrische« Naturdichtung stellt Bach die Lyrik B.s neben Wilhelm Lehmanns *Antwort des Schweigens* als deren norddeutsches Pendant. Die Süd-/Nord-Antithese wird gelegentlich (bei Pongs wie bei Meckel, s. u.) in jenem Vergleich mit Brockes durchgeführt; das Bayrisch-Barocke drängt sich überall vor, wird aber von Pongs und vor allem von Matthies am Maßstab des volkhaft Mythischen gemessen.

Kurt Matthies (vgl. oben S. 264) verwirft in *Georg Brittings Pürschgang ins Unheimliche* (Deutsches Volkstum 1936, S. 148–150) den »*barocken*« Britting und damit die »wunderschön volkstümlich angemalten und zugleich künstlich gefertigten Legenden und Figuren von bayrisch-katholischem Geblüt, diese über und über vergoldeten, die so prächtig aufprunken und das Gemüt mit dem alten Marionettenspiel der heiligen drei Könige erfüllen«:

Aber dieser so deutlich bestimmbare Britting, dieser nachgeborene Krippenschnitzer und Marienritter des Barock, macht doch nur eine Ausnahme mit sich selbst. Reißt man die Seiten heraus – ich hab's längst getan –, so bleibt ein ganz anderer Kerl übrig. Ein hanebüchener Heide, ja!

Indes, wie man's nimmt. Denn mit einem weiten und glücklichen Atemzuge wollen wir doch bedenken: Alles echte und generöse Heidentum unserer Zeit ist ein gewaltiges Zurücksinken in die Welt, die hinter der christlichen Glorie brodelt und brütet. Und wir fügen entschlossen hinzu: Der Weg von dort zurück führt wiederum, schmal, aber stracks, an den heiligen drei Königen vorbei.

So habe B. die ›unheimliche‹ Probe des ›Magischen‹ gewagt und ›männlich‹ bestanden. Ähnlich von einer ›völkischen‹ Poetik inspiriert zeigt sich der einflußreiche Literarhistoriker Hermann Pongs (Zur Lyrik der Zeit, in: Das Innere Reich 2, 1935/36, S. 1155–1170), dem B.s ›Hauszeitschrift‹ *Das Innere Reich* die Besprechung übertragen hatte (vgl. seine Attacke, oben S. 304; ihr ähnelt der Vorbehalt in der Sammelbesprechung *Neue Lyrik* [in: Der Gral 30, 1935/36, S. 425–427] von Toni Weber, dem B.s Band zeigt, daß der »Durchbruch zur großen, tiefen Volksdichtung […] noch nicht erfolgt« sei [S. 427]). Pongs verweist auf Brockes, stellt B. neben Richard Billinger und Wilhelm Lehmann, überprüft jedoch argwöhnisch den ›mythischen‹ Urgehalt dieser Naturgedichte:

Britting in einen so großen Zusammenhang zu stellen, dazu berechtigt die ganz ungewöhnliche Begabung, die in jeder Wortprägung, in jedem Bild der Dichter verrät. Kunstgewerblich ist das nur dem oberflächlichen Anschein nach. […]

Auch der Absprung ins Groteske, den Britting manchmal nimmt, kommt aus einer Seele, der Lachen und Weinen gleich nah liegt. Man braucht nur das Gedicht: »Drei am Kreuz« zu lesen, um das zu wissen. Aber der Grundton ist ein anderer. Es ist der Dauerton einer starken Weltliebe, die sich nie genug tun kann, das Ganze in der Nußschale zu fassen, das Lebensgesamt eines einzigen Augenblicks im All. Es ist der Weltton, den sich Rilke heransehnt und herandichtet in der neunten Elegie: »Erde, ist es nicht dies, was du willst: unsichtbar in uns erstehn?« »Erde, du liebe, ich will.« Und um dessetwillen das siebente Orpheussonett beginnt: »Rühmen, das ist's!«. Sentimentalisch gewiß ist das Weltbild, das den einsamen Dichter zum Sänger der Dinge macht. In Britting ist eine Kraft am Werke, von den bayrischen Bauernvätern her, die unbekümmert um die verschwiegene Not des Dichters in unsrer Zeit aus dem Urrhythmus und Urtakt der Dinge selber spricht. Und nur das Sich-Genüge-Tun im Einzelding, im Einzelaugenblick verrät die Erschüttertheit des untersten Grundes.

[...] Nur eine Gefahr besteht hier, und fast jedes Gedicht streift sie, streift dicht an ihr vorbei: zwischen der mythischen Phantasie mit ihrem weiten Flügelschlag, und der Überschärfe des Blicks, der am Kleinsten haftet, ist irgendwie eine Spannung, unausgelöst, zusammengedrängt in den kurzen Takt der Gedichte. Manchmal werden die Gegenstände im Gedicht starr wie Marionetten und man spürt quälend die innere Dissonanz, die sich reimwütig doch nicht lösen kann: »Frech der rote Wirtshauskater – tatzt nach meinem Schatten, scharf, – den ich, weißer Nachthemdpater, – schwarz vor seine Krallen warf.« Und man ist erlöst, wenn plötzlich ein epischer Vorgang aus der Tiefe des Geschehens herauf das Ineinanderverweben von Mythischem und Allerwirklichstem übernimmt. Da wird dann deutlich, wie viel alte Volkskunst in diesem bayrischen Dichter noch lebt. Kann sich der Geist des Barock, jenes süddeutschen warmen lebenskühnen Barock kindlicher, gläubiger, spielender in ein Sprachgebilde umsetzen als es in der »Kapelle« gelingt? Als ein dem Grund der Legende entstiegenes, unwirklichwirkliches Geschehen, mit allem Zauber Brittingscher Sprachkunst beschworen? Oder kann sich katholische Gläubigkeit weltinniger entfalten als in dem Sang von Christi Geburt: »Mitten im Föhrenwald«? In solchen Gedichten sind wohl die Höhepunkte dieser Gedichtsammlung zu sehen. Die mythische Phantasie ist von den alten Urbildern der Volksphantasie bestimmt, und alles was der Sprachkünstler ins Werk setzt, wird hier volkstümlich echt und treuherzig-großartig. Volksglaube verwirklicht sich neu, und die unverbrauchte starke Sprache tritt in den Dienst dieser Aufgabe: die Urschicht der Volksseele, die religiöse Schicht zu erreichen und vor ihr den irdischen Tag aufleuchten zu lassen im Licht des ewigen. Je weiter sich Britting davon entfernt, um so mehr überwiegt dann das Auge, dieser kälteste Sinn, und Wortkunstgewerbe wird zur drohenden Gefahr.

Karl Rauch (Neue Gedichtbücher, in: Der Bücherwurm 21, 1935/36, S. 37–40) hingegen rettet eben diesen Befund eines nachmythischen Bruchs zwischen Menschen und Natur, indem er es wiederum als Zeichen jener – im Wertevokabular der Schrifttumsbetrachtung stets hoch gewerteten – ›männlichen‹ Haltung ausgibt, ihn zu bestehen:

> Britting hat mit seinem »Irdischen Tag« der Naturlyrik ein neues Tor aufgerissen. In seinen Gedichten wird der schmerzende Zwiespalt zwischen dem Menschen und der Erde samt allen ihr näheren Geschöpfen durch einen Zugriff wirklichen Künstlertums, der geradeso hart wie liebevoll schmiegsam, geradeso tätig wie spielerisch genießend ist, nicht überwunden oder beiseite getan, sondern in sich zur lösenden Befruchtung, zur lauteren Sinndeutung gehoben. Das vielmißbrauchte Wort »männlich« bietet sich für diese Verse als zutreffendste Bezeichnung an. Es gilt hier, wo Herbes und Süßes gerecht sich mischen, auf unvergleichlich einmalige Weise.

Aus dem *Kolonne*-Kreis nutzte Eberhard Meckel (Das Glück des reinen Gedichts, in: Berliner Tagblatt, Nr. 533, 10. 11. 1935) die entschiedene Zustimmung zu B.s Gedichten sogar zu einer sachten Polemik gegen die den Nationalsozialisten genehme, politisierte Literatur:

> Der Bedarf unserer vom Politischen getragenen Zeit an Gereimtem, das man singen, in Sprechchören, Kantaten und Thingspielen bringen kann, ist sehr groß. Zwar hat das meiste davon, zum notwendigen und guten Gebrauch gemacht, nichts mit dem zu tun, was wirkliche Lyrik ist. Aber viele Leute tun seit Geraumem alles, was nicht Kampflied, Vaterlandshymne, Ackergesang ist, als »private Lyrik« ab. Weit davon entfernt, der monologischen Selbstbespiegelung im Gedicht (die nur dann fruchtbar wird, wenn sie einem, der im betrachtenden Ich gleichzeitig ein Du aussagt, gelingt), den Gefühlshaschern und bloßen Stimmungsbildnern, die Traum mit Berufung verwechseln, Vorschub leisten zu wollen, muß wieder einmal gesagt werden, daß aus der sogenannten »Privat-Lyrik« noch immer das Ewige und das Glück des reinen Wortes erwachsen sind, das unsere Dichtung trägt und weiterführt. Dies zur Einleitung, wenn es nun einer der wichtigsten Gedichtbände der letzten Jahre zu besprechen gilt. […]
> Hier hat sich Britting einen völlig eigenen Gedicht-Stil geschaffen; man denkt häufig an Brockes, doch so stark das rein bildhaft Gegebene Britting und Brockes verbindet, so sehr trennt sie dieses: Brockes, dem Norddeutschen, diente das Vergnügen am Irdischen nur um Gottes willen, Britting, dem Süddeutschen, hingegen dient auch das Göttliche,

besser: Religiöse nur zum götterlosen, fast panheidnischen irdischen Bild, zum bunten Abbild der Landschaft, der Jahreszeiten, des Tages und der Nacht mit Pflanzen, Getier, Regen, Schnee, Kälte. Britting ist, wie Stifter im Epischen, ein bedeutender Maler des Kleinen, aus dem sich das Große baut. Ihm stehen eine Fülle, ein Reichtum von Versformen und Worten zur Verfügung, die immer wieder in Erstaunen setzen. An Britting kann man wieder lernen, was Gedichte lieben, was Gedichte machen heißt. [...]
Dem Irdischen hingegeben liebt er die durchsichtige bayerische Barockluft, die gute Naturklarheit, aber seine Neigung geht auch zum Bösartigen, oft fast Krankhaften. Neben der eindeutigen gläsernen Kälte zum Beispiel gilt ihm typischerweise das unter Gras und Blättern Feuchte, das Giftige, im Schilf tierhaft Verborgene, die Krötenlust, das mit Schwären Behaftete. Nie jedoch gewinnt das als fremdes Element gelegentlich Spürbare über die erste Seite die Oberhand, wohl aber hilft es oft zur hintergründigen Vertiefung des Bildes, das sonst gern ein wenig zu verspielt dahingemalt bleibt. So ergänzt eine Seite die andere, und wenn die Synthese gelingt, dann gelingt Britting das vollkommene Gedicht. Von den über hundert Gedichten des Bandes werden wohl ein halbes Dutzend in den Bestand unserer Lyrik eingehen. Das ist sehr viel.
Offenbar hatte B. jedoch auf weitere Resonanz bei den Schriftstellern gehofft. So klingt noch im Brief an Georg Jung vom 30. August 1949 eine leichte Enttäuschung nach:
Als der *Irdische Tag* erschien, wollte Schröder einen großen Aufsatz darüber schreiben. Wollte, es kam nicht dazu. Damals kannte ich ihn persönlich nicht. Ich sprach ihn ein einziges Mal bei der Verbrennung Bindings, da kam er wieder, 3 Jahre später, auf den Aufsatz zu sprechen, und wollte es nachholen. *Wollte.*
In Nachlaß Rudolf Alexander Schröders (DLA. – Vgl. zu Schröder, oben S. 295) haben sich jedoch tatsächlich im Rahmen einer aus dem Jahr 1940 stammenden Sammelrezension Ausführungen zum *Irdischen Tag* erhalten:
Im Gegensatz zu dem Hessen Paul Appel führen uns die Gedichte des Bayern Georg Britting in eine vergleichsweise »statisch« erfaßte & wiedergegebene Welt. Es ist eine Welt der Gegenständlichkeit, eine Welt des ruhenden & genießenden Zuges und der in seinem Blick beschlossenen Bilder, in die er uns führt, so sehr, daß da, wo der Dichter versucht, aus dieser ihm eignenden & von ihm meisterhaft beherrschten Domäne hinaus in die der Erzählung oder der Parabel vorzustoßen, die Grenzen seiner Kraft sehr deutlich spürbar werden. Innerhalb seiner eigentlichen Welt ist er aber ein Meister von bewunderungswürdiger Festigkeit & Eigenheit des Wortes & der Gebärde. Es bleibt alles in allem ein zählbarer & meßbarer Reichtum, den er vor uns ausbreitet, aber er

ist darum nicht minder reich. In ihren besten Stücken geht seine Wiedergabe & Verwörtlichung eines Sinnen-Erlebnisses an geschlossener Wucht weit über genaue mühsame Produkte hinaus, in denen Rainer Maria Rilke [sic!] versucht hat sich als Schreibender einer Welt zu bemächtigen, deren er als Lebender niemals habhaft zu werden vermocht hat. An der Grenze dieser Welt & fraglos unter Rilkeschem Einfluß steht das Gedicht »Die Kapelle«, das ich vorläufig als das Meisterstück Georg Brittings ansprechen möchte. Spricht es doch am deutlichsten aus, was manche hinter den Versen der Dichter mehr vermuten als deutlich spüren lassen & das doch allen Vers & Reim erst zum »Gedicht« werden läßt, das Hindurchschimmern eines »ewigen« Augenblicks durch den bloß erlebten.

Außerdem findet sich in Wilhelm Lehmanns Nachlaß ein Widmungsexemplar der Erstausgabe von Der Irdische Tag – »Wilhelm Lehmann in herzlicher Verehrung. Georg Britting. Okt. 1935« (DLA); es enthält Marginalien Lehmanns, die eindrucksvoll belegen, wie gespannt dessen Verhältnis zu dem süddeutschen Konkurrenten war (vgl. dazu den Kommentar in Bd. IV).

Der Text ist vielfach mit Fragezeichen kommentiert; es finden sich Stichworte der Empörung – wie der Ausruf »uh!« und »häßlich verdreht« (zu V. 7 von Neben einer Weide liegend), »was für eine Reimerei« zu Nach langem Regen, »gräßlich« zum Schluß von Federn –, lapidare Zensuren – wie »nicht gut« zu Der Wald, »schauderhaft« zu Da hat der Wind die Bäume an den Haaren, »ganz schwach« zu Raubritter wie auch zu Waldweiher, »alles verkehrt« schließlich zu Die Stallmagd –, gelegentliche Kritik am poetischen Handwerk – wie die Stichworte »Tautologien« (zu Das rote Dach, V. 3 u. 8), »unklares Bild« (wiederum zu Neben einer Weide liegend, V. 8), »schief« (zu Vorfrühling, V. 19 f.), »Prosa« (zu Dicke, braune Tiere summen, V. 8), – einmal auch die literarhistorische Vermutung eines Anklangs an Storm am Schluß von Bauerngarten. Nur die ›Legendengedichte‹, die in Lehmanns Werk kein Pendant haben, bleiben von Zensuren weitgehend verschont. Dies alles summiert sich zu einer kraß abschätzigen Haltung Lehmanns B.s Gedichtband gegenüber, mit dem er sich gleichwohl gründlich beschäftigte; eine Bemerkung zu Im Tiroler Wirtshaus zieht sogar die Rezension von Pongs (vgl. oben) heran: »Herr Prof. Pongs [bessert in] zitiert ›braune‹«, moniert Lehmann zu dem Ausdruck »brumme Kuh« (V. 5). Auf dem hinteren Schmutzblatt findet sich in Lehmanns Exemplar noch ein Gedicht B.s eingeklebt, Tomaten und Igel, ausgeschnitten aus »Die Neue Zeitung«, 10. 7. 1945, offenbar als weiterer Beleg; denn »o wie schwach« lautet hier die letzte, diesmal allerdings treffende Reaktion Lehmanns auf seine in diesem Widmungsband dokumentierte Lektüre.

S. 11 Wessen der andre auch ist
Zur Entstehung vgl. oben S. 310.
(B) V.9–10 Kuckucks, / der untre] Kuckucks, / der Kurze / der untre.
Die Korrektur wurde nicht in B übernommen.
D[1]: Gedichte des Volkes. Dietrich Eckart zum Gedächtnis. Berlin: Junge Generation Verlag 1938, S. 255 [als Motto zur Abteilung »Die Heimat«]
D[2]: G I, S. 7

S. 12 Der Morgen
Laut B.s Erinnerung im Jahr 1923 entstanden, danach allerdings »oft verändert«.
E: Das Innere Reich 1, 1934/35, S. 1471 [März 1935].
D: G I, S. 8.

S. 13 Das rote Dach
Laut B.s Erinnerung im Jahr 1924 entstanden.
E: Das Gegenspiel [hg. v. Julius Maria Becker u. a. München: Bayern-Verlag] 1, 1925, S. 97 [März].
V. 5 Frühlingstier] Frühlingsfuchs
D[1]: Gedichte, S. 8.
D[2]: G I, S. 9.

S. 14 Im Wind
Laut B.s Erinnerung im Jahr 1924 entstanden.
E: März, in: Simplicissimus 24, 1919/20, S. 744 [24. 3. 1920].
V. 5] Es spritzt die dünne Sonne in arme Gassen

S. 15 Hinterm Zaun
Laut B.s Erinnerung im Jahr 1924 entstanden.
E: Aprilbäume. In: Simplicissimus 30, 1925/26, S. 63 [27. 4. 1925].
V. 16] Hielte sie nicht am Lasso der eiserne Gartenzaun.
D[1]: G I, S. 11.
V. 16 Gartenzaun.] Gartenzaun!

S. 16 Verschneiter Frühling
Laut B.s Erinnerung im Jahr 1923 entstanden.
E: Weiß Wiese und Wald. In: Vossische Zeitung, Nr. 62, 15. 3. 1928.
V. 1–2] Man sagt es, und ich sah es selber oft, / Der Wald im März und Mai ist grün, grün jeder Baum!
V 14 Wo Bauern] Wo rote Bauern

D^1: Das Innere Reich 1, 1934/35, S. 1471 [März 1935].
D^2: G I, S. 12.
V. 13 Drum flog er weg] Flog weg

S. 17 Vorfrühling
Laut B.s Erinnerung im Jahr 1923 entstanden.
D: G I, S. 13.

S. 18 März
Laut B.s Erinnerung im Jahr 1926 entstanden.
E: Ostern. In: Münchner Neueste Nachrichten, Nr. 88, 1./2. 4. 1934.
D: G I, S. 14.

S. 19 Unruhiger Tag
Laut B.s Erinnerung im Jahr 1928 entstanden.
E: März. In: Das Innere Reich 1, 1934/35, S. 51 [April 1934]. [Vgl. oben S. 304].
D: G I, S. 15.

S. 20 Frühlingslandschaft
Laut B.s Erinnerung im Jahr 1924 entstanden.
D: G I, S. 16.

S. 21 Gläserner März
Laut B.s Erinnerung im Jahr 1925 entstanden.
E: Simplicissimus 39, 1934/35, S. 605 [17. 3. 1935].
D: G I, S. 17.
V. 5 Läuft da ein] Ein

S. 22 Neue Lust
Laut B.s Erinnerung im Jahr 1925 entstanden.
E: April. In: Simplicissimus 27, 1922/23, S. 20 [12. 4. 1922].
D: G I, S. 18.

S. 23 Dicke, braune Tiere summen
Laut B.s Erinnerung im Jahr 1929 entstanden.
E: Frühling. In: Münchner Neueste Nachrichten, Nr. 103, 16. 4. 1932.
(B) *überliefert die zum neuen Titel korrigierte Variante:* Knospenschwarm
D: G I, S. 19.

S. 24 Von einem Hügel aus
Laut B.s Erinnerung im Jahr 1930 entstanden.

E: Stadtanzeiger für Köln, Nr. 173, 6. 4. 1934.
V. 5 den Wolkenwagen] die Wolkenwagen
(B)V. 5 den Wolkenwagen] an Wolkenwagen
D: G I, S. 20.
V. 5–6 Wolkenwagen / Ziehn] Wolkenwagen ziehn.

S. 25 Schlüsselblumenland
Laut B.s Erinnerung im Jahr 1930 entstanden.
E: Ostern. In: Simplicissimus 40, 1935/36, S. 39 [21. 4. 1935].
D: G I, S. 21.

S. 26 Marsh der österlichen Wälder
Laut B.s Erinnerung im Jahr 1927 entstanden.
E: Marsch der Wälder. In: Stadtanzeiger für Köln, Nr. 197, 19. 4. 1925.
D[1]: Marsch der Wälder. In: Frankfurter Zeitung, 12. 4. 1925.
D[2]: Marsch der österlichen Wälder. In: Magdeburgische Zeitung, Nr. 189, 8. 4. 1928.
D[3]: Gedichte, S. 27.
D[4]: Rufe in das Reich. Die heldische Dichtung von Langemarck bis zur Gegenwart. Hg. v. Herbert Böhme. (= Die Bücher der jungen Generation). Berlin: Junge Generation Verlag 1934. S. 173.
D[5]: Gedichte des Volkes. Dietrich Eckart zum Gedächtnis. Berlin: Junge Generation Verlag 1938, S. 295.
D[6]: G I, S. 22

Der Anthologist Herbert Böhme, ein wendiger nationalsozialistischer Literat, hat dieses Gedicht offenbar geschätzt. In seiner Anthologie von 1934, die – laut Vorwort – den »Geist von Langemarck« in »ein neues Reich« hineinrufen lassen will, gehört es zu denjenigen »aus den 6000 eingesandten Gedichten«, deren Autoren sich für Böhme als »Rufer der neuen Gefolgschaft« bewährt haben. B. freilich hat diesen publizistischen Kontakt zu Böhme, zu dem auch der Langen-Müller Verlag die Verbindung bald nach 1933 abgebrochen hatte, keinesfalls gesucht (vgl. aber oben S. 277).

Zur Motiventlehnung aus den Gedichten Kölwels vgl. Bode S. 54; vgl. auch die Anmerkung zu dem Gedicht *Nasser Dezembergarten* in Bd. IV.

S. 27 Kleine Stadt
Laut B.s Erinnerung im Jahr 1927 entstanden.
D: G I, S. 23.

S. 28 Wiese vorm Dorf
Laut B.s Erinnerung im Jahr 1930 entstanden.
E: Münchner Neueste Nachrichten, Nr. 135, 20./21. 5. 1934.
V. 3 Rosaengel] Dorfkirchenengel
V. 5] [Nicht in E]
D: G I, S. 24.

S. 29 Im Park
Laut B.s Erinnerung im Jahr 1930 entstanden.
E: Gedichte, S. 12.
D: G I, S. 25.

S. 30 Die alten Buchen
Laut B.s Erinnerung im Jahr 1930 entstanden.
D: G I, S. 26.

S. 31 Überraschender Sommer
Laut B.s Erinnerung im Jahr 1931 entstanden.
D: G I, S. 27.

S. 32 Gras
Laut B.s Erinnerung im Jahr 1928 entstanden.
E: Zwei Gedichte von Georg Britting. I. Gras. II. Abend. In: Der Querschnitt 7, 1927, S. 586. [Vgl. S. 93].
V. 11 Wind her] Wind von fernher
D^1: Gedichte, S. 14.
D^2: Anfang und Ende, S. 6.
D^3: G I, S. 28.

S. 33 Neben einer Weide liegend
Laut B.s Erinnerung im Jahr 1931 entstanden.
E: Heißer Herbst. In: Simplicissimus 38, 1933/34, S. 303 [24. 9. 1933].
V. 1 silberne] gläserne
D^1: Gedichte. Sommer. [...]. In: Europäische Revue 11, 1935, S. 396.
D^2: G I, S. 29.

S. 34 Der Wald
Laut B.s Erinnerung im Jahr 1926 entstanden.
D: G I, S. 30.
B. teilte Dietrich Bode mit, dieses Gedicht sei »oft verändert worden«; ein weiterer Druck ließ sich jedoch nicht nachweisen.

S. 35 Süddeutsche Nacht
Laut B.s Erinnerung im Jahr 1928 entstanden.
E: Simplicissimus 40, 1935/36, S. 119 [2. 6. 1935].
D¹: DaM.
D²: G I, S. 31.

S. 36 Tauben überm Ecknachtal
Laut B.s Erinnerung im Jahr 1930 entstanden.
E: Vossische Zeitung, Nr. 194, 19. 8. 1928.
V. 8] Sich am blauen Himmel anzustoßen mühn!
V. 9–12] [Nicht in E]
D¹: Pfingsten überm Ecknachtal. In: Münchner Neueste Nachrichten, Nr. 139, 24./25. 5. 1931.
[Text wie in E].
D²: G I, S. 32.
V. 8] Am Himmel anzustoßen sich bemühn.

S. 37 Leeres Bachbett
Laut B.s Erinnerung im Jahr 1930 entstanden.
D: G I, S. 33.

S. 38 Aufgehellter Himmel
Laut B.s Erinnerung im Jahr 1922 entstanden.
E: Simplicissimus 40, 1935/36, S. 272 [1. 9. 1935].
D: G I, S. 34.

S. 39 Da hat der Wind die Bäume an den Haaren
Laut B.s Erinnerung im Jahr 1931 entstanden.
(B) V. 5 Katzenfraß] Krähenfraß

S. 40 Die Stadt in allen Winden
Laut B.s Erinnerung im Jahr 1921 entstanden.
E: Die Flöte 3, 1920/21, S. 52 [3. Heft].
V. 2] Die Fenster, Türen, Balkone, erwartend und fröhlich aufgetan hat.
V. 3 Wäldern] Bächen
V. 4 Der Mittagswind] Und der Mittagswind
V. 5 Der Abendwind] Und der Abendwind
D¹: Simplicissimus 27, 1922/23, S. 650 [12. 2. 1923].
V. 1–2] Es gleiten die Winde von überallher in die Stadt, / Die Türen und Fenster erwartend und fröhlich aufgetan hat.
V. 3, V. 4, V. 5] [Text wie in E]
D²: Stadtanzeiger für Köln Nr. 227, 5. 5. 1925.

V.2 und Türen] und hölzerne Türen
D³: Gedichte, S. 26.
D⁴: G I, S. 36.

S. 41 Im Gebirge
Laut B.s Erinnerung im Jahr 1932 entstanden.
E: Simplicissimus 39, 1934/35, S. 326 [7. 10. 1934].
V.4] Im Trog noch einmal silbern empor.
D: G I, S. 37.

S. 42 Vorm Wald
Laut B.s Erinnerung im Jahr 1921 entstanden.
E: Das Innere Reich 1, 1934/35, S. 109 [April 1934].
D: G I, S. 38.

S. 43 Mittag
Laut B.s Erinnerung im Jahr 1930 entstanden.
D: G I, S. 39.

S. 44 Tirol
Laut B.s Erinnerung im Jahr 1923 entstanden.
E: Frankfurter Zeitung, Nr. 587, 9. 8. 1926.
D¹: Gedichte, S. 10.
D²: G I, S. 40.
V.9 Der Zwölferkopf liegt] Die Wetterspitz liegt
V.12 Glotzt er] Glotzt sie

S. 45 In der Gärtnerei
Laut B.s Erinnerung im Jahr 1930 entstanden.
E: Münchner Neueste Nachrichten, Nr. 209, 4. 8. 1931.
V.1] Die steifgelackten, großgezackten
D: G I, S. 41.

S. 46 Abgemähte Wiesen
Laut B.s Erinnerung im Jahr 1930 entstanden.
D: Abgemähte Wiese. In: G I, S. 42.
V.11 Himmel dröhnt] Ofenhimmel dröhnt

S. 47 Raubritter
Laut B.s Erinnerung im Jahr 1930 entstanden.
E: Simplicissimus 40, 1935/36, S. 206 [28. 7. 1935].
(B) *V.4 als Korrektur nachgetragen.*
D: G I, S. 43.

REGENLIEDER

S. 48 Nach langem Regen
Laut B.s Erinnerung im Jahr 1932 entstanden.
D: G I, S. 44.

S. 49 Urgraue Verwandlung
Laut B.s Erinnerung im Jahr 1922 entstanden.
E: Regentag im Mai. In: Stadtanzeiger für Köln, Beilage »Von deutscher Art und Kunst«, Nr. 21, 27. 5. 1925.
V.6–9] Gras rauscht lanzenstarrend groß / Um Büffel und Rhinoz[e]ros.
D[1]: Gedichte. [...]. Regensommer. [...]. In: Europäische Revue 11, 1935, S. 396 [Juni].
D[2]: G I, S. 45.
V.2 Wenn der Regen] Wie der Regen

S. 50 Schwarzer Regengesang
Laut B.s Erinnerung im Jahr 1932 entstanden.
E: Erster Herbstregen. In: Almanach der Dame. Fünfzig ausgewählte Gedichte. Berlin: Propyläen 1935, S. 17. [Vgl. S. 260].

S. 51 Das Blattgesicht
Laut B.s Erinnerung im Jahr 1932 entstanden.

S. 52 Die Regenmuhme
Laut B.s Erinnerung im Jahr 1927 entstanden.
E: Regnerischer Gartennachmittag. In: Mit allen Sinnen. Lyrik unserer Zeit. Hg. v. Carl Dietrich Carls u. Arno Ullmann. Berlin: Rembrandt Verlag 1932, S. 31–32. [Vgl. S. 56, 89, 109].
V.6 Sie wackelt] Sie gaukelt
V.9 Krot] Kröt'
V.12 Die] Das die
V.13 Die] Das die
D: G I, S. 48.
Zur Anthologie *Mit allen Sinnen* vgl. oben S. 266.

S. 53 Krötenlust
Laut B.s Erinnerung im Jahr 1932 entstanden.
E: Münchner Neueste Nachrichten Nr. 148, 31. 5. 1933.
D: G I, S. 49.

S. 54 Fröhlicher Regen
Laut B.s Erinnerung im Jahr 1932 entstanden.
E: Simplicissimus 39, 1934/35, S. 278 [9. 9. 1934].
D: G I, S. 50.

S. 55 Landregen
Laut B.s Erinnerung im Jahr 1932 entstanden.
E: Simplicissimus 40, 1935/36, S. 128 [9. 6. 1935].
D: G I, S. 51.

S. 56 Die Sonnenblume
Laut B.s Erinnerung im Jahr 1919 entstanden.
E: Simplicissimus 27, 1922/23, S. 205 [5. 7. 1922].
V. 5 kreist] kreiste
D^1: Gedichte, S. 7.
D^2: Mit allen Sinnen. Lyrik unserer Zeit. Hg. v. Carl Dietrich Carls u. Arno Ullmann. Berlin: Rembrandt Verlag 1932, S. 31. [Vgl. S. 52].
D^3: G I, S. 52.

S. 57 Weißer Morgen
Laut B.s Erinnerung im Jahr 1928 entstanden.
E: Gedichte, S. 9.
D: G I, S. 53.
V. 2 Dickbrüstig] Breitbrüstig

S. 58 Feuerwoge jeder Hügel
Laut B.s Erinnerung im Jahr 1930 entstanden.
E: Pfingsten. In: Simplicissimus 38, 1933/34, S. 110 [4. 6. 1933].
D: G I, S. 54.

S. 59 Die Wolke
Laut B.s Erinnerung im Jahr 1928 entstanden.
D: G I, S. 55.

S. 60 Am offenen Fenster bei Hagelwetter
Laut B.s Erinnerung im Jahr 1932 entstanden.
E: Münchner Neueste Nachrichten, Nr. 228, 22. 8. 1933.
D: G I, S. 56.

S. 61 Waldweiher
Laut B.s Erinnerung im Jahr 1934 entstanden.
E: Ausritt 1934/34, München: Langen-Müller 1934, S. 79.

V. 6–10] [Nicht in E]
D¹: Das Gedicht. Blätter für die Dichtung. 1. Jahrgang, 20. Folge.
Hamburg: Ellermann 1935, Bl.nr. 7.
V. 7 Moosig grün] Von Moose grün
D²: G I, S. 57–58.

S. 62 Sommer
Laut B.s Erinnerung im Jahr 1932 entstanden.
E: Zwei Sommergedichte. [...]. Sommer. In: Das Innere Reich 2, 1935/36,
S. 407. [Juli 1935]. [Vgl. S. 80].
D: G I, S. 59.
V. 1 jener Scheunenwand] dieser Scheunenwand
V. 15 am Hang] im Hag
V. 19 rotspornig] krummspornig

S. 63 Die Stallmagd
Laut B.s Erinnerung im Jahr 1932 entstanden.
E: Jugend 35, 1930, S. 216. [Anfang April].
V. 3 braune] speckschwartenbraune
D¹: DaM.
D²: G I, S. 60.

S. 64 Bayerischer Sonntag
Laut B.s Erinnerung im Jahr 1927 entstanden.
E: Bayerische Ostern. In: Frankfurter Zeitung, Nr. 285, 17. 4. 1927.
V. 4 Vor der Kirche] Vor dem Kirchtor
V. 5 Lachen, lümmeln,] Lümmeln,
V. 17 die Männer] die krummen Männer
V. 18 zufällt.] zufällt. Knarrts?
V. 21] Wie Ruß so schwarz.
V. 22–23 – wer sah einen blauern? – / Hängt herab [...]] sah man einen blauern / Osterhimmel je, vom Himmel hängt herab [...]
D¹: Die kleine Welt am Strom, S. 16f. [Bd. III, 2. S. 19].
D²: Dorfabend. In: DaM.
D³: G I, S. 61f.

S. 65 Bauerngarten
Laut B.s Erinnerung im Jahr 1926 entstanden.
E: Zwei Gedichte von Georg Britting. In: Simplicissimus 29, 1924/25,
S. 295 [18. 8. 1924]. [Vgl. S. 85].
V. 4] Von der Wiese durch den Zaun auf den Salat.
V. 7 alte Bauer] alte Jakob

V. 8] Über den Weg zur Bank in der Sonne zu sitzen.
V. 9] Zwei Lerchen und ein Rabe,
V. 11] Der Alte: Jakob
D: G I, S. 63.
V. 9 Lerchen und] Lerchen, und
V. 15 die Krallen] seine Krallen

S. 66 Bayerisches Alpenvorland
Laut B.s Erinnerung im Jahr 1925 entstanden.
D: G I, S. 64.

S. 67 Die Kapelle
Laut B.s Erinnerung im Jahr 1924 entstanden.
E: Orplid 2, 1925/26, S. 329f.
V. 1 Maria] Madonna
D^1: Gedichte, S. 19.
V. 1 Maria] Madonna
D^2: Die kleine Welt am Strom, S. 50 [Bd. III, 2, S. 47]
D^3: G I, S. 65.
Vgl. die Bemerkungen von Rudolf Alexander Schröder, oben S. 317.

S. 68 Die kleine Welt in Bayern
Laut B.s Erinnerung im Jahr 1925 entstanden.
E: Pfingstmorgen. In: Magdeburgische Zeitung, Nr. 282, 27. 5. 1928.
D^1: Gedichte, S. 30.
D^2: Die kleine Welt am Strom, S. 59 [Bd. III, 2, S. 54].
D^3: Mit allen Sinnen. Lyrik unserer Zeit. Hg. v. Carl Dietrich Carls u. Arno Ullmann. Berlin: Rembrandt Verlag 1932, S. 33. [Vgl. S. 52] [Druckvorlage: D^2].
D^4: Deutsches Volkstum 1935, 230 [»Aus Georg Brittings Werken«]. Wie E in der Interpunktion leicht abweichend ist ein handschriftliches Widmungsgedicht B.s zum 50. Geburtstag von Will Vesper im Oktober 1932 (Nachlaß B.).

GEDICHTE VOM STROM

S. 69 Der Strom
Laut B.s Erinnerung im Jahr 1919 entstanden; vgl. aber Bd. III, 2, S. 444 die Argumente dafür, daß diese Verse eigens als Einleitungsgedicht für das Bändchen *Die kleine Welt am Strom* geschrieben wurden.
E: Die kleine Welt am Strom, S. 3.
D: Deutsches Volkstum 1935, S. 230 [»Aus Georg Brittings Werken«]. [Als Vorlage ist E angegeben.]

S. 70 Grüne Donauebene
Laut B.s Erinnerung im Jahr 1920 entstanden.
E: Jugend 36, 1931, S. 483 [28. Juli].
V.10 vom unendlichen Licht] unterm unendlichen Licht
D¹: Die kleine Welt am Strom, S. 11 [vgl. Bd. III, 2, S. 446].
D²: G I, S. 70.

S. 71 Aufgehender Mond
Laut B.s Erinnerung im Jahr 1922 entstanden.
E: Vor der Stadt. In: Der Sturmreiter 2, 1920, S. 15. [Heft 1].
V.2] Wie eine Salamanderhaut.
V.3] [Nicht in E]
V.8] [Nicht in E]
D¹: Gedichte. [...] Abend an der Donau. In: Europäische Revue 11, 1935, S. 396 [Juni]. [= B]
D²: DaM.
D³: G I, S. 71

S. 72 Donaunachmittag
Laut B.s Erinnerung im Jahr 1920 entstanden.
E: Vers und Prosa 1, 1924, S. 275f. [Januar].
D¹: Die kleine Welt am Strom, S.29 [Bd. III, 2, S. 30].
D²: Europäische Literatur 1, H. 8, 1942, S. 6 [Dezember 1942].
D³: G I, S. 72.

S. 73 Früh am Fluß
Laut B.s Erinnerung im Jahr 1922 entstanden.
E: Das Innere Reich 1, 1934, S. 94 [April].
D: G I, S. 73.

S. 74 Abend an der Donau
Laut B.s Erinnerung im Jahr 1922 entstanden.
E: Das Innere Reich 1, 1934 [September].
V.6 Die Angler] Nach Haus die Angler
V.7–9] Die dünnen Gerten sich. Und als die ersten Nebel jetzt aufsteigen / Da rührt sichs wallend in den Weidenzweigen / Und raschelnd aus dem Busche bricht ein scheues Liebespaar empor.
D: G I, S. 74.

S. 75 Geistliche Stadt
Laut B.s Erinnerung im Jahr 1924 entstanden.
E: Die kleine Welt am Strom, S. 41 [Bd. III, 2, S. 40; in der Neuauflage der

Sammlung von 1952 wurde dieses Gedicht durch *Steht ein Fisch in der Flut* (vgl. S. 141) ersetzt].
D: G I, S. 75.

S. 76 An der Donau
Laut B.s Erinnerung im Jahr 1924 entstanden.
E: Vers und Prosa 1, 1924, S. 275.
D[1]: Die kleine Welt am Strom, S. 21 [vgl. Bd. III, 2, S. 23].
D[2]: Die kleine Welt am Strom. 2. Aufl. München: Nymphenburger 1952, S. 17.
V.6 sturmzerfetzt] stumm zerfetzt
D[3]: G I, S. 76.

S. 77 Herbst an der Donau
Laut B.s Erinnerung im Jahr 1924 entstanden.
E: Vossische Zeitung, Nr. 218, 17. 9. 1926.
V.4] Braun welkt's wie Blut aus ihrem Haupte grau
D[1]: Gedichte, S. 22.
D[2]: Abend an der Donau. In: Das Innere Reich, 1934/35, S. 733 [September 1934].
D[3]: G I, S. 77.

S. 78 Sehr heißer Tag
Laut B.s Erinnerung im Jahr 1923 entstanden.
E: Simplicissimus 28, 1923/24, S. 217 [23. 7. 23].
V.3–4] Der Himmel summt mit und die Hummel summt mit, / Und vor meinem Tritt
D: G I, S. 78.

S. 79 Am Steg
Laut B.s Erinnerung im Jahr 1922 entstanden.
E: Juli. In: Velhagen & Klasing's Monatshefte 42, 1928, S. 490 [Juli] [= Bd. I, S. 556].
V.8 spinnwebdünnen] spinnendünnen
D: G I, S. 79.

S. 80 Garten am See
Laut B.s Erinnerung im Jahr 1933 entstanden.
E: Zwei Sommergedichte. Garten am See / für Ernst Wiechert. […]. In: Das Innere Reich 2, 1935/36, S. 406 [Juli 1935]. [Vgl. S. 295].
D: G I, S. 80.

S. 81 Im Tiroler Wirtshaus
Laut B.s Erinnerung im Jahr 1923 entstanden.
H: Stadtbibliothek München, Handschriftenabteilung.
V. 6 *gestrichen*: Ihr tiefes, volles schallendes
V. 13 Tief *geändert aus* Fest
E: Gedichte, S. 11.
D[1]: Das kleine Gedichtbuch. Lyrik von heute. München: Albert Langen / Georg Müller 1934, S. 23.
D[2]: G I, S. 81.

S. 82 In der Schenke
D[1]: Lob des Weines, S. 15.
D[2]: G II, S. 93.
V. 1–2 Himmel einstürzt / Und] Himmel / Einstürzt und
V. 4–5 Radfahrerlaternen, würzt // Der dottergelbe Wein] Radfahrerlaternen // Würzt der Wein

S. 83 Einem Wirtshausgarten gegenüber
Laut B.s Erinnerung im Jahr 1931 entstanden.
E: Vossische Zeitung, Nr. 182, 7. 8. 1929.
V. 5 Nur der Fluß] Nur die Nacht
V. 7 Zirpt. Stirbt] Zirpt. Weht der Flußwind. Stirbt
V. 8 letzten Gast.] letzten Wirtshausgartengast.
V. 9 Frech der] Jetzt: der
V. 12 seine Krallen] seine Pfoten
D[1]: Einem Wirtshausgarten gegenüber (In einer österreichischen Kleinstadt). In: Simplicissimus: 36, 1931/32, S. 70 [11. 5. 1931].
[Text folgt E]
D[2]: G I, S. 82.

S. 84 Federn
Laut B.s Erinnerung im Jahr 1933 entstanden.
D: G I, S. 83.
V. 11 Und eine,] Eine,
V. 15 noch war engangeschmiegt] noch engangeschmiegt

S. 85 Ziegelfuhren
Laut B.s Erinnerung im Jahr 1928 entstanden.
H: Stadtbibliothek München, Handschriftenabteilung
Die durch Korrekturen hergestellte Textstufe von H (Abb.) entspricht weitgehend E (vgl. Abb. S. 331). Die veränderten Passagen lauten:
V. 4 *gestrichen*: springt der Knödl

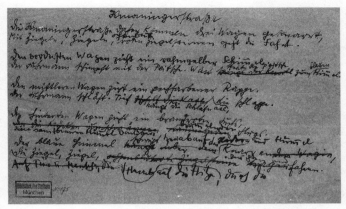

Handschrift: Ismaningerstraße

V. 6 *gestrichen:* zipfelt die Nase
V. 8 *gestrichen:* Den die Mücken umschwärmen taumelnden
V. 9 *gestrichen:* hängt über den andren Wagen
V. 10 *gestrichen:* ochsenblutrote Ziegelsteine tragen
unter V. 10 *gestrichen:* Auf Tier und Mensch, die
E: Ismaninger Straße. Zwei Gedichte von Georg Britting. In: Simplicissimus 29, 1924/25, S. 295 [18. 8. 1924]. [Vgl. S. 65].
V. 1 Straße] Ismaningerstraße
V. 5 zweiten] mittleren
D: G I, S. 84.

S. 86 Der Ziegelstein
Laut B.s Erinnerung im Jahr 1926 entstanden.
E: Die literarische Welt, 1932, Nr. 15/16 [= Doppelnummer »Junge Dichtung«], S. 5. [8. April].
V. 3] Brennt im heißen Sonnenschein
V. 4 Wie eine] Eine
D: G I, S. 85.

S. 87 Der Kamin
Laut B.s Erinnerung im Jahr 1921 entstanden.
E: Simplicissimus 29, 1924/25, S. 328 [8. 9. 1924].
V. 1 stieg] steigt
V. 2 stand] steht
V. 5 erblühte] erblüht

V. 8 glühte] glüht
V. 11–12] Zartgekrausten, kranken, schwanken / Arabeskenrebe glich.
D¹: Um uns die Stadt. Eine Anthologie neuer Großstadtdichtung.
Hg. v. Robert Seitz u. Heinz Zucker. Berlin: Sieben-Stäbe-Verlag 1931,
S. 168. [Vgl. S. 265f.].
D²: G I, S. 88.
V. 12 Rebe] Arabeskenrebe

S. 88 Flußfahrt
Laut B.s Erinnerung im Jahr 1919 entstanden.
E: Vers und Prosa 1924, H. 8, S. 276.
V. 1 Steinbilder] Statuen
(B) V. 5 Mit Köpfen] Fest zu den Mund, mit Köpfen

S. 89 Rabenschrei verhallt
Laut B.s Erinnerung im Jahr 1928 entstanden.
E: September-Ausgang. In: Frankfurter Zeitung, Nr. 701, 20. 9. 1926.
V. 4 Golden] Stumpfgold
V. 9] Schwarz der Strauch im Feld
V. 16] Graukaltblaß, naß, fade –
D¹: Septembertag. In: Gedichte, S. 21.
V. 16] Stumpfkalkblaß, naß, fade:
D²: Septembertag. In: Mit allen Sinnen. Lyrik unserer Zeit. Hg. v. Carl
Dietrich Carls u. Arno Ullmann. Berlin: Rembrandt Verlag 1932, S. 32.
[Vgl. S. 52]. [Text folgt D¹]
D³: Anfang und Ende, S. 13.
D⁴: G I, S. 90.

S. 90 Drachen
Laut B.s Erinnerung im Jahr 1930 entstanden.
E: Die Einkehr (Beil. zu Münchner Neueste Nachrichten) Nr. 42,
4. 11. 1934.
D: G I, S. 91.

S. 91 Im goldenen Blättersturm
Laut B.s Erinnerung im Jahr 1930 entstanden.

S. 92 Oktoberlied bei Solln
Laut B.s Erinnerung im Jahr 1928 entstanden.
H: Stadtbibliothek München, Handschriftenabteilung (Typoskript mit
handschriftlichen Varianten).
Der Text nahe an E (vgl. Abb. S. 333).

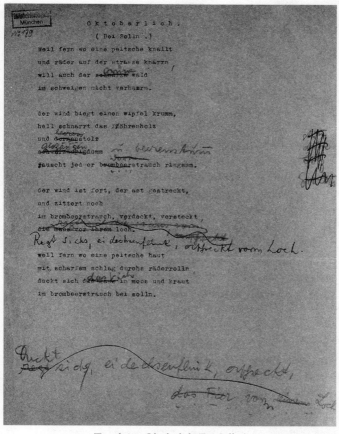

Typoskript: Oktoberlich (Bei Solln.)

E: Oktoberlich. Bei Solln. In: Vossische Zeitung, Nr. 244, 17. 10. 1926.
V.7 glotzaugendumm] glotzaugendumm und beerenstumm,
D[1]: Oktoberlich. (Bei Solln). In: Gedichte, S. 25.
D[2]: Das kleine Gedichtbuch. Lyrik von heute. München: Albert Langen / Georg Müller 1934, S. 24.
D[3]: Deutsches Volkstum 1935, S. 230 [»Aus Georg Brittings Werken«].
D[4]: Oktoberlich bei Solln. In: G I, S. 93.

S. 93 Abend
Laut B.s Erinnerung im Jahr 1928 entstanden.
E: Zwei Gedichte von Georg Britting. I. Gras. II. Abend. In: Der Querschnitt 7, 1927, S. 586. [Vgl. S. 32].
V.9] Zahnlosdummer
D^1: Gedichte, S. 14.
Vgl. Bd. I, S. 86.
D^2: G I, S. 94.

S. 94 Der Talgrund glänzt
Laut B.s Erinnerung im Jahr 1932 entstanden.

S. 95 Laubfall
Laut B.s Erinnerung im Jahr 1932 entstanden.
(B) V.11 Krümmt sich jedes] Krümmt sich, sterbend, jedes
D^1: Merian »Landshut«, 6. Jg. H. 4, 7. 12. 1952.
D^2: G I, S. 106.

S. 96 Das unzufriedene Herz
Laut B.s Erinnerung im Jahr 1932 entstanden.
D: G I, S. 96–97.
V.6 vom Walde her] vom Wald her
V.25 so das Herz, was so das ewig] so das Herz, das ewig

S. 97 Rausch
Laut B.s Erinnerung im Jahr 1929 entstanden.
H: Stadtbibliothek München, Handschriftenabteilung (Faksimile in: Greif nur zu und leide. Zum 100. Geburtstag von Georg Britting am 17. Februar 1991, hg. v. Ingeborg Schuldt-Britting, Höhenmoos [Privatdruck] 1991, S. 15). Der Text der beiden ersten Strophen lautet in H:
rausch, mein riesiger, purpurroter bruder. tritt zu mir herein.
trink [*korr. aus:* sauge, saug]. es ist wie ein roter schwappendschwerer, ziegelroter Wein.
sauge, morgenroter, abendroter vetter
aus dem ziegenschlauch
daß ein phantastisch [*nächstes Wort eingefügt:*] roter fetter [*hier gestrichen:* roter] wein dir salbt [*statt gestrichen:* wölbt] den feuerbauch [*aus:* himmelskugelbauch]

V.14 roten Klüften] *in H korr. aus:* purpurklüften
V.16] träume hingelagert an deiner hüften. [*darunter gestrichen:* in den Straßen deiner Bergstadthüften

darunter die endgültige Version: an den Hügeln deiner Hüften]
E: Simplicissimus 32, 1927/28, S. 229 [25. 7. 1927]. (mit einer Zeichnung von Max Mayershofer).
D¹: Das kleine Gedichtbuch. Lyrik von heute. München: Albert Langen / Georg Müller 1934, S. 22.
D²: Deutsche Zukunft Nr. 50, 16. 12. 1934.
D³: Lob des Weines, S. 22 [Vgl. Bd. IV].
D⁴: G II, S. 108.

S. 98 Erste Italienfahrt
Laut B.s Erinnerung im Jahr 1929 entstanden; seine erste Italienreise fand im Jahr 1926 statt, vgl. die Reisefeuilletons in Bd. I, S. 269–288.
E: Vossische Zeitung, Nr. 85, 10. 4. 1927.
D¹: Gedichte, S. 23f.
D²: G I, S. 98f.

S. 99 Die Galeere
Laut B.s Erinnerung im Jahr 1927 entstanden.
D: G I, S. 100f.
V.15] Die Ruder seufzten und knarrten

S. 100 Salome
Laut B.s Erinnerung im Jahr 1926 entstanden.
E: Verse der Lebenden. Deutsche Lyrik seit 1910. Hg. v. Heinrich Eduard Jacob. 2. Aufl. Berlin: Propyläen 1927, S. 62f.
V.18 streckte] krümmte
D¹: Gedichte, S. 15f.
D²: G I, S. 102f.

S. 102 Der Bethlehemitische Kindermord
Laut B.s Erinnerung im Jahr 1925 entstanden.
H: Stadtbibliothek München, Handschriftenabteilung (Typoskript mit handschriftlichen Varianten).
Neben der Titelvariante »Herodes« und kleineren Streichungen, die zur Endfassung hin korrigiert werden, sind in H Varianten der fünften und sechsten Strophe erhalten (vgl. Abb. S. 336).
V.20–24] [*in H am Rand hinzugeschrieben, statt des gestrichenen Verses:*] Sie lachten. Und zogen in Haufen
V.25–26] [*in H in der handschriftlich neu konzipierten Fassung der Strophe, statt der gestrichenen früheren Verse im Typoskript:*]
Herodes auf seidenem Bette lag,
[*zugeordnet der nicht verwendete Vers:*

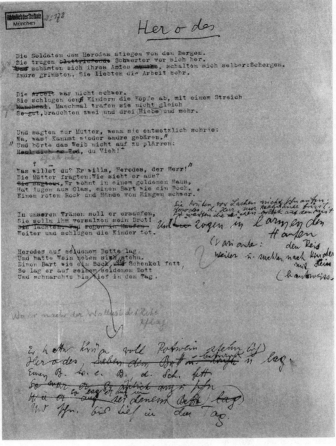

Typoskript: Herodes

Wo er nach der Wollust der Ruhe pflag]
Und hatte Wein neben sich stehen.
E: Das Tagebuch 6, 1925, S. 428. [21. März].
D: G I, S. 104f.

S. 103 Der verlorene Sohn
Laut B.s Erinnerung im Jahr 1923 entstanden.

E: Vers und Prosa. Eine Monatsschrift. [Hg. v. Franz Hessel. Berlin: Rowohlt] 1924, S. 23 [15. Januar]
V.12 glänzend] rot
V.13–14] Und stieg, eine Seifenblase, ihm von der Flöte empor.
V.19] gefangen ein Götterbild] gefangen, wie ein seltenes Götterbild
D¹: Gedichte, S. 20.
V.12 glänzend] rot
V.13–14] Und stieg, eine Seifenblase, ihm von der Flöte empor.
D²: Deutsches Volkstum 1935, S. 231 [»Aus Georg Brittings Werken«] [= D¹].
D³: G I, S. 107.

S. 104 Chinesische Generäle
Laut B.s Erinnerung im Jahr 1930 entstanden.
E: Der Querschnitt 7, 1928, S. 246–248.
V.70] bis zum brauen Morgenbrot.
D: G I, S. 108–111
V.46 am verborgenen] an verborgenem
Vgl. Hohoff, S. 24: »Ich war einundzwanzig Jahre alt, als ich zum erstenmal unter den Fischen saß. Der Club der Britting-Freunde existierte seit Jahren. Einige der Gäste waren schon tot, wie der Maler Lasker [d.i.: Hans Lasser]. Andere waren ins Ausland gegangen, wie Las[s]ers Frau, die als Ärztin in Tschungking lebte und aus den Wirren der Bürgerkriegskämpfe Britting farbige Berichte gab, die sich in seinen chinesischen Gedichten niederschlugen. Es sind ironische Porträts der Generale Wupeifu und Tschangsolin. Sie verbanden sich mit Erinnerungen an Li Tai Po.«
Zur Quellenverarbeitung in diesem Gedicht, aber auch zum zeitgeschichtlichen Hintergrund des Chinesischen Bürgerkrieges, in dem die Generäle Tschang Tso Lin und Wu Pei Fu eine bedeutende Rolle spielten, vgl. Schmitz, Krieg – Gewalt – Poesie.

S. 107 Die heiligen drei Könige
Laut B.s Erinnerung im Jahr 1919 entstanden (vgl. das motivgleiche, im Jahr 1919 nachgedruckte, wohl Ende 1913 entstandene Gedicht, Bd. I, S. 58).
E: Die morgenländischen Könige. In: Jugend 26, 1921, S. 33
V.13–15] Wie Sklaven treibt sie ihr hitziges Blut. / Wie singende Wolke umwölbt sie die eigene Glut.
D¹: Die drei heiligen Könige. In: Theater Zeitung der Staatlichen Bühnen Münchens 4, 1923, S. 2]] Nr. 181–186 [Zur Uraufführung von *Die Stubenfliege* am 22. 9. 1923]

V.13–15] Wie springende Sklaven treibt sie ihr Blut, / Wie eine Wolke umwölbt sie die eigene Glut.
D²: Vers und Prosa. Eine Monatsschrift. [Hg. v. Franz Hessel. Berlin: Rowohlt] 1924, S. 433f. [15. Dezember]. [= D¹].
D³: G I, S. 118.
V.14 Über Berge und Wälder] Über Berge durch Wälder

S. 108 Drei am Kreuz
Laut B.s Erinnerung im Jahr 1922 entstanden.
E: Frankfurter Zeitung, Nr. 959, Erstes Morgenblatt, 24. 12. 1924.
D¹: Gedichte, S. 17f.
D²: G I, S. 112.
V.25 und fraßens] und aßens

S. 109 Unterwegs
Laut B.s Erinnerung im Jahr 1930 entstanden.
E: Das Innere Reich 1, 1934/35, S. 1232f. [Januar 1935].
V.30 Rabengestalt] Habichtsgestalt

S. 111 Könige und Hirten
Laut B.s Erinnerung im Jahr 1934 entstanden.
E: Ausritt. 1933/34, München: Langen-Müller 1933, S. 50–52.
D: G I, S. 116f.
V.23] Beim Klingen
Zu dem in der vorliegenden Ausgabe korrigierten Druckfehler »Balken/Balkon« vgl. B. an Jung, 5. 1. 1948.

S. 113 Will der Winter kommen
Laut B.s Erinnerung im Jahr 1934 entstanden.
E: Simplicissimus 38, 1933/34, S. 446 [17. 12. 1933].
D: G I, S. 119.

S. 114 Lob der Kälte
Laut B.s Erinnerung im Jahr 1934 entstanden.
E: Münchner Neueste Nachrichten, Nr. 42, 12. 2. 1930.
D: G I, S. 120.
V.8 tanzplatzlustig] mäusetanzplatzlustig
V.18] [Nicht in E]

S. 115 Mitten im Föhrenwald
Laut B.s Erinnerung im Jahr 1924 entstanden.
E: Frankfurter Zeitung, Nr. 958, Abendblatt, 24. 12. 1925.

V.4 blinzeln, großväteralt] im Kapuzenkleid, großväteralt
V.7 Die blaue Eisdecke] Und die schwarze Eisdecke
D: G I, S. 121f.
V.2] Über dem Wald.

S. 117 Zwei Krähen vorm roten Himmel
Laut B.s Erinnerung im Jahr 1919 entstanden, danach »oft verändert«.
E: Dezember. In: Vossische Zeitung Nr. 298, 13. 12. 1925.
V.2 Kummerweibchen] Krächzeweibchen
V.3-4 dunklen Dame / Abendrast] tintendunklen / Dame Abendrast.
V.8 der Müden] der Lady
V.10] Vogeldame wackelt, neigt
V.11 Kopf, bleibt auf dem Ast, duckt] Kopf, duckt
D[1]: Raben. In: Stadtanzeiger für Köln, Nr. 186, 14. 4. 1929.
D[2]: G I, S. 123.
V.11] Den kleinen Kopf, duckt sich und schweigt, [*Strophenende*]

S. 118 Der Hase
Laut B.s Erinnerung im Jahr 1928 entstanden.
E: Magdeburgische Zeitung, Nr. 80, 10. 2. 1929.
D: G I, S. 127.

S. 119 Wintermorgen im Gebirge
Laut B.s Erinnerung im Jahr 1926 entstanden.
E: Vossische Zeitung, Nr. 15, 18. 1. 1931.
V.2 eisgrau] silbergrau
V.10 bleichen] silbernen
V.16 Warf] Schmiß
D[1]: Mit allen Sinnen. Lyrik unserer Zeit. Hg. v. Carl Dietrich Carls u. Arno Ullmann. Berlin: Rembrandt Verlag 1932, S. 33-34. [Vgl. S. 52].
D[2]: G I, S. 128.

S. 120 Krähen und Enten
Laut B.s Erinnerung im Jahr 1925 entstanden.
E: Gedichte, S. 29.
V.13 stummer Hasser] stiller Hasser
V.14 schnattern bunt] schnarren bunt
D: G I, S. 129.
V.13-14 Hasser. / Doch] Hasser, / Doch

S. 121 Krähentanz
Laut B.s Erinnerung im Jahr 1925 entstanden.

E: Simplicissimus 39, 1934/35, S. 526 [27. 1. 1935].
D: G I, S. 130.

S. 122 Winterliches Landhaus
Laut B.s Erinnerung im Jahr 1923 entstanden.
E: Velhagen & Klasings Monatshefte 43, 1928, S. 444 [Dezember].
V.6 ein Rabe, der] die Krähe, die
D¹: Gedichte, S. 28.
D²: G I, S. 131.
Vgl. dazu B.s Brief an Jung, 21. 3. 1949: »Im *Irdischen Tag* steht ein Gedicht *Winterliches Landhaus*. Ich schrieb es ungefähr 1924 in Schliersee. Als der *Irdische Tag* 1935 erschien, schrieb ein Kritiker, das sei ein Sonett. Das war mir nie aufgefallen. Ich weiß ja erst seit wenigen Jahren ein weniges von Metrik [...]. Und das *Landhaus* ist ein fast regelrichtiges Sonett. Der Sonettrhythmus muß mir im Ohr gelegen sein. Aber ich schrieb das *Landhaus* in völliger metrischer Unschuld, als eben ein Gedicht.« Zur motivischen Nähe des Schlußverses zum *Hamlet*-Roman vgl. Bd. III, 1, S. 257.

S. 123 Schneefall
Laut B.s Erinnerung im Jahr 1928 entstanden.
D: G I, S. 132.

AUS DER SPÄTEREN FASSUNG VON *DER IRDISCHE TAG*

Die Gedichte *In der Schenke* (S. 82) und *Rausch* (S. 97), die inzwischen in die Sammlung *Lob des Weines* eingereiht waren (vgl. Bd. IV), entfielen bei der Revision der Gedichtsammlung *Der irdische Tag* für G I. Das Gedicht *Laubfall* (S. 95) wurde in der Neufassung zwischen die Gedichte *Der Bethlemetische Kindermord* und *Der verlorene Sohn* gestellt, das Gedicht *Die heiligen drei Könige* (S. 107) folgt jetzt auf *Könige und Hirten*, vor *Will der Winter kommen*.

S. 127 Die Ehebrecherin
G I, S. 66f.
E: Jahresring 56/57. Stuttgart: DVA 1956, S. 201.
Eingefügt zwischen *Die Kapelle* (S. 67) und *Die kleine Welt in Bayern* (S. 68).

S. 129 Im Lechtal
G I, S. 86.

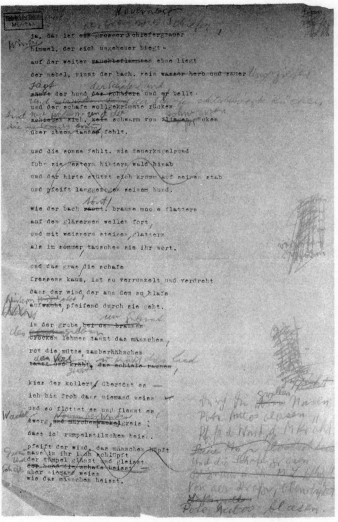

Typoskript: November

H: Typoskript mit handschriftlichen Korrekturen (Privatbesitz). Nr. 1
E: Frankfurter Zeitung, Nr. 541, 23. 7. 1927 [Bd. I, S. 552].
Eingefügt nach *Der Ziegelstein* (S. 86).
Handschriftlich sind über V. 8 die Alternativen »armer Sünder«, »toter Mann«, »Jämmerling«, »Flederwisch« notiert.

S. 130 Der Minnesänger
G I, S. 87.
H: Typoscript mit geringfügigen handschriftlichen Korrekturen (Privatbesitz)
Text von E.
E: Simplicissimus 44, 1939, S. 422 [10. 9.]
V. 10 ist weiß und rund] ist kugelrund
V. 11 schön geschwungen] krumm geschwungnen
Anschließend an *Im Lechtal* eingefügt vor *Der Kamin* (S. 87).

S. 131 Rumpelstilzchen
G I, S. 124.
H: Stadtbibliothek München, Handschriftenabteilung (Typoscript mit handschriftlichen Varianten).
Die handschriftlichen Korrekturen in diesem Typoscript nähern den Text der in E dokumentierten Fassung an (vgl. Abb. S. 341). Die dritte Strophe entfällt; die Schlußstrophe wird tiefgreifend verändert, bis sich aus den handschriftlichen Notaten am rechten unteren Seitenrand die Fassung E herauskristallisiert.
E: November. In: Frankfurter Zeitung, Nr. 837, 9. 11. 1925 [= Bd. I, S. 546].
Eingefügt nach *Zwei Krähen vorm roten Himmel* (S. 117).

S. 132 Junger Schnee
G I, S. 126.
E: Vorm Schneefall. In: Merkur 7, 1953, S. 165 [Februar].
Anschließend an Rumpelstilzchen eingefügt vor *Der Hase* (S. 118).

RABE, ROSS UND HAHN

B.s dritter Gedichtband kam auf Anregung des Verlags zustande (laut Auskunft von Herbert G. Göpfert). Zur Entstehung der Sammlung selbst liegen kaum Dokumente vor; zu B.s sehr viel später aus der Erinnerung festgehaltenen Datierungshinweisen vgl. oben S. 235 u. S. 309. B. hatte diesmal nicht auf einen in mehr als einem Jahrzehnt angewachsenen Fundus von Gedichten zurückgreifen können; verglichen mit *Der irdische Tag* scheinen deutlich mehr Gedichte eigens für die Sammlung geschrieben worden zu sein. Fritz Knöller hatte B. offenbar auch diesmal beraten; am 29. 9. 1939 übersandte B. ihm »die Korrekturbogen«. Die Erstausgabe erschien noch im selben Jahr mit dem 1.–4. Tsd. Die zweite Auflage (München: Langen Müller, um 1940) entspricht im Text der Erstausgabe.

Der Prospekt der neuen Bücher des Langen-Müller Verlages enthält einen Werbetext auch für B.s Band:

Wer einmal den starken sinnenhaften Klang von Brittings Gedichten vernommen hat, wird nie mehr sagen können, daß Lyrik nur eine Sache für zarte und weiche Gemüter sei. In diesen Versen scheint das Leben doppelt stark zu pulsen, der ganze Kosmos beginnt in ihnen zu tanzen – und ihr hinreißender Rhythmus, ihr wilder Humor führen uns mit unheimlicher Zauberkraft mitten hinein in das lockende Leben der Welt.

Das Presseecho blieb offenbar weit hinter dem für den vorigen Gedichtband B.s zurück. Allerdings verringert sich seit der Wende des Jahrzehnts insgesamt, trotz steigender Auflagen, die Zahl der Besprechungen von B.s Werken; die aggressivere Kulturpolitik der Nationalsozialisten, dann die kriegsbedingten Veränderungen der Presse sind hier vor allem als Gründe anzuführen. So sind nur wenige Zeugnisse für die Aufnahme von *Rabe, Roß und Hahn* überliefert.

Vergleichende Würdigungen fehlen fast völlig, obgleich sich gerade in den neuentstandenen Gedichten wie *Der Berg* deutlich auch ein stilistischer Neuansatz erkennen läßt; die »Disposition zum Odisch-Hymnischen« war zeittypisch, resultierte aber wohl auch aus dem Anspruch von B.s durch den Erfolg des *Irdischen Tag* gefestigten Selbstbild als ›Dichter‹: »Britting hatte so unter dem Einfluß der Hauptströmung der Zeit die Sprache auch merklich erhöht. Längst hatte, was einmal als Neue Sachlichkeit hervorgetreten war, im Kunstklima des ›Dritten Reiches‹ einen Gegenimpuls von seiten des ›Gesteigert-Anspruchsvollen‹ erhalten. Weniger im Thema, aber in der Form hatte sich der Lyriker Britting in der zweiten Hälfte der dreißiger Jahre angeglichen. Er hatte begonnen, sich etwa zwischen Carossa, F. G. Jünger und Weinheber einzuordnen« (Bode, S. 83). Doch wird auch die Zuordnung zu einer trostspendenden ›Dichtung‹ der ›inneren Emigration‹, etwa in Gedichten wie *Das Windlicht* (S. 143) deutlicher (vgl. Schmitz, Krieg – Gewalt – Poesie, S. 149–152). Die Kritik nahm von all dem jedoch keine Notiz. – Will Vespers *Die neue Literatur* brachte im April 1940 drei Gedichte (*Frühmorgens, Frühling, Mondnacht auf dem Lande*) aus dem neuen Gedichtband B.s Karl Winkler (vgl. oben S. 274) führte *Rabe, Roß und Hahn* sogleich in den literarhistorischen Kanon ein (Oberpfalz 34, 1940, S. 28).

Martin Kießig (Zeitungsausschnitt im Nachlaß B.s) verfaßte eine knappe Empfehlung, mit einigen Beispielen angereichert, die erkennen lassen sollten, daß »Brittings Art männlich ist, es fehlt alle süße Wortmelodie, der Rhythmus ist herb, alles Weich-Gefällige wird bewußt vermieden.« Ebenso knapp fiel der Hinweis von Karl A. Kutzbach (in: Die neue Literatur 41, 1940, S. 96) auf diese Verse aus, die »farbenkräftig und grobschnittig wie zu einem volkstümlichen Bilderbogen, beschwörend wie aus einem Zauberbuch« seien. Fritz Knöller wurde dagegen vom *Inneren Reich* eine ausführliche Würdigung ermöglicht (Zu Brittings neuem Gedichtband: »Rabe, Roß und Hahn«, in: DiR 6, 1939/40, S. 847–849), die auch einzelne Gedichte – wie *Der Berg* und *Wintermorgen am Fluß* als Spiegel »männliche[r] Haltung« gegenüber der Härte der Welt – interpretierend hervorhebt. Hellmut von Cube (Lied und Beschwörung, in: Neue Rundschau, 51, 1940, S. 102–104) geht neben Gedichtbänden von Georg von der Vring und Friedrich Bischoff auch darauf ein, wie B. »gewaltig den gewaltigen Geist der Natur« beschwöre, und bewegt sich nochmals auf dem Gemeinplatz vom »bayrische[n] Barock« (S. 104). Ein weiterer Kurzhinweis (in: Die Literatur / Das literarische Echo 42, 1940, S. 131) betont dazu anläßlich der Legendengedichte, »daß der barocke Mensch und Dichter keineswegs der Geschichtslose ist«. Schließlich steuert Walter Warnach (Neue Gedichtbücher, in: Hochland 38, 1940/41, S. 127–131, hier S. 130) zu dieser insgesamt oberflächlichen freundlichen Rezeption noch eine weitere zustimmende Notiz bei.

S. 135 Frühling
Laut B.s Erinnerung im Jahr 1934 entstanden.
E. Simplicissimus 42, 1937, S. 169 [28. März].
V.2] Wo bleibt er nur?
V.7 Faul und säumend] Säumend
V.14 Laubbekränzt] Blattbekränzt
V.23–24] Tief unterm Kirchendach, / Wie Feuer und Gold, der Bach
D: G I, S. 135.

S. 136 Überschwemmte Wiesen
Laut B.s Erinnerung im Jahr 1925 entstanden.

H: Stadtbibliothek München, Handschriftenabteilung (Typoscript mit handschriftlichen Varianten).
Der korrigierte Text von H entspricht dem in E überlieferten Text (vgl. Abb. unten).

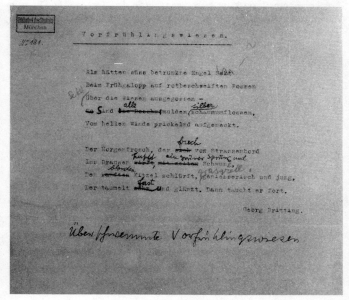

Typoskript: Vorfrühlingswiesen

E: Vorfrühlingswiesen. In: Berliner Börsen-Courier, Nr. 164, 7. 4. 1927 [= Bd. I, S. 551].
D[1]: Überschwemmte Vorfrühlingswiesen. In: Simplicissimus 38, 1934/35, S. 587 [4. 3. 1935].
D[2]: G I, S. 137.
V. 2 rotbeschweiften] rotgeschwänzten
V. 11 Dann ... erschreckt] Dann taucht er weg!

S. 137 Abstieg vom Berg
Laut B.s Erinnerung im Jahr 1935 entstanden.
E: Ausritt 1936/37. München: Langen-Müller 1936. S. 65.
V. 17 so durchs Moor hingeht] so durch mooriges Gelände geht
D[1]: Das Innere Reich 3, 1936/37, S. 70.
D[2]: Münchener Zeitung, Nr. 125/26, 5./6. 5. 1937.
D[3]: G I, S. 138.

S. 138 Wetterwendischer Tag
Laut B.s Erinnerung im Jahr 1934 entstanden.
H: Stadtbibliothek München, Handschriftenabteilung (Typoskript mit handschriftlichen Varianten).
Das korrigierte Typoskript bietet weitgehend den Text von E. Die zum ersten Vers erwogene Variante: »kommen angeritten« wurde ebensowenig übernommen wie die für V. 13 erwogenen Adverbien »sausend« und »lärmend«.
E: Apriltag. In: Simplicissimus 41, 1936, S. 58 [26. April 1936].
V. 22 rosa Wolke] weiße Wolke
D^1: Anfang und Ende, S. 4.
D^2: G I, S. 139.

S. 139 Schnee ins Grüne
Laut B.s Erinnerung im Jahr 1934 entstanden.
E: Drei Gedichte. Schnee ins Grüne. [...]. In: Das Innere Reich 3, 1936/37, S. 452 [Juli 1936]. [Vgl. S. 151, S. 163].
V. 1 in die Wipfel nieder] in das Laub der Bäume
V. 2/3 [umgekehrte Reihenfolge in E]
V. 7–8 Ist nun silberblitzend weiß.
V. 15–17] Und was weiß wie Januar war / Funkelt gold und pfauengrün.
V. 20 hörts nicht auf zu] fährt es fort zu
D^1: Es schneit in den grünen Frühling hinein. In: Völkischer Beobachter, Nr. 116, 26. 4. 1938.
V. 2/3 [umgekehrte Reihenfolge in E]
V. 20 hörts nicht auf zu] fährt es fort zu
D^2: G I, S. 140.

S. 140 Frühmorgens
Laut B.s Erinnerung im Jahr 1934 entstanden.
E: Das Innere Reich 4, 1937/38, S. 334 [Juni 1937].
V. 1 dämmernden Frühe] funkelnden Frühe
V. 3] Von den Schenkeln der weidenden Kühe
V. 8] Wandernd am Horizont.
V. 10] Wie Treppen zum Himmel und glühend besonnt.
D: G I, S. 141.
Laut Bode S. 80 dem von B. »hochgeschätzten *September-Morgen* Mörikes verpflichtet«, vgl. seinen Fassungsvergleich sowie Bd. IV zu B.s Mörike-Ausgabe von 1946.

S. 141 Am Fluß
Laut B.s Erinnerung im Jahr 1935 entstanden.

E: Dem Fluß entlang. In: Simplicissimus 44, 1939, S. 274 [11. Juni].
V.9 Ders] Wers
V.10–11 Fuß liegt, / Rostig und schartig,] Fuß,/ die Klinge ist schartig,
D¹: An der Isar. In: Merian 2, 1949, H. 4 »München«. S. 72.
D²: Die kleine Welt am Strom. München: Nymphenburger 1952, S. 32 [vgl. oben die Anm. zu S. 75].
D³: Steht ein Fisch in der Flut. G I, S. 142f.

S. 142 Hoher Sommer
Laut B.s Erinnerung im Jahr 1935 entstanden.
E: Sommer. In: Simplicissimus 41, 1936, S. 251 [16. August].
V.2] Mit grünem Laub und weißem Wind
V.3 Und die] Und den
V.4 Und die] Und den
V.5 Und den] Und dem
V.5 in wilder Pracht] in schwülen Nächten
V.7 qualmend durch die heiße Nacht] qualmend, in orangenen Prächten
V.8–9] Bis die Sonne bald, o kurze Schlafenszeit! / Aus ihrem schwarzen Grabe flammend drängt,
V.13–16] Und naß vom Tau noch liegt / Die Ebene und schweigt / Beim Ruf der Zornigen.
D¹: Sommer. In: Völkischer Beobachter Nr. 184, 3. 7. 1938.
V.2] Mit grünem Laub und weißem Wind
V.3 Und die] Und den
V.4 Und die] Und den
V.5 Und den] Und dem
V.5 in wilder Pracht] in schwüler Nacht
V.7 qualmend durch die heiße Nacht] qualmend, in orangener Pracht
V.8–9] Bis die Sonne bald / Aus ihrem schwarzen Grabe flammend drängt,
V.14] Und schweigt
V.16] [Fehlt in D¹]
D²: G I, S. 146.

S. 143 Das Windlicht
Laut B.s Erinnerung im Jahr 1938 entstanden.
E: Drei Gedichte. [...]. Das Windlicht. [...]. In: Das Innere Reich 6, 1939/40, S. 680. [September 1939]. [Vgl. S. 149, 182].
D¹: Lob des Weines, S. 23
D²: G II, S. 111.
Vgl. B.s Mitteilungen an Georg Jung, 1. 3. 1947: »Ich schrieb es, als *Rabe, Roß und Hahn* erscheinen sollte, ich keinen Titel für das Buch noch hatte, schrieb es schnell, in einer halben Stunde, *Das Windlicht*, weil es

gleichzeitig den Titel des ganzen Buches abgeben sollte. Es gefiel mir, als Titel, dann auch nicht. Dann dachte ich, den Band ›der goldene Schatten‹ oder ähnlich zu heißen, und schrieb dafür am Tag nach der Windlicht-Geburt das Gedicht, das heut' *Bei der Haselstaude* benannt ist, und dann entschloß ich mich doch für den Titel *Rabe, Roß und Hahn*.«

Hermann Stahl, mit B. jedenfalls in den vierziger Jahren bekannt, stellte *Das Windlicht* 1961 in der Sammlung *Mein Gedicht. Begegnungen mit deutscher Lyrik* (hg. v. Dieter E. Zimmer, Wiesbaden: Limes Verlag) vor:

Ich denke, das ist ein jenseits aller Ismen das Heute überdauerndes Gedicht. Und das hat seinen guten Grund darin, daß dieser Dichter, der schon in seinen Anfängen zur Zeit des Expressionismus weniger »Expressionist« als ein Eigener gewesen, nie noch dem Tag, einer Mode – weder stofflich noch formal – und nie den sogenannten »Anforderungen seiner Zeit« gehorsam war. Brittings Schaffen lebte stets aus außerzeitlichen Quellen, man sehe sich *Das Windlicht* daraufhin an: Der »Garten« – im Auftakt nur eben zitiert, ist »da«, Garten zwischen Albrecht Altdorfers hochgesteigerter Irdischkeit und Alfred Kubins dämonendurchflügeltem Dunkel. Wie Britting, ein Donaumeister wie jene, in seine Landschaften – Mythos *per se* – Menschen stellt mit ihren Spannungen, alternieren Bild und Individualfigur unausgesetzt mit Archetypischem. Die Bereiche des »Aktuellen« sind solcher Dichtung zu eng, ihre Ungebrochenheit macht sie unverwechselbar, im zerklüfteten Gelände heutiger Literatur liegt sie als ein erratischer Block.

S. 144 Kloster am Inn
Laut B.s Erinnerung im Jahr 1938 entstanden.
E: Hochland 34, 1936/37, Bd. II, S. 233. [Juni 1937].
D: G I, S. 148.
V.2] Glänzende Schar
V.7 Goldball] Schneeball

S. 145 Die Brombeerenschlucht
Laut B.s Erinnerung im Jahr 1934 entstanden.
E: Simplicissimus 42, 1937/38, S. 490 [26. 9. 1937].
V.3] Hing es nieder, ja, genau so, genau!
V.11 Andere bläulich] Fast bläulich
V.27 Dorf,] Dorf, sie zu holen,
V.29] Und gleich zu schmausen beginnen,
V.31 Zinnen,] Zinnen, schwindelnd,
V.33 sich fest] sich schreiend fest
D: G I, S. 150f.

S. 147 Im Schwabenland
Laut B.s Erinnerung im Jahr 1936 entstanden.
E: Das Innere Reich 4, 1937/38, S. 835 [Oktober 1937].
V. 8 stieg kletternd] stieg sie kletternd
V. 10] Und die brombeerbewucherte Felsenkluft
V. 24 steinhart gepreßt] und hart gepreßt
V. 25 Schwarz dran glänzten Balken und Stab,
D: G I. S. 152f.

S. 148 Im Grase liegend
Laut B.s Erinnerung im Jahr 1932 entstanden; Neufassung von Bd. I, S. 545.
E: Drei Gedichte von Georg Britting. Im Grase liegend. [...]. In: Die Dame 65, H. 12, 1938, S. 3.
V. 1 wie üppig] wie dick
V. 5 Nun liege und träume!] [Nicht in E].
V. 10 Die Gräser] Die Bäume
V. 11] Nun trägt mich ein leise sich wiegender Kahn
V. 12 hin nimmt er die Bahn] hin geht seine Bahn
V. 14-15] [Nicht in E].
V. 16 da weckt] da trifft
V. 17] Aber da lieg ich im Wiesental
D: G I, S. 156.
V. 11] Mir ist, mich trüge schaukelnd ein Kahn

S. 149 Bei der Haselstaude
Laut B.s Erinnerung im Jahr 1938 entstanden.
E: Drei Gedichte. [...]. Bei der Haselstaude. In: Das innere Reich 6, 1939/40, S. 681. [September 1939]. [Vgl. S. 143].
V. 6] [Nicht in E].
V. 7] Und das] Das
D: G I, S. 157.

S. 150 Erntezeit
Laut B.s Erinnerung im Jahr 1937 entstanden.
E: Die neue Linie 9, Heft 12, 1938, S. 36 [August].
V. 3 Knarrend] schwer schwankend
V. 8-9 Apfelbaums, / Der] Apfelbaums, der
V. 11-14] mit der Fülle rotbäckiger Früchte gesegnet, / neben dem Weg steht.
D^1: Anfang und Ende, S. 10.
D^2: G I, S. 158.

S. 151 Erwachen in der Nacht
Laut B.s Erinnerung im Jahr 1929 entstanden.
E: Drei Gedichte. [...]. Erwachen in der Nacht. [...]. In: Das Innere Reich
3, 1936/37, S. 454. [Juli 1936] [Vgl. S. 139, S. 163].
D: G I, S. 159.

S. 152 Nacht der Erinnerung
Laut B.s Erinnerung im Jahr 1936 entstanden.
E: In dieser Nacht. In: Das Innere Reich 4, 1937/38, S. 997f.
[Dezember 1937].
D: G I, S. 161f.

S. 154 Wo der Waldweg lief
Laut B.s Erinnerung im Jahr 1934 entstanden.
E: Das Innere Reich 2, 1935/36, S. 1173f. [Januar 1936].
V.21–22 ein fast finsteres Gesicht / Als er so befahl.] ein hartblickendes
Gesicht, / Und der Hase zitterte im Dickicht, / Als er so mit heller Stimm
befahl.
V.42 zum Stall] vom Stall
D^1: Münchner Neueste Nachrichten, Nr. 350–352, 24.–26. 12. 1937.
V.21 fast finsteres Gesicht] fast drohendes Gesicht
V.42 zum Stall] vom Stall
D^2: G I, S. 163f.
V.7 Blasbalg von] Blasbalg, von

S. 156 Der unverständige Hirt
Laut B.s Erinnerung im Jahr 1934 entstanden.
H: Stadtbibliothek München, Handschriftenabteilung (Typoscript mit
handschriftlichen Varianten).
Text nähert sich E an; (vgl. Abb. S. 351).
E: Das Innere Reich 3, 1936/37, S. 1100f. [Dezember 1936].
V.13] Gestalten sah er aufstehn da und dort,
V.41 stand – und] stand und
D^1: Münchener Zeitung, Nr. 358/60, 24.–26. 12. 1937 [= E].
D^2: Deutsche Weihnacht im Krieg. München (Universitätsdruckerei
Dr. C. Wolf & Sohn) 1942. S. 10f.
D^3: G I, S. 165f.
V.37 nichts zu fragen] nicht zu fragen

S. 158 Die Könige im seidenen Gewand
Laut B.s Erinnerung im Jahr 1935 entstanden.
H: Stadtbibliothek München, Handschriftenabteilung (2 S., Typoskript
mit handschriftlichen Varianten).

Typoskript: Der unverständige Hirt

Der korrigierte Text der ersten Seite entspricht weitgehend E; zu den Korrekturen der zweiten Seite (vgl. Abb. unten).
V. 5 Ziegenbock] esel kalb
E: Simplicissimus 41, 1936, S. 518 [27. Dezember].
V. 1 Himmelskind] Jesulein
V. 47 das Neugeborene] das Jesuskindlein
V. 49–50] Als über Bethlehem sie ihren Lauf begann.
D: G I, S. 167f.
V. 20 Bettelweg] Weg
V. 29 Quer durch] Her durch
V. 47 Neugeborene feurig an] Neugeborene an

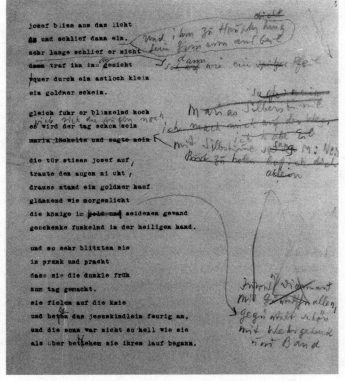

Typoskript: Die Könige im seidenen Gewand (zweite Seite)

S. 160 Der Himmelsschütze
Laut B.s Erinnerung im Jahr 1937 entstanden.
E: Das Neue Jahr. Das Innere Reich 5, 1938/39, S. 1150 [Januar 1939].
[*Von unserer Druckvorlage gelegentlich differierende Zeilengliederung*]
D: G I, S. 169.

S. 161 Der italienische Kuckuck
Laut B.s Erinnerung im Jahr 1935 entstanden.
E: Wenn in Italien der Kuckuck schreit. In: Die Dame 64, H. 7, 1937, S. 59.
V. 2] Früher als bei uns, Anfang April,
V. 3 weht] wirbelt
V. 19 [danach eingefügt] Verwandlung, zaub'risch, die der Vogel schuf:
D: G I, S. 170.
Im Schlußvers klingt Eichendorffs Gedicht *Heimweh* (eingeschaltet in: *Aus dem Leben eines Taugenichts*) an.

S. 162 Am Tiber
Laut B.s Erinnerung im Jahr 1929 entstanden.
E: Der Vogeljäger. In: Die Dame 63, H. 17, 1936, S. 48.
V. 2–3] Himmel, und der weiße Fluß / Tanzt mit leichtem Tänzerfuß
V. 21] Schwingenträgern.
V. 23–24] Fließt der Tiber. / Seinen schnellen, kriegerischen
V. 25–26 Räuberfischen / Ist er Spielgesell] Räuberfischen, / Seinen wilden Mückenjägern / Ist er / Spielgesell
D: G I, S. 171.

S. 163 Überdruß des Südens
Laut B.s Erinnerung im Jahr 1930 entstanden.
E: Drei Gedichte. [...]. Überdruß des Südens. In: Das Innere Reich 3, 1936/37, S. 455. [Juli 1936]. [Vgl. S. 139, S. 151].
V. 1–2] Voll Unmut, / Eine schwarze Krähe, / Sitz ich in meinem Nest / Und spähe
V. 6] Weißeres siehst du nicht
V. 10] Und überall ist Blau
V. 12] prahlend] prahlerisch
V. 13–14] Ich finstrer Vogel, Eule, Nachtgetier, / Schau bös auf dieses Fest.
V. 17 schwarzen Nest] dunklen Nest
D: G I, S. 172.
V. 14] Erbittert dieses Farbenfest.
V. 17] Und stieß ihn nackt und stoppelig / Aus meinem schwarzen Nest.

S. 164 Verwildeter Bauplatz
Laut B.s Erinnerung im Jahr 1934 entstanden.

E: Das Innere Reich 4, 1937/38, S. 929–931 [November 1937].
V.21 Schüsseln warten] Schüsseln stehen
V.42 Verachtend] Betrachtend
V.52 Entronnen] Entkommen
V.56 wölkt überm] steht überm
D: G I, S. 173ff.

S. 167 Die Schlangenkönigin
Laut B.s Erinnerung im Jahr 1929 entstanden.
E: Wo im Schilf die wilden Enten wohnen. In: Das innere Reich 4, 1937/38, S. 567 [August 1937].
V.10–11 [Reihenfolge in E umgekehrt]
V.13–14] [Nicht in E]
V.23–50] Und der Mond, er siehts mit Gleichmut, / Hangend überm schwarzen Tann, / Augend aus dem Wolkenschlitz, / Wie ein Stoß und Feuerblitz, / Niederwirft den Mann. / Sieht, wie der dann schlummernd ruht, / Hingestreckt in seiner Größe / Auf der buschbestandenen Blöße, / Das Gesicht im Farn versteckt. / Sorgsam an dem Tröpflein Blut, / Daß er ja den Mann nicht weckt, / Noch ein später Falter schleckt, / Flügelschlagend, und es schmeckt ihm gut. / Silbern glänzt das Farngespinst. / Krumme Fichten, taubenäßt, / Senken traurig das Geäst. / Still der Mond tut Wächterdienst.
D: G I, S. 176f.
Vgl. zur aktuellen und historischen Würdigung die Beiträge von Harald Grill und Walter Schmitz in: Georg Britting (1891–1964). Hg. v. B. Gajek u. W. Schmitz. Regensburg: Buchverlag der Mittelbayerischen Zeitung/Bern u. a.: Lang 1993.

S. 169 Der Berg
Laut B.s Erinnerung im Jahr 1935 entstanden.
E: Die neue Rundschau /IL. Jg. der Freien Bühne, I, 1938, S. 154–157.
V.13–18] [Nicht in E]
V.46] Es nimmer zerschmolz.
V.52] Den Frechen, Vermessenen
V.53 einen Hagel] einen Schauer
V.56 er sich duckte] er noch weilte
V.68–72] Blickte das wilde / Haupt dem Erschrockenen / Lange noch nach.
V.85 federnlos, bloß] federnlos, nackend und bloß
V.107–109] Die Nebel vom Bach sich heran. / Es hoben / Die Disteln abweisende Spieße
V.115] Prächtig, aus Gold, breitbrüstig die Giebel

V.117] [Fehlt in E]
V.119] Der Kirche am See.
V.120–125] [Fehlt in E]
D: G I, S. 179ff.

V.60 Schneebruch] Schneebrett
»Die Art der freien Rhythmen und der Wortwahl (die Typisierung des Subjektiven: der Kühne; der Fremde; der Schreitende; ihn, der schauend verweilte), überhaupt auch die Reisesituation und die Lebensform des Wanderers erinnern an Goethes *An Schwager Kronos* und *Harzreise im Winter*. Alverdes hatte gerade 1935, als das Gedicht entstand, das Goethesche Bergerlebnis bei der *Harzreise* in Rundfunk und *Innerem Reich* [DiR 1, 1934/35, S. 1387–1400] interpretiert. Für Britting gab der Hirschberg bei Kreuth, südlich des Tegernsees, den Anstoß, doch es ›könnte auch ein anderer Berg gewesen sein‹, sagt er [Brief an Dietrich Bode], ›viele andere!!‹« (Bode, S. 82)

S. 174–178 RABE, ROSS UND HAHN
Laut B.s Erinnerung im Jahr 1937 entstanden.
E: Das Innere Reich 3, 1936/37, S. 1359–1363. [Februar 1937].
S. 174 Der Rabe
V.9 Und er jagt den jungen] Stürmer hinterm jungen
V.30 der Friedhofsmauer] der weißen Mauer
V.31 er schräg] er düster schräg
S. 176 Das Roß
S. 177 Der Hahn
V.32 Eisentürn] Friedhofstürn
V.35] Und bei kaum bewegtem Flügel
V.41 Ohne Ruh] Ruhelos

S. 178 Alle drei
[Überschrift nicht in E]
V.28–31] [Nicht in E]
D¹: Jugend 44, 1939, S. 468–469 [Juni]
D²: G I, S. 184–188
Der Rabe (S. 184f.)
Das Ross (S. 186)
Der Hahn (S. 187f.)
V.8–9] Königlich noch im Vergeuden, / Wenn er lässig-stolz verschenkt / Den Wurm, den er empor geschwenkt.

S. 179–185 DER ALTE MOND
S. 179 Mondnacht

Laut B.s Erinnerung im Jahr 1932 entstanden.
E: Simplicissimus 44, 1939, S. 182 [23. April].
D¹: DaM.
D¹: G I, S. 191.

S. 180 Mondnacht im Gebirge
Laut B.s Erinnerung im Jahr 1936 entstanden.
E: Simplicissimus 42, 1937, S. 212 [18. April].
[In E keine strophische Gliederung]
D¹: Die Propyläen (Beil. zur »Münchener Zeitung«) 34, 1936/37, S. 297
[18. 6. 1937].
V.9–10] [In D¹ keine Versgrenze]
V.14–15] [In D¹ keine Versgrenze]
D²: DaM.
D³: G I, S. 192.

S. 181 Dort hängt schon der Mond
Laut B.s Erinnerung im Jahr 1935 entstanden.
E: Mondnacht am Main. In: Das Innere Reich 6, 1939/40, S. 299 [Juni 1939].
D¹: DaM.
D²: G I, S. 193.

S. 182 Mondnacht auf dem Turm
Laut B.s Erinnerung im Jahr 1936 entstanden.
E: Abend auf dem Turm. In: Almanach der Dame. Zweite Folge auserwählter Gedichte. Berlin: Propyläen 1935, S. 62. [Vgl. S. 260].
V.3–4 Garten, heiß vom Tage, / Auf] Garten, heiß / Vom Tage, auf
V.10–12] Der schwarze Bergwind, der vom Wald her weht, / Treibt die weiße weit ins Land hinaus. / Das Grillenvolk mit Silbernadeln näht.
D¹: Drei Gedichte. Mondnacht auf dem Turm. [...]. In: Das Innere Reich 6, 1939/40, S. 679. [September 1939] [Vgl. S. 143].
D²: DaM.
D³: G I, S. 194.

S. 183 Der Mond über der Stadt
Laut B.s Erinnerung im Jahr 1929 entstanden.
E: Simplicissimus 39, 1934/35, S. 398 [18. 11. 1934].
D¹: DaM.
D²: G I, S. 195.

S. 184 Mondnacht auf dem Lande
Laut B.s Erinnerung im Jahr 1936 entstanden.

D¹: DaM.
D²: G I, S. 198.

S. 185 Der Mond
Laut B.s Erinnerung im Jahr 1935 entstanden.
D¹: DaM.
D²: G I, S. 197.

S. 186 Bergkrähen
Laut B.s Erinnerung im Jahr 1936 entstanden.
H: Stadtbibliothek München, Handschriftenabteilung (Typoskript mit handschriftlichen Korrekturen).
Text angenähert E (vgl. Abb. S. 358).
E: Das Innere Reich 3, 1936/37 [April 1936].
V. 13–14] Wolken nehmen nun dem Tal das letzte Licht.
D: G I, S. 199.

S. 187 In den Wäldern am Hirschberg
Laut B.s Erinnerung im Jahr 1936 entstanden.
V. 1, 4 und 17 aus dem Gedicht *Kalter Morgen im Wald* (S. 217)
D: G I, S. 200.

S. 188 Herbst
Laut B.s Erinnerung im Jahr 1932 entstanden.
E: Später Herbst. In: Simplicissimus 42, 1937, S. 593 [28. November].
V. 8 rote Riesen] schlimme Riesen
D: G I, S. 201.

S. 189 Anfang und Ende
Laut B.s Erinnerung im Jahr 1937 entstanden.
E: Aus deutscher Lyrik der Gegenwart. Festgabe der Deutschen Akademie München. [Rudolf G. Binding zum Gedächtnis]. München: Deutsche Akademie 1938, S. 75. [Vgl. oben S. 296].
D¹: Drei Gedichte von Georg Britting. […]. Anfang und Ende. […] In: Die Dame 65, H. 12, 1938, S. 3. [Vgl. S. 148].
D²: Das deutsche Gedicht. Ein Jahrtausend deutscher Lyrik. Hg. v. Wilhelm von Scholz. Berlin: Th. Knaur 1941. S. 549f.
D³: Anfang und Ende, S. 14f.
D⁴: G I, S. 202f.

S. 191 Aufziehende Schneewolke
Laut B.s Erinnerung im Jahr 1938 entstanden.
E: Vorm Schneefall. In: Simplicissimus 42, 1937, S. 94 [14. Februar]

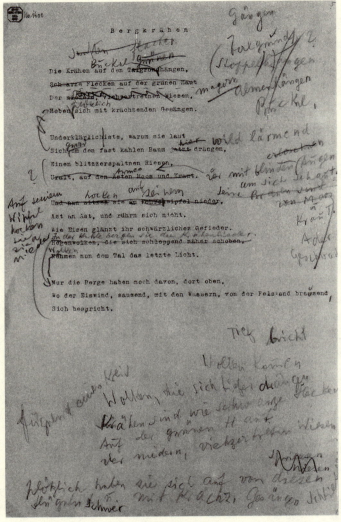

Typoskript: Bergkrähen

V.2–3 gesäumt] / Das Schwarz] gesäumt: So rot wie Blut, so gelb wie Wein. / Das Schwarz
V.14] [Nicht in E].
D: G I, S. 204.

S. 192 Schneesturm
Laut B.s Erinnerung im Jahr 1934 entstanden.
E: Schnee. In: Simplicissimus 43, 1938, S. 20 [16. Januar]
V.3] als wollten fast ängstlich die Tragkraft sie proben
V.9 sie breiter, fingerbreit, größer] sie fingerbreit, daumenbreit, größer
V.20 konnte natürlich da] konnten da
D[1]: Das liebste Gedicht. Hg. v. Heinz Grothe. Königsberg: Kanter 1939, S. 24f.
Der Herausgeber Grothe hatte für diese Anthologie jeweils »den Dichter« aufgefordert, aus seinem Schaffen »sein liebstes Gedicht zu nennen« (S. 125).
D[2]: G I, S. 206f.

S. 194 Wintermorgen am Fluß
Laut B.s Erinnerung im Jahr 1935 entstanden.
E: Das Innere Reich 5, 1938/39, S. 1466–1469 [März 1939].
V.16] und flatternd im Kreise
V.18–19] fiel er an der gleichen / Stelle dann wieder ein.
V.55 dem [...] Fluß] der [...] Flut
V.55–66] [Nicht in E]
V.67–68] [In E auf V.55 folgend] Da traten, drüben am Damm, / aus dem Jungholz der Tannen / bayrische Pioniere heraus.
V.72 vögelverscheuchende Überfahrt] vogelaufstöbernde Fahrt.
D: G I, S. 208–212.
V.18] Fiel er, beruhigt
V.35] [Entfällt in D]
»Sehr wahrscheinlich sind Anregungen von den *Gedichten* (1934) und dem *Taurus* (1937) von Friedrich Georg Jünger verwertet« (Bode S. 82; vgl. zu B.s Wertschätzung Jüngers auch Bd. IV).

AUS DER SPÄTEREN FASSUNG VON *RABE, ROSS UND HAHN*

In G I folgen nach dem Gedicht *Am Fluß* (Titel in G I: *Steht ein Fisch in der Flut*) nicht sogleich *Hoher Sommer* wie in B, sondern zunächst die beiden *Steht ein Fisch in der Flut*, dann das in B nicht enthaltene *Fahrt auf der Donau*;

an das folgende *Hoher Sommer* schließt sich in B *Das Windlicht,* in G I hingegen *Der alte Pfad* an; denn inzwischen war *Das Windlicht* in die Sammlung *Lob des Weines* aufgenommen worden (vgl. Bd. IV). Zwischen *Kloster am Inn* und *Die Brombeerenschlucht* ist G I *Nach dem Hochwasser* eingeschaltet; zwischen *Im Schwabenland* und *Im Grase liegend* steht in G I das Gedicht *Der Sommer ist fürchterlich.* Auf *Erwachen in der Nacht* folgt in G I *Verlorene Freunde.* Statt der beiden Gedichte *Mondnacht auf dem Lande* und *Der Mond* bietet G I das neueingefügte *Zweimal der Mond,* dann *Der Mond* und schließlich *Mondnacht auf dem Lande. Allein in der Hütte* wurde in G I zwischen den Gedichten *Aufziehende Schneewolke* und *Schneesturm* eingefügt.

S. 202 Fahrt auf der Donau
Laut B.s Erinnerung im Jahr 1930 entstanden.
G I, S. 144f.
H: Typoscript mit handschriftlichen Korrekturen (Privatbesitz).
Der Text entspricht weitgehend G I; die wenigen Korrekturen konzentrieren sich auf V. 1–2; sie lauten in der maschinenschriftlichen Fassung:
    Im Wirtshausgarten tranken wir
    Das dicke braune Klosterbier.
Als Endstufe ist unten auf der Seite handschriftlich notiert:
Im kühldunklen Garten tranken wir das bittere, schwarze Klosterbier.
[*korrigiert aus:* mönchische Bier]
E: Donaufahrt. In: Simplicissimus 46, 1941, S. 242 [16. April].
V. 1 Im kühligen Garten] Im Wirtshausgarten
V. 2 das schwarze Klosterbier] das bittere Bauernbier
V. 3–4] Rot war der Schinken und schwarz war das Brot: / Jetzt klirrt die Kette am Boot.
V. 5 am Ufer entlang] den Strom entlang
V. 7–8] Fern verhallt ein Gesang.
V. 11–20] [Nicht in E]
V. 21–30] Es knurrt die Bank, und es riecht nach Teer. / Die Ruder seufzen, sie haben es schwer: / So oft sie sich heben, so oft sind sie leer, Das Fließende halten sie nimmermehr // Die Wellen sprechen ihr eiliges Wort, / Sie raunen und flüstern und rauschen dann fort. / Dem lauschen die Weiden, schief und verknorrt: / Sie müssen bleiben an ihrem Ort. // An der Felswand dort / Klettert ein Mann, um die Hüfte den Strick. / Sucht er nach einem verborgenen Hort? / Er wagt den Sonntag, wagt das Genick / Für nichts als einen Raubvogelblick.

S. 203 Der alte Pfad
G I, S. 147.
E: Später Sommer. Drei Gedichte. Der alte Pfad. [...]. In: Das Innere Reich 8, 1941/42, S. 304.
V.6 Vom grünen] Von grünem
D¹: Vorm Wirtshaus, an der Eisenstang. In: Lob des Weines, S. 9.

S. 204 Nach dem Hochwasser
G I, S. 149.

S. 205 Der Sommer ist fürchterlich
G I, S. 154f.
E: Wie kann man ihn loben? In: Die Dame 68, H. 10, 1941, S. 37.
V.2] Siehst du ihn toben?
V.5 Uns] Dich
V.14 den Augen] deinen Augen
V.23 die Kreuzotter] die graue Kreuzotter
V.27–28 den schwarzen / Schatten, der Wald,] den Schatten, / Der schwarze Wald,
V.29 froschkalt] steinkalt
V.31 Wär] Wärs
V.32] In dieser Zeit.

S. 207 Verlorene Freunde
G I, S. 160.

S. 208 Zweimal der Mond
G I, S. 196.
H: Typoscript (Privatbesitz). [= E]
E: Simplicissimus 45, 1940, S. 10 [7. Januar]
V.12 Still auf] Kreisrund auf
V.14 Trugbild] Spiegelung
V.15 ab und] ab dann und

S. 209 Allein in der Hütte
G I, S. 205
E: Einsames Weihnachten in der Skihütte. In: Simplicissimus 32, 1927, S. 536 [26. Dezember] [= Bd. I, S. 554].
D: Merkur 7, 1953, S. 166 [Februar].

VERSTREUT VERÖFFENTLICHTE GEDICHTE

S. 211 Der mitleidige Posaunenengel
E: Simplicissimus 37, 1932/33, S. 466 [25. 12. 1932].

S. 212 Dunstiger Abend
E: Kölnische Zeitung, 31. 10. 1933.

S. 213 Winter vor der Stadt
E: Simplicissimus 38, 1933/34, S. 538 [4. 2. 1934].

S. 214 Christmette
E: Simplicissimus 39, 1934/35, S. 466 [23. 12. 1934].

S. 215 Vorfrühling
E: Simplicissimus 40, 1935/36, S. 608 [15. 3. 1936].
Neufassung von Bd. I, S. 549.

S. 216 Genesender
E: Simplicissimus 42, 1937, S. 563 [7. November 1937].

S. 217 Kalter Morgen im Wald
E: Simplicissimus 42, 1937, S. 234 [2. Mai 1937].
Vgl. S. 187.

S. 218 Am Fluß
E: Simplicissimus 42, 1937, S. 338 [4. Juli].

S. 219 Morgenritt
E: Die neue Linie 9, H. 1, 1937, S. 53 [September].

S. 220 Dezemberabend
E: Simplicissimus 42, 1937, S. 614 [12. Dezember 1937].

S. 221 Weihnachtsabend in der Vorstadt
E: Völkischer Beobachter (Münchner Ausgabe), »Deutsche Weihnachten 1937« (Unterhaltungsbeilage), 24.–26. 12. 1937, S. 28.
D: Weihnachtsabend in der Stadt. In: Münchner Neueste Nachrichten, Nr. 358–360, 24./26. 12. 1939.

S. 222 Der Brunnen
E: Simplicissimus 43, 1938, S. 238 [22. Mai]

S. 223 Abend im Frühling
E: Drei Gedichte von Georg Britting. [...] Abend im Frühling. In: Die Dame 65, H. 12, 1938, S. 3. [Vgl. S. 148].
D: Abend im Vorfrühling. In: Simplicissimus 45, 1940, S. 127 [17. März].
V. 12]
V. 14–18]

S. 224 [Was immer die Deutschen...]
E: Dem Führer. Gedichte für Adolf Hitler. Hg. v. Karl Hans Bühner. (= Deutsches Wesen 15). Stuttgart u. Berlin: Georg Truckenmüller Verlag 1939.
D: Dem Führer. Worte deutscher Dichter. Ausgewählt von August Friedrich Velmede. Tornisterschrift des Oberkommandos der Wehrmacht (Abteilung Inland). Zum Geburtstag des Führers 1941. Heft 37, S. 23.
Der jener nationalsozialistischen Anthologie von 1939 vorangestellte Text »Zum Geleit« von Philipp Bouhler lautet:

> Zu allen Zeiten haben große Ereignisse in der Dichtung, dem Spiegelbild des Lebens, ihren künstlerischen Niederschlag gefunden. Und immer waren es die Großen der Geschichte, war es der Mann, der Unsterbliches schuf, war es der Held, die Persönlichkeit, das Genie, an denen sich die Künstler ihrer Tage entzündeten, von denen sie erfüllt, bewegt und zu großen Schöpfungen begeistert wurden.
> So mögen denn in einer Zeit, da Adolf Hitler das neue Reich geschaffen und eine neue Epoche der Weltgeschichte eingeleitet hat, diese Blätter Zeugnis ablegen von dem Ringen der heutigen Generation um die dichterische Gestaltung des größten Heroen des deutschen Volkes!

Die Zeitschrift *Das Innere Reich,* eine »ausgesprochen Süddeutsche Zeitschrift« (Mallmann S. 152), deklarierte das Maiheft 1938 zum »Sonderheft zur Heimkehr Deutsch-Österreichs ins Reich«, das zweifellos auch die Zustimmung der Herausgeber zu dieser bei der Reichsgründung 1871 verfehlten ›großdeutschen‹ Lösung spiegelt (die Marbacher Ausstellung *Das Innere Reich* widmete diesen ›großdeutschen Euphorien‹ eine eigene Abteilung, vgl. Volke, Beil., Vitrine 7). Obschon sich hier kein Beitrag B.s findet, sollte dieses Heft als ideologischer Kontext zur Würdigung von B.s Versen herangezogen werden. Für gewiß darf gelten, daß dieses Gedicht B. abgefordert wurde. Hans Carossa hat diese im Dritten Reich übliche Praxis beschrieben:

> Zu Beginn des Jahres 1939 empfing ich zwei amtliche Briefe, die beide einen Glückwunsch zu Hitlers Geburtstag verlangten. Dergleichen Huldigungen wurden damals wie Steuern eingetrieben, und in diesem Fall mit besonderem Nachdruck, denn dieser Geburtstag war einer von

denen, welche Rilke die »betonten« nannte: der fünfzigste. Eine bloße Gratulation wurde leider von vorneherein als ungenügend bezeichnet; sie sollte mit einem klaren Bekenntnis zum Führer verbunden sein. Das öfters bewährte Schweigeverfahren blieb erfolglos; die Mahnungen trafen pünktlich ein. Ich suchte mir dadurch aus der Verlegenheit zu helfen, daß ich es vermied, das gefährliche Geburtstagskind unmittelbar anzureden. Ich stellte aus einigen meiner Bücher Zitate von allgemeiner Gültigkeit zusammen und ergänzte sie durch den Schluß, der Dichter, der Künstler habe im Bereich seiner Arbeit den eigenen schmalen abseitigen Weg mit der gleichen Entschiedenheit zu gehen wie draußen auf dem Kampfplatz irdischer Gewalten der Mann der Tat den seinigen. Dieser Glückwunsch für Hitler war zu einer Zeit geschrieben, wo man die Hoffnung, ihn jemals loszuwerden, hatte aufgeben müssen. Wer sie richtig las, mußte in ihnen eine höflich-mittelbare Beschwörung des Mannes erkennen, von dessen Entschlüssen nun einmal unsere Zukunft abhing. Und so war auch der Segenswunsch am Schlusse durchaus ernst gemeint, da er doch der Gesamtheit unseres Volkes galt. Ich sandte mein Schreiben ab und verlor es bald aus dem Gedächtnis.
(Carossa, Ungleiche Welten. Wiesbaden: Insel 1951, S. 72f.)

S. 225 Die freiwilligen Knaben
E: Das Innere Reich 6, 1939/40, S. 742f. [Oktober 1939].
D[1]: Münchner Neueste Nachrichten, Nr. 316, 11. 11. 1940.
D[2]: Die freiwilligen Knaben. Den Gefallenen von Langemarck. In: Krieg und Dichtung / Soldaten werden Dichter – Dichter werden Soldaten. Ein Volksbuch. Hg. v. Kurt Ziesel. Wien, Leipzig: Adolf Luser 1940, S. 75f.
D[3]: Die freiwilligen Knaben. Den Gefallenen von Langemarck. In: Die Ballade. Menschen und Mächte. Schicksale und Taten. Hg. v. Wilhelm von Scholz. Berlin: Th. Knaur 1942, S. 540f.
In seiner Rede *Deutsche Jugend vor den Toten des Krieges*, 1924 zuerst gehalten, 1933 (bei Rütten & Loening, Frankfurt a.M.) neu vorgelegt, hatte Rudolf G. Binding über die Ereignisse, die mit dem Stichwort ›Langemarck‹ aufgerufen wurden, gesagt: »Jenes Geschehen aber gehört schon nicht mehr der Geschichte an, wo es einst dennoch erstarren und begraben sein würde, sondern der unaufhörlich zeugenden, unaufhörlich verjüngenden, unaufhörlich lebendigen Gewalt des Mythos« (Binding V, S. 248). Die Legendenbildung um Langemarck (vgl. Baird, S. 1–12) ging vom Heeresbericht zum 11. November 1914 aus: »Westlich Langemarck brachen junge Regimenter unter dem Gesange ›Deutschland, Deutschland über alles‹ gegen die Linie der feindlichen Stellungen vor und nahmen sie« (zit. n. dem Vorsatzblatt in: Das Langemarckbuch der deutschen Studentenschaft, hg. v. Karl August Walther, Leipzig: Koehler 1933). Dieser

Bericht stellte bereits – mit dem Gesang, mit der Erfolgsmeldung – eine Stilisierung des Geschehens dar, die freilich von den Zeitgenossen nicht durchschaut wurde: »Es ist der Heeresbericht«, schrieb Paul Alverdes in seinem Essay *Das Vermächtnis von Langemarck* 1938, »der sich, auch für uns Überlebende aus der Kriegsgeneration – und wieviel mehr noch für die folgenden –, nun schon wie eine Strophe aus einer alten Heldensage liest« (Alverdes, S. 259).

Alverdes hatte 1933 ein Hörspiel *Die Freiwilligen* über den Angriff auf Langemarck geschrieben. Die Dialogkonstellation von B.s Gedicht ist hier vorgeprägt: »In diesem Text triumphieren die Opferbereitschaft und die klassenversöhnende Kameradschaft über die realistische Skepsis eines älteren, kriegserfahrenen Soldaten und über die ohne Umschweife ausgesprochene Tatsache der Vergeblichkeit des Angriffs. Die Darstellung einer Niederlage war für das Gedenken der zwanzigjährigen Wiederkehr des Tages von Langemarck im November 1934 nicht mehr opportun« (Lehnert S. 318).

Im Novemberheft 1934 brachte *Das Innere Reich* einen Gedenkartikel von Wolf Justin Hartmann: *Langemarck* (S. 946–951); Hartmann hielt »jene[n] Hörigen der Niedrigkeit und Wohlfeilheit, die aus der dumpfen Enge ihrer erdgeborenen Ohnmacht nach jeder kühnen Tat und jedem höheren Streben mit neidischen Blicken schauen« und die in Langemarck nur »die Überlegenheit der Technik über noch so tapfere, opferwillige Herzen« exemplifiziert sahen, »das Wunder der Verwandlung« entgegen: »Das neue Wesen, der neue deutsche Mensch, geboren aus dem Blut der Kameradschaft, entstanden im Inferno eines ungeheuren Ernstes, emporgebaut aus der Sittlichkeit des Opfers, wuchs aus dem Tod in das Leben« (S. 947, 951). Auch sonst wurde der Mythos von Langemarck in B.s Umkreis gepflegt. Der Band *Langemarck. Ein Vermächtnis* mit einer Rede von Josef Magnus Wehner von 1928 wurde bei Langen-Müller 1933 neu aufgelegt; aber auch Bernt von Heiseler führte sich beim *Inneren Reich* mit einem Langemarck-Gedicht ein (vgl. Volke S. 18).

B., der ja die »dumme Tapferkeit« solcher todesmutiger Soldaten eher skeptisch beurteilte (vgl. Bd. I, S. 573), löste mit seinem anti-heroischen Gedicht eine Beschwerde des Studentenführers Dr. Robert Müller und des Leiters des Kulturamts Dr. Gerhard Stenzel in Wien an die Schriftleitung der Zeitschrift aus. B. schrieb daraufhin am 30. Oktober 1939 an die beiden Parteileute:

»Mein Freund Paul Alverdes, der Herausgeber des ›Inneren Reichs‹, gab mir Einsicht in den Brief, den Sie unterm 24. Oktober an ihn richteten. Das Urteil, das Sie darin über den *künstlerischen* Wert meines Gedichtes ›Die freiwilligen Knaben‹ abgeben, ist für mich ohne Interesse. Aber als alter Frontsoldat, der selber unter den stürmenden Freiwilligen des Herbstes 1914 war, und dabei verwundet wurde, um nach seiner Wiederherstellung noch drei Jahre in den Schützengräben des Westens als Kompanieführer zu liegen, bis zu einer abermaligen schweren Verwundung im Jahre 1918, weise ich mit Zorn und Entrüstung die ungeheuerliche Unterstellung zurück, das Gedicht ›Die freiwilligen Knaben‹, eine Huldigung für meine gefallenen Kameraden, sei eine ›aufreizende Entwürdigung der Toten von Langemarck‹ – der geliebten und unvergessenen Toten, unter denen mancher Jugendfreund von mir sich befindet.

Wenn ich nicht binnen acht Tagen eine Erklärung von Ihnen erhalte, daß Sie sowohl die Worte ›aufreizende Entwürdigung‹ als auch ›Entstellung dieses geschichtlichen Opfers‹ in aller Form und mit dem Ausdruck des Bedauerns zurücknehmen, werde ich in der Angelegenheit den Ehrenschutz meiner Standesorganisation in Anspruch nehmen.

Heil Hitler!

Georg Britting«

S. 227 Hahnenschrei
E: Simplicissimus 45, 1940, S. 287 [16. Juni]

S. 228 [Soll ich dir sagen...
H: Typoscript mit handschriftlichen Korrekturen (Privatbesitz). Der von B. bei der Niederschrift auf 1939 datierte Text entspricht E.
E: Liebeslied. In: Krakauer Zeitung, Nr. 10, 13. 1. 1943.

S. 229 Kurze Antwort!
E: Simplicissimus 45, 1940, S. 354 [28. Juli]
Vgl. *Verdrossene Antwort,* Bd. IV

S. 230 Verregnetes Jahr
E: Münchner Neueste Nachrichten, Nr. 285, 11. 10. 1940.

S. 231 Dumme Frage
E: Simplicissimus 45, 1940, S. 582 [4. Dezember].

SIGLEN UND ABKÜRZUNGEN

Anfang und Ende – Anfang und Ende. Gedichte von Georg Britting, [=] Das Gedicht. Blätter für die Dichtung, 10. Jahrgang, 4. Folge, Januar 1944. Hamburg: Verlag Heinrich Ellermann 1944.

B – Buchausgabe (der jeweiligen Gedichtsammlung).

(B) – Britting, Der irdische Tag. 1. Bogenkorrektur, 25. Juli 1935. Mit handschriftlichen Korrekturen. [Vgl. Georg Britting. Der Dichter und sein Werk. Ausstellung in der Bayerischen Staatsbibliothek. München: Süddeutscher Verlag 1967. S. 25].

E – Erster Druck oder Erste Fassung.

D (D1, D2, D3) – Weitere Drucke nach E.

DaM – Georg Britting: Der alte Mond. [=] Münchner Lesebogen Nr. 66, hg. v. Walter Schmidkunz, München: Verlag Carl Gerber 1941. [o.P.].

Die kleine Welt am Strom – Georg Britting: Die Kleine Welt am Strom. München: Albert Langen/Georg Müller 1933.

DIR – Das Innere Reich (1934–1944).

DLA – Deutsches Literaturarchiv, Marbach

Gedichte – Gedichte. Dresden: Wolfgang Jeß 1930.

G I – Georg Britting: Gedichte 1919–1939. [= Gesamtausgabe in Einzelbänden]. München: Nymphenburger 1957.

G II – Georg Britting: Gedichte 1940–1951. [= Gesamtausgabe in Einzelbänden]. München: Nymphenburger 1957.

Lob des Weines. – Georg Britting: Lob des Weines. Hamburg: Hans Dulk 1944.

***

Almanach – Georg Britting. 1891 bis 1964. Zum Erscheinen einer neuen fünfbändigen Werkausgabe hg. v. Walter Schmitz. München: Süddeutscher Verlag 1987.

Alverdes – Paul Alverdes: Dank und Dienst. Reden und Aufsätze. München: Albert Langen / Georg Müller 1939.

Baird – Jay W. Baird: To Die for Germany. Heroes in the Nazi Pantheon. Bloomington: Indiana UP 1990.

Binding – Rudolf G. Binding: Gesammeltes Werk. 5 Bde. Potsdam: Rütten & Loening 1937.

Bode – Dietrich Bode: Georg Britting. Geschichte seines Werkes. Stuttgart: Metzler 1962.

Carossa – Hans Carossa: Briefe. Bd. II u. III. [1919–1956] Hg. v. Eva Kampmann-Carossa. Frankfurt a.M.: Insel 1978/1981.

Expressionismus in Regensburg – Expressionismus in Regensburg. Texte und Studien. Hg. von Walter Schmitz u. Herbert Schneidler. Regensburg: Mittelbayerische Druckerei- und Verlagsgesellschaft 1991.

Haefs – Wilhelm Haefs: Die unheimliche Idylle. Georg Britting in den dreißiger Jahren. In: Almanach S. 44–54.

Haefs / Schmitz – Wilhelm Haefs u. Walter Schmitz: »Magische Poetologie. Georg Britting und die Malerei der Donauschule. / Poetologie der inneren Emigration. Georg Britting und Adalbert Stifter.« In: Literatur in Bayern Nr. 13, 1988, S. 23–29; Nr. 15, 1989, S. 32–34.

Hoffmann – [Nachwort]. In: Hinweise auf Martin Raschke. Eine Auswahl der Schriften. Hg. v. Dieter Hoffmann. Heidelberg u. Darmstadt: Lambert Schneider 1963.

Hohoff – Curt Hohoff: Unter den Fischen. Erinnerungen an Männer, Mädchen und Bücher 1934–1939. Wiesbaden und München: Limes 1982.

Ketelsen – Uwe-K. Ketelsen: Literatur und Drittes Reich. Schernfeld: SH Verlag 1992.

Lehnert – Herbert Lehnert: »Der gute Krieg ist es, der jede Sache heiligt.« »Das Innere Reich«, Langemarck und moralische Konsequenzen. In: Im Dialog mit der Moderne. [...] Jacob Steiner zum sechzigsten Geburtstag. Hg. v. Roland Jost u. Hansgeorg Schmidt-Bergmann, Frankfurt: Athenäum 1986. S. 311–321.

Lennartz – Franz Lennartz: Die Dichter unserer Zeit. Einzeldarstellungen zur deutschen Dichtung der Gegenwart, 4. Aufl., Stuttgart: Kröner 1941, S. 62ff.

Lokatis – Siegfried Lokatis: Hanseatische Verlagsanstalt. Politisches Buchmarketing im »Dritten Reich«. Frankfurt am Main: Buchhändler-Vereinigung GmbH 1992.

Mallmann – Marion Mallmann: »Das Innere Reich«. Analyse einer konservativen Kulturzeitschrift im Dritten Reich. Bonn: Bouvier 1978.

Meyer – Andreas Meyer: Die Verlagsfusion Langen-Müller. Zur Buchmarkt- und Kulturpolitik des Deutschnationalen Handlungsgehilfen-Verbands in der Endphase der Weimarer Republik. [Sonderdruck aus AGB 32, 1989]. Frankfurt a.M.: Buchhändler-Vereinigung 1989.

Nadler – Josef Nadler: Literaturgeschichte des deutschen Volkes. 4. Band: Reich. Berlin: Propyläen 1941.

Raich – Joachim Raich: Alex Wetzlar (1893–1957). Stationen eines jüdischen Lebens in Deutschland. Augsburg 1989. [Magisterarbeit].

Rall – Marlene Rall: Die Zweimonatsschrift ›Corona‹. 1930–1943. Tübingen, Diss. 1972.

Reichel – Peter Reichel: Der schöne Schein des Dritten Reiches. Faszination und Gewalt des Faschismus: München: Hanser 1991.

Schäfer – Hans Dieter Schäfer: Das gespaltene Bewußtsein. Deutsche Kultur und Lebenswirklichkeit 1933–1945. Frankfurt a.M. u.a.: Ullstein Taschenbuchverlag 1984.

Schmitz – Walter Schmitz: »Entfremdete Heimat: Traditionsbruch und Traditionsbewahrung in der Literatur der ›inneren Emigration‹.« In: Begegnung mit dem Fremden. Akten des VIII. Internationalen Germanisten-Kongresses, Tokio 1990. Hg. v. Eijiro Iwasaki. Band 8: Emigranten- und Immigrantenliteratur. München: Iudicium 1992. S. 119–127.

Schmitz, B.s Modernität – Walter Schmitz: Georg Brittings Modernität. In: Expressionismus in Regensburg. Texte und Studien. Hg. v. Walter Schmitz u. Herbert Schneidler. Regensburg: Mittelbayerische Druck- und Verlagsgesellschaft 1991, S. 57–89.

Schmitz, Krieg – Gewalt – Poesie – Walter Schmitz: Krieg – Gewalt – Poesie. Drei Gedichte von Georg Britting. In: Georg Britting (1891–1964). Hg. v. Bernhard Gajek u. Walter Schmitz. Regensburg: Buchverlag der Mittelbayrischen Zeitung / Bern u.a.: Peter Lang 1993, S. 142–163.

Schuldt-Britting – Ingeborg Schuldt-Britting: Holbein Straße 5. Brittinger Typenzimmer 1935–1951. [o. O.] [Privatbesitz] 1988.

Segebrecht – Wulf Segebrecht (Hg.): Der Bamberger Dichterkreis: 1936–1943. Frankfurt a. M.: Lang 1987.

Volke – Das Innere Reich. 1934–1944. Eine »Zeitschrift für Dichtung, Kunst und deutsches Leben«. Bearb. v. Werner Volke. Marbach a.N.: Deutsche Schillergesellschaft 1983. (= Marbacher Magazin 26).

VERZEICHNIS
DER GEDICHTANFÄNGE UND -ÜBERSCHRIFTEN

(Gedichtüberschriften sind durch *kursiv* gekennzeichnet.)

Abend 93	*Bayerischer Sonntag* 64
Abend an der Donau 74	*Bayerisches Alpenvorland*. 66
Abend im Frühling 223	Bei den Schweinen saß der
Abgemähte Wiesen 46	verlorene Sohn 103
Abstieg vom Berg 137	*Bei der Haselstaude* 149
Ach, die Wiesen! Seht die	*Bergkrähen*. 186
Wiesen! 25	Braune Frau, an deinen roten
Alle drei 178	Haaren 129
Alle Kerzen sind entzündet. . . 211	Bräunlich dorrt die abgemähte
Allein in der Hütte 208	Wiese 46
Als erster kommt der Hahn . . 81	Busch und Baum in Grün und
Als hätten süß betrunkene	Gold. 43
Engel 136	
Als unter dem fahlen, flandri-	*Chinesische Generäle* 104
schen Licht. 225	*Christmette* 214
Am Fluß 141	
Am Fluß 218	Da: ein kalter Atemstoß 19
Am Himmel ist ein grün	*Da hat der Wind die Bäume an*
Geviert 191	*den Haaren* 39
Am offenen Fenster bei	*Das Blattgesicht* 51
Hagelwetter 60	Das Dach glänzt brandrot . . . 13
Am Steg 79	Das dorrende Schilf und das
Am Tiber. 162	trockene Gras 78
Am Waldrand, unter der	Das geschindelte Dach hängt 41
Haselstaude 149	Das Gesicht des Generals
An der Donau 76	Wupeifu 104
Anfang und Ende 189	Das goldene Himmelskind . . 158
Auch wenn er, immer zu seiner	*Das Gras*. 28
Frist 185	Das hungerschwarze, flügel-
Auf den prallen, festen Armen 63	lahme Kummerweibchen. . 117
Aufgehellter Himmel 38	Das ist die Zeit 39
Aufgehender Mond 71	Das ist ein anderes Licht als
Aufziehende Schneewolke 191	gestern noch. 21
Aus der Baustelle ist fast ein	Das ist mein alter Kinderpfad 202
Garten geworden. 164	Das Kind in der hölzernen
	Krippe 108
Bauerngarten 65	Das Licht in der dunklen Stube 208

Das Pflaster glänzt: gesalbt,
   geölt, geteert 38
Das Roß 176
Das rote Dach 13
Das Schilf brummt einen
   tiefen Ton. 35
Das unzufriedene Herz 96
Das Wasser hat vom Weg
   abgebissen 203
Das Wasser plätschert am
   Uferstein 218
Das Windlicht 143
Der alte Pfad 202
Der Berg 169
*Der Bethlehemitische
   Kindermord* 102
Der braune Bretterzaun 114
Der Brunnen 222
Der Damm ist schilfentblößt 76
Der große Strom kam breit
   hergeflossen 69
Der Hahn 177
Der Hase 118
Der heilige Sankt Kaspar spornt
   den glänzenden Rappen . . . 107
Der Herbst müßte nicht
   traurig sein 96
Der Himmel ist hoch und weit
   über das Land gespannt . . . 68
Der Himmel ist rot, mit
   schwarzen Flecken besetzt   71
Der Himmel ist wie Glas und
   blau 215
Der Himmelsschütze 160
Der Hirte, krausgelockt
   und dick 156
Der italienische Kuckuck 161
Der Kamin 87
Der Kuckuck schreit schon
   wie verrückt 31
Der Mai ist da 227
Der Minnesänger 130

Der mitleidige Posaunenengel . . 211
Der Mond 185
Der Mond ist nicht gelb,
   wie viele sagen 207
Der Mond lockt vom Himmel 183
Der Mond über der Stadt 183
Der Morgen 12
Der Morgen graut über die
   Dächer 12
Der November ist wie der
   Februar 189
Der Rabe 174
Der Rauch der dämmernden
   Frühe 140
Der Schnee fällt, der Wind
   weht, der Hund bellt 123
Der Schnee fiel nicht mehr . . . 115
Der Sommer ist fürchterlich . . . 204
Der Sommer ist fürchterlich . . 204
Der Sommer lag schwer
   schnaufend 57
Der Strom 69
Der Talgrund glänzt 94
Der unverständige Hirt 156
Der verlorene Sohn 103
Der Wald 34
Der zernarbte Ziegelstein . . . 86
Der Ziegelstein 86
Dezemberabend 220
Dicke, braune Tiere summen 23
Dicke, braune Tiere summen . 23
Die alten Buchen 30
Die alten Buchen tragen 30
Die Brombeerenschlucht 145
Die Drachen steigen wieder . . 90
Die Ehebrecherin 127
Die freiwilligen Knaben 225
Die Freundschaft zerbricht . . . 231
Die Galeere 99
Die großgezackten Blätter . . . 45
Die Häuser rücken die Dächer
   schief 22

Die heiligen drei Könige	107
Die Hitze blickt grünäugig aus dem Wald	42
Die Kapelle	67
Die kleine Welt in Bayern	68
Die Könige im seidenen Gewand	158
Die Krähen auf den Buckel hängen	186
Die langen Stangen schwanken überm Wasser	74
Die mageren Frühlingsbäume	15
Die Maria mit dem silbernen Kind	67
Die Nacht ist voll Musik	221
Die Regenmuhme	52
Die Ruder stiegen und fielen	99
Die scharfgezackte, schwarze, wilde	66
Die Schlangenkönigin	167
Die Soldaten des Herodes stiegen herab	102
Die Sonne, eine gelbe Butterscheibe	59
Die Sonnenblume	56
Die Stadt in allen Winden	40
Die Stallmagd	63
Die Straße daher kommen drei Wagen	85
Die Tannen, Ast in Ast gedrängt	34
Die Winde kommen alle	14
Die Wolke	59
Donaunachmittag	72
Dort hängt schon der Mond	181
Dort hängt schon der Mond	181
Dort steht der erste Stern	184
Drachen	90
Drehende Nebel trägt er auf dem Rücken	73
Drei am Kreuz	108
Dumme Frage	231
Dunstiger Abend	212
Durch Wälder hinauf, durch die dunklen	169
Ein Johanniskäfer, rot, mit weißen Tupfen	65
Ein kurzer Regen flattert über Dach und Turm	223
Ein schwarzer, singender Regen stürzt	50
Eine funkelnde Bischofsmütze	75
Einem Wirtshausgarten gegenüber	83
Einer Mandoline Zittern	83
Erntezeit	150
Erst kamen sie spärlich geflittert	192
Erste Italienfahrt	98
Erwachen in der Nacht	151
Erzgegossen, münzgeprägt	178
Es flimmert die silberne Weide	33
Es hatte sich einer der heiligen drei Könige verlaufen	109
Es ist der Wald, der steifgefrorne	122
Fahrt auf der Donau	201
Falln die Blätter immerzu	95
Fällt der Schnee vom Baum	132
Federn	84
Fettes Gras. Der Panzerkäfer klettert	32
Feuerwoge jeder Hügel	58
Feuerwoge jeder Hügel	58
Flußfahrt	88
Fröhlicher Regen	54
Früh am Fluß	73
Frühling	135
Frühlingshimmel	24
Frühlingslandschaft	20
Frühmorgens	140
Fußweg. Saatgrün wogt im Wind	20

Garten am See 80
Geistliche Stadt 75
Gelb im gelben Oktoberlicht 94
Gelbe Hühner, braune Hühner 44
Genesender 216
Gläserner März 21
Gras 32
Groß am Berge liegt die
  Wälderfrau 77
Grün ist überall. Grün branden
  die Felder 70
Grüne Donauebene 70

Hahnenschrei 228
Herbst 188
Herbst an der Donau 77
Herkräht der Hahn 80
Hier hat man Hühner gerupft 84
Himmlisches Eis 60
Hinter jener Scheunenwand . . 62
Hinterm Zaun 15
Hoher Sommer 142

Im finstern Stall 111
Im Garten der goldenen
  Bienen 144
Im Garten, Zur schwarzen
  Mitternacht 143
Im Gebirge 41
Im goldenen Blättersturm 91
Im goldenen Blättersturm . . . 91
Im Grase liegend 148
Im kühligen Garten saßen wir 201
Im Lechtal 129
Im Park 29
Im Schwabenland 147
Im Tiroler Wirtshaus 81
Im Wind 14
In das große, graue Himmels-
  tuch 17
In den Bäumen geht der Wind
  leis 182

In den hellen Himmel, in den
  grünen Himmel 79
In den Wäldern am Hirschberg . . 187
In der Gärtnerei 45
In der Morgenfrische steht
  der Gaul bereit 219
In der Schenke 82
In vielen Kolonnen, die
  grünen Wipfel wie Fahnen 26

Ja, das ist er, grau wie Schiefer 131
Ja, den Sommer will ich loben 142
Jedes Blatt ist murmelnd naß 55
Junger Schnee 132

Kalter Morgen im Wald 217
Kleine Stadt 27
Kloster am Inn 144
Könige und Hirten 111
Krähen und Enten 120
Krähentanz 121
Krötenlust 53
Kurze Antwort 229

Landregen 55
Laubfall 95
Leeres Bachbett 37
Leichtfüßig traben die Pferde 29
Lob der Kälte 114

März 18
Man sagts, ich sah es selber oft 16
Marsch der österlichen Wälder . . 26
Mittag 43
Mitten im Föhrenwald 115
Mondnacht 179
Mondnacht auf dem Lande 184
Mondnacht auf dem Turm 182
Mondnacht im Gebirge 180
Morgenritt 219

Nach dem Hochwasser 203

Nach langem Regen 48
Nacht der Erinnerung 152
Nacht weht wie ein schwarzes
  Tuch. 151
Nackte Pfosten stehen schief
  im Sumpf. 72
Nebel, zauberzart Gebild . . . 180
Neben einer Weide liegend 33
Nestausplünderer, schwarzen
  Schwätzer 174
Neue Lust 22
Nicht droben, wo die Gipfel
  schweigen 137
Nicht nur Wasserrosen liegen 61
Nun klingt die Straßenbahn-
  glocke. 216
Nun kommt der Mond herauf 179
Nur Geröll und grün
  bemooste Steine 37

Oktoberlied bei Solln 92

Rabenschrei verhallt 89
Rabenschrei verhallt. 89
Raubritter 47
Rausch 97
Rausch, mein riesiger,
  bartumwallter. 97
Regen träuft von allen
  Dächern 53
Rumpelstilzchen 131

Salome 100
Salome tanzte vor ihrem
  Herrn und Gebieter 100
Schlagt im Kalender nach! . . . 135
Schlüsselblumenland 25
Schnee fällt in die Wipfel
  nieder 139
Schnee ins Grüne 139
Schneefall 123
Schneesturm 192

Schwankt die schwere Türe
  auf 214
Schwarz hängt die Wolke. . . . 141
Schwarz in das Blau stieg
  der Kamin 87
Schwarz ist der Wald,
  Der wild und kalt 187
Schwarz ist der Wald,
  Und schwarz und kalt 217
Schwarzer Regengesang 50
Sehr heißer Tag 78
Seit Tagen regnet es, seit
  Wochen. 48
So eine Brombeerenschlucht
  hat noch niemand gesehn! 145
So war die Nacht zu einem
  neuen Jahr 160
Soll ich dir sagen 228
Sommer 62
Steinbilder stehn den Fluß
  entlang 88
Still die Kirche steht mit
  weißen Mauern 64
Süddeutsche Nacht 35

Tauben überm Ecknachtal . . . 36
Tirol 44
Trauriger Dezemberabend. . . 220

Über den Alpenwall. 119
Über den Gartenzaun schob sie 56
Über der Isar fliegen. 18
Überdruß des Südens 163
Überraschender Sommer 31
Überschwemmte Wiesen 136
Und als der Zug übern
  Brenner fuhr. 98
Und die Bäume, die sind mit
  Stangen gestützt 147
Unruhiger Tag 19
Unterwegs 109
Urgraue Verwandlung 49

Verlorene Freunde 206
Verregnet war der September 230
Verregnetes Jahr 230
Verschneiter Frühling 16
Verwilderter Bauplatz 164
Vögel gibts im Winter auch .. 121
Voll Unmut, wie ein Waldkauz blinzelnd 163
Vom Wagen noch her, der eben, beladen mit Garben .. 150
Von allen Seiten gleiten die Winde in die Stadt 40
Von den grünen Fensterläden . 27
Von einem Hügel aus 24
Vor der Scheuer, Auf den Wiesen 188
Vorfrühling 17
Vorfrühling 215
Vorm Wald 42

Waldweiher 61
Warum ich von Liebe nicht singe. 229
Warum soll ich dein rotes Haar besingen 130
Was immer die Deutschen sich träumend ersehnten .. 224
Weihnachtsabend in der Vorstadt 221
Weil der Schnee seit Stunden fällt 120
Weil fern wo eine Peitsche knallt 92
Weißer Morgen 57
Weißes schickt der Fluß herauf 212
Weit über den Fluß hin 194
Wenn der Dämmerung schwarzes Licht 93
Wenn der fliederblaue Himmel 82
Wenn dich die Freunde verlassen 206
Wenn in Italien der Kuckuck schreit. 161

Wer kann die erleuchteten Fenster sehn 152
Wessen der andre auch ist. 11
Wetterwendischer Tag 138
Wie an der zerfallenden Mauer 51
Wie der Regen tropft, Regen tropft 54
Wie die ungetreue Frau 127
Wie die Wipfel sich im Winde wiegen 36
Wie grün ist das Gras hier. ... 148
Wie schluckt das Gras den Regen! 52
Wie sich die Welt urgrau verdüstert 49
Wiese vorm Dorf 28
Will der Winter kommen 113
Will der Winter kommen.... 113
Winter vor der Stadt 213
Winterliches Landhaus 122
Wintermorgen am Fluß 194
Wintermorgen im Gebirge 119
Witternd hebt es auf das Haupt 176
Wo aus der Tiefe der triefende Eimer aufschwebt 222
Wo der Waldweg lief 154
Wo der Waldweg lief, durch schwarze Fichten 154
Wo im Schilf die wilden Enten wohnen. 167
Wolken sind herangeglitten .. 138
Wolken tanzen an dem blauen Himmel 162

Ziegelfuhren 85
Zornkamm, Gockel, Körnerschlinger 177
Zwei Krähen vorm roten Himmel 117
Zweimal der Mond 207
Zwischen den Türmen, an Läufen 118
Zwischen Kraut und grünen Stangen. 47

INHALTSVERZEICHNIS

DER IRDISCHE TAG 9

   Regenlieder 48
   Gedichte vom Strom. 69

AUS DER SPÄTEREN
FASSUNG VON
DER IRDISCHE TAG 125

RABE, ROSS UND HAHN 133

   Rabe, Roß und Hahn. 174
   Der alte Mond. 179

AUS DER SPÄTEREN
FASSUNG VON
RABE, ROSS UND HAHN 199

VERSTREUT
VERÖFFENTLICHTE
GEDICHTE 209

ANHANG 233

   Zu diesem Band. 235
   Zu Werkgeschichte und
      Biographie (1930-1940). . 237
   Drucknachweise und
      Anmerkungen 309
   Siglen und Abkürzungen . . 367
   Verzeichnis der
      Gedichtanfänge und
      -überschriften 371